마음에 꿈을 **크게** 그려라

마음에 꿈을 크게 그려라

유희태 지음

나침반

마음에 꿈을 크게 그려라
멀잖아 날고 있다는걸 알 것이다

절벽 가까이로 부르셔서 다가갔을 때,

절벽 끝으로 더 가까이 오라고 하였습니다.

겨우 절벽 끝에 발을 붙이고 서 있을 때

나를 절벽 아래로 밀어 버리는 것이었습니다.

나는 절벽 아래로 떨어졌습니다.

그런데 나는 그때 알았습니다.

비로소 내가 날고 있다는 걸.

내가 가장 좋아하는 글 중 하나다.

나는 언제나 마지막이라 생각되는 순간에도 반드시 길이 있음을 믿었다. 그리고 생각은 행동을, 행동은 습관을, 습관은 인격을, 그리고 미래를 형성하게 된다는 것을 나의 생활의 좌우명으로 만들어 왔다. 또한 마음이 밝으면 얼굴이 밝고, 얼굴이 밝으면 미래가 밝다는 신념으로 좋은 습관은 인격으로 형성되어 미래의 삶이 밝아진다는 확신을 가지고 살아왔다.

지난 번 출간한 '마음에 꿈을 그려라'가 사랑을 받으며 21판째 이르렀다. 그간 독자분들의 많은 격려를 분에 넘치게 받았고, 퇴직 후 5년간을 보강했으면 좋겠다는 의견들이 있어서 다시 증보판으로 출간하게 됨을 우선 감사드린다.

기업은행에서 37년을 근무하고 새로운 제2인생을 시작하였다.

1972년 3월 처음으로 은행 창구에서 고객 응대로 업무를 배우기 시작한 후, 강산이 세 번 이상 변하는 동안 한 직장의 영업 현장에서 뛰면서 성공하는 기업들의 경영을 보며 많은 것을 배우고 느꼈다. 그리고 나름대로 업무에 적용하면서 나아가 기업을 경영하는 기업가 정신으로 업무를 수행하려고 노력해 왔다.

평온한 바다는 유능한 뱃사람을 만들 수 없다.

삶이란 환경에 따라 만들어지는 것이 아니라 자신이 처한 환경을 대하는 태도에 따라 달라진다. 따라서 삶이란 자기자신을 의심하지 않는다면 그리는 대로 살게 되는 것이라 생각한다.

평생 한 직장에서 앞만 보고 바쁘게 살아온 나의 열정에 대하여 많은 분들이 묻는다.

그동안 기업현장 위주로 강의한 것을 토대로, 나름대로 그동안 어려웠던 부분과 고민하면서 해결해야만 했던 사항들을 관심 있는 분들과 후배들에게 조금이나마 도움이 되었으면 하는 마음으로 나의 삶 속에서 도전과 창의, 열정적으로 활동했던 내용들을 진솔하게 소개해 본다.

내가 말하고 행동하는 이 순간에도 삶은 이어지고 있다.

이 책의 서문을 정리하는 중에 「제11회 대한민국 청소년 대상」(2013)에서 "사회복지 대상" 수상자로 선정됐다는 소식을 받았다. 하나님께서 나를 통해 하신일인데… 그저 감사할 뿐이다.

오늘이 있기까지 극동방송 회장이신 김장환 목사님의 「경건생활 365일」이라는 책을 매일 하루에 한 페이지씩 읽으면서 오랫동안 QT(Quiet time)를 하는 동안 큰 은혜를 받았으며, 35년을 변함없이 신앙으로 지도하여 주신 길자연 목사님, 역시 35여 년을 한결 같이 기업은행 선교회에서 강의하며 이 글이 나올 수 있도록 격려해주신 나침반출판사의 김용호 대표님, 그 밖에도 관심과 기도로 많은 도움을 주신 신앙의 동반자들과 삶의 조언자들께 깊이 감사드린다.

그리고 이제는 나의 새로운 터전이 된 민들레동산과 비전이 된 민들레 힐링센터 이 두 곳을 통해 펼쳐지는 비전과 봉사를 위해 함께 기도해주시고, 동고동락해주는 민들레 포럼 식구들과 봉사자 분들, 좋은 뜻 함께 세워주신 일문구의사 선양사업회 회원 분들과 도움 주신 분들의 격려에 진심어린 감사를 드린다.

또한 생각지 못한 감사의 편지로 내게 용기를 준 민들레 장학생들에게도 격려와 감사를 전합니다.

무엇보다도, 이 책이 나올 수 있도록 든든한 조언자가 되어준 나의 사랑하는 아내에 대한 깊은 마음을 이 책에 전하고 싶다.

"감사한 마음으로 오늘도 나를 돌아보며 하루하루 조심스럽게 삶의 흔적을 남겨 갑니다."

- 기업은행 전 부행장
- 민들레포럼 대표
- 전라북도 바둑협회장
- 일문구의사 선양사업회장

C O N T E N T S

제1부
실현될 미래를
붙잡아라!

신혼시절

꿈은 이루어진다

2007년 1월 10일은 내 인생에서 잊을 수 없는 날이다.

그 날은 1년에 한번 연초에 지역 관내 중소기업 대표들을 초청하여 올해 계획을 설명하고 기업인과 동반자로서 결속을 다지며 간담회를 갖는 등 새로운 출발을 다짐하는 기업은행의 중요한 행사가 있는 날이었다.

아침 7시부터 열리는 이 행사에는 경기도 지역의 300여 명의 기업체 대표들과 행장님을 비롯한 임원들 그리고 80여명에 이르는 관내 각 지점장들도 모두 참석하게 되어 있어 나는 새벽 5시 반에 현장에 도착했다. 6시40분쯤에 행장님이 도착하셔서 행사장 안으로 안내를 하고 행사장을 돌아보며 속속들이 도착하는 손님들을 맞이하면서도 내 머릿속은 복잡했다.

'나에게는 이번에도 기회가 오지 않는구나.'

사실 며칠 전부터 아내는 출근해서 일을 하고 있는 나에게 매일 전화를 걸어서 아무런 소식이 없는지 물었었다.

"오늘도 연락이 없어요?"

"응, 아직…, 지금 바쁘니까 나중에 집에 가서 얘기하지."

어제도 걸려온 아내의 전화를 서둘러 끊었지만 나 역시 내심

초조하기는 마찬가지였다.

그리고 밤, 9시가 넘어서 퇴근을 했는데 아내는 웬일인지 옷을 차려입고 현관으로 나오면서 심각한 표정으로 다녀왔느냐고 하더니 응접실에 앉아 잠시 이야기좀 하자고 했다.

"당신 아무래도 이번에도 안 되는 것 같은데 더 이상 미련 갖지 말아요… 아침부터 지금까지 앉아서 생각했는데요… 이번에도 안 되면 그동안 은행생활 35년 했으니까 이제 그만 두셔도 될 것 같아요. 지금까지는 당신이 고생했으니 이제부터 내가 돈 벌어서 생활할게요."

예전에는 인사발령을 앞두면 아내는 승진이 안 되더라도 절대 은행 그만둔다는 말은 하지 말라고 말리더니 이번 반응은 달랐다.

사실 아내가 그렇게 얘기하는 데는 나름대로 이유가 있었다. 2007년 1월 12일은 지점장 인사가 있는 날로 예고되어 있어 보통 3-4일 전에는 임원인사가 통보되는 것이 관례였기 때문에 이번에 만약 부행장으로 인사 발령이 났다면 벌써 소식이 왔을 것이다. 그래서 나와 아내는 며칠 전부터 계속해서 전화가 오기만을 노심초사 간절히 기다려 왔다. 그런데 아무 소식도 정보도 들을 수 없었다.

'꿈은 이루어지기까지 꿈꾸는 사람을 가혹하게 한다'고 했다.

35년 동안 은행에 몸담으면서 수많은 일과 생각이 오고 갔지만, 특히 지난 1년 동안은 유난히 많은 생각을 했다.

‘실적으로 평가’ 한다고 공개적으로 은행장께서 천명하셨기 때문에 15개의 지역본부 중 우리 지역본부의 실적을 보면 어느 정도 가능성이 있다는 기대감을 가지고 ‘이번에는 기회가 오지 않을까?’ 하며 고대하던 참이었다. 그러나 내 생각과는 달리 발령을 이틀 앞둔 10일까지도 소식이 없자 서서히 실망감이 몰려오고 있었다.

하기야 내가 부행장이 되기에는 많은 부족함과 취약점이 있었다. 우선 상업고등학교 출신이었고 30대 초반에 드물게도 노동조합 위원장을 역임한 바 있지 않은가? 그뿐인가? 본부의 부서에서는 행원 시절을 제외하고는 주요부서에 근무한 경험도 없어서, 임원의 업무는 영업도 중요하지만 기획, 전략 등 업무 전반을 꿰뚫고 있어야 하는데, 영업부문을 빼고는 부족한 것이 많다는 것을 너무도 잘 알고 있는 터였다.

사실 이제까지 노동조합 위원장 출신이 국책은행에서 임원이 된 전례가 없었다. 그래서 다른 누구보다도 나를 선택하는 데는 많은 고민과 어려움이 있으리라고 짐작이 되었다. 하지만 그럼에도 불구하고 가슴 한구석에는 지난 30여년 동안 터득한 모든 것을 한꺼번에 열정적으로 쏟아 부을 수 있는 자리에 대한 아쉬움이 남아 있었다. 만약 이번에 임원에 임명이 된다면 나에게는 새로운 전환점이나 다름없었다.

간혹 ‘영업 잘하면 됐지. 뭐 임원까지 하려고 본부에 들어오려고 하냐'는 얘기가 들려올 때는 '과연 부행장을 꿈꾸는 것이 바람직한 일인가' 하는 생각이 들기까지 했다. 은행생활 35년 중 지점장으로 9년, 본부장으로 3년씩이나 일을 했으면 이쯤해서 후배들에게 자리를 물려주고 새로운 일을 시작하는 것이 더 나은 방향이 아닐까 하는 생각까지 들었다.

'만약에 추측대로 아무런 소식도 듣지 못하고 오늘을 넘긴다면 이건 하나님의 뜻일 것이다. 나에게 더 좋은 길을 보여주시겠지. 최선을 다해도 안 된다면 더 이상 집착은 하지 말자.'

아침 7시부터 시작된 2007년 연초 중소기업 대표 초청 간담회는 중소기업 설명회까지 진행되면서 11시쯤 되자 거의 끝나갈 분위기에 이르렀다. 그때 갑자기 행장님이 내 이름을 부르신 것이다.

"유희태 본부장, 잠깐 일어나세요."

나는 얼떨결에 자리에서 일어났다. 아마도 오늘 행사를 준비하느라고 여러 가지로 수고했다는 이야기를 하려는 줄 알았다. 그런데 행장님은 내 인생의 잊을 수 없는 한마디를 하셨다.

"내일 날짜로 유희태 본부장을 부행장으로 임명하려고 합니다."

'아하~'

동시에 짧은 감격의 한숨이 터져나왔다. 너무나 오랫동안 기다려온 순간이었다. 잠시 동안 내 머릿속은 멍해지는 것 같았다. 그리고 이내 정신이 번쩍 들었다. 우뢰와 같은 박수 소리가 장내를 가득 메우고 있었다.

모든 것을 포기하고 내려놓는 시점에서 가장 원하던 것을 얻는 그 기쁨이란 말로 다 표현할 수 없었다.

아마 전날 인사에 대한 결정이 내려졌고 행사장에서 공개적으로 발표하려고 하셨던 것 같다. 보통의 경우엔 사전에 통보되는데 이번의 경우엔 내가 수원에서 행사를 진행하고 있는 동안 행장님은 이미 비서진들에게 지시를 내려 보도 자료를 배포했던 것 같다. 그래서 행사장에 있는 동안 9시쯤에 부행장으로 임명되었다는 소식이 알려졌고 신문에서는 나에 대한 여러 가지 이력과 특히 내가 얼마 전에 쌍둥이를 입양했다는 것까지 기사화했다.

나는 그렇게 1972년 기업은행에 고졸출신 평행원으로 입사해 마침내 35년 만에 부행장으로 승진하게 되었다. 그 순간 잠시 눈을 감고 감사기도를 드렸다. 머릿속에는 지난 날들의 순간순간들이 파노라마처럼 스쳐 지나갔다.

기업은행 임행

　나는 1953년 전북 완주에서 7남매 중 차남으로 태어났다. 아버지는 농협 조합장을 11년 동안 하셨음에도 불구하고 우리 집은 무척이나 어려웠다. 아버지는 조합장 일을 하시면서 비료대금으로 빚을 진 어려운 사람들의 보증을 서 주시다가 결국엔 얼마 되지도 않았던 재산을 모두 날리고 말았다.

　빚을 받으러 집으로 찾아오는 사람들 때문에 아버지와 어머니는 늘 힘들어 하셨지만 이러한 내용을 자식인 나에게는 감추시려 하셨다. 하지만 그런 사실을 눈치채고 있던 나는 혼자서 속으로 걱정을 많이 했다.

　'도대체 왜 이렇게 우리 집은 빚이 끊이질 않는 것일까? 어떻게 하면 아버지가 진 빚을 모두 갚을 수가 있을까?'

　사춘기 시절의 내 머릿속엔 이런 생각이 떠나질 않았다.

　나는 중학교 1학년 때 인문계 고등학교를 지원했다가 중학교 3학년이 되자 할 수 없이 상업학교를 선택할 수밖에 없었다. 어차피 인문계 고등학교에 진학을 하게 되면 대학교 입시를 준비해야 하는데 아무리 내가 공부를 열심히 해서 대학입시에 합격을 한다고 해도 그것은 부모님에게 또 다른 부담이 될 것이 분명했다. 그럴 바에는 차라리 상업고등학교에 들어가 일찌감치 취업준비를 하고 고등학교를 졸업하자마자 돈을 벌어 가난에 찌든 우리 집안을 어떻게든 돈 걱정에서 해방시키는 것이 낫겠다고 판단한 것이다.

내 인생의 꿈을 조금 더 현실적으로 사는 것으로 결정한 나는 여러 가지로 아쉬움이 많았지만 그것에 연연하지 않았다. 그 결정이 어쩌면 나에게 현실감각을 일찍 깨우치게 하고 철이 들도록 한 것인지도 모른다. 결국 나는 상업고등학교에 입학하기 위해 집을 떠나 자취 생활을 하게 되었고 당시 400원의 장학금을 받으며 공부를 할 수 있었고 졸업을 앞두고는 은행 입행시험을 치르게 되었다.

내가 입행 시험을 볼 때는 우리나라에 경제적인 상황이 좋지 않아 은행원을 많이 뽑지 않았다. 다른 해 같았으면 우리학교에서 평균 70-80명은 은행에 취업이 되었을 텐데 그 해에는 지원학생 300여명 중에서 불과 13명이 합격했을 정도였으니까 말이다.

국책 은행의 행원이 되었다니….

입사 관문에 어렵게 합격하고나니 그 감격은 말로 표현할 수 없었다. 이제는 우리 집안을 다시 일으킬 수 있을 것이라는 희망을 품게 되었고 가난에서도 벗어날 수 있는 길이 열렸다고 믿게 되었다.

그러나 날아갈듯한 기쁨을 드러낼 수 있는 입장이 아니었다. 왜냐하면 워낙 실력이 뛰어나고 반드시 입행시험에 합격할 수 있을 거라고 장담했던 학생들도 거의 떨어졌기 때문에 합격 사실을 드러내 놓고 좋아 할 수 없을 만큼 학교 내 분위기는 매우 좋지 않았다.

그러나 산 넘어 산이라고 했던가?

그렇게도 바라던 은행에 합격하게 되었지만 또 다른 걱정이 나를 잠 못 이루게 했다. 그 당시 은행에 취업하려면 누군가가 재정보증을 해주어야 하는데 안타깝게도 나를 위해 재산세 납부 3천 원 이상중 재정보증을 할 사람이 없었다. 은행에 취직하게 되었다고 면장님과 지서장님이 아버지께 한턱 내야 한다며 전하시는 축하를 받고 기분이 좋아 만세를 부르던 것도 잠시였다.

이렇게 어렵게 은행에 합격하게 되었는데 보증을 서줄 사람이 없어 입사를 못하게 된다면 모든 것이 수포로 돌아갈 판이었다. 잠 못 이루시는 아버지와 어머니 얼굴에는 근심이 역력했다. 변변히 보증인 하나 제대로 내세우지 못하는 부모님의 심정은 말로 다 할 수 없을 정도로 답답하셨을 것이다.

그렇게 날짜는 점점 다가오고 있었다. 그러던 어느 날 아버지는 나를 앞세워 어디론가 데리고 가셨다. 그 당시 지역 국회의원에게 부탁을 하러 간 것이다. 아버지는 그분 앞에 나를 앉히시더니 그야말로 눈물로 호소하기 시작하셨다.

"의원님, 저는 그동안 농협 조합장을 하면서 참으로 많은 시간을 이 지역과 사회를 위해서 일해 왔습니다. 그런데 결국 제게 남은 건 여기 저기 널린 빚 뿐 입니다. 그러나 저는 그동안 제가 해 온 일을 후회하지는 않습니다. 모두가 사람을 믿어서 그렇게 된 것일 뿐 제가 보증을 섰던 분들을 원망하지는 않습니다. 언젠가는 그분들도 사정이 좋아지면 해결될 것이라 믿습니다. 그런데 이 아비가 망가뜨려 놓은 집안을 아들놈이 일으켜 세워 보겠다고 열심히 공부해서 은행에 합격하게 되었습니다. 은행에 당당히 합격했으니 이것은 분명 이 지역의 경사가 아닙니까? 그런데도 재정보증을 설 사람이 없어서 입사를 못하게 되었으니 의원님께서 제 아들의 보증을 서주시면 안 되겠습니까?"

아버지의 이런 간곡한 부탁에 그 국회의원은 나를 물끄러미 바라보셨다.

"이름이 뭔가?"

"유희태라고 합니다."

"공부를 잘 했나 보지?"

그러자 아버지는 반갑게 대답을 하셨다.

"힘들게 자취하면서 열심히 공부해서 장학금을 받고 다녔다니까요. 이놈이 그런 놈입니다."

"은행에 입사하면 돈을 열심히 벌어서 꼭 집안을 다시 세울 수 있겠는가?"

"네."

나는 떨리는 목소리로 대답했다.

물끄러미 나를 주시하면서 입을 꼭 다문 채로 무엇인가 깊이 생각에 잠기시던 그분이 아버지께 차를 권하셨다.

"차 한 잔 하시지요."

그리고는 한참 동안 침묵이 흘렀다.

"알았네, 내가 보증을 서줄 테니 앞으로 열심히 일해서 이 사회에 좋은 일 많이 하게나."

그분은 속 시원하게 대답을 해주셨다.

그리고는 직원을 부르셔서 (아마도 그분은 회사 내에서 임원이시면서 친척 되는 분이었던 것 같다) 이렇게 말씀하셨다.

"내가 책임질 테니 이 사람에게 보증을 서주세요. 시간이 없으니 지금 바로 재산세 증명을 떼어오시오."

그분은 당장 서류를 준비하도록 지시하였다. 너무도 고마웠다. 그분의 도움으로 나는 사회 생활의 첫발을 내딛을 수 있게 되었다. 아마도 그분이 아니었으면 나는 지금쯤 또 다른 인생을 살고 있었을지도 모른다.

내 인생의 첫 번째 은인이자, 멘토가 되어 주신 그분은 중소기업육성의 산 증인이라 불리시며 국회의원과 중소기업 중앙회장으로 많은 활동을 하셨던 고 유기정 회장님이시다. 나는 은행 입사 후에도 꾸준히 회장님을 찾아뵈었고, 그 인연은 30년을 훌쩍 넘도록 이어졌다.

회장님은 80세 이후에도 기업현장에서 일하시며 로타리활동

등 봉사 활동에 적극적이셨는데, 2007년 7월 8일에는 내가 반도 로타리클럽의 회장으로 취임하게 되었고 회장님께 그 소식을 말씀 드렸더니 직접 축사까지 해주셨다. 취임식 날 회장님께서는 축사 가운데 35년 전 보증을 서주셨던 그 인연을 말씀하셨고, 취임식장에 계셨던 많은 분들이 회장님과 나의 긴 인연에 놀라 큰 박수를 쳐주셨던 기억이 난다.

그날 반도 로타리클럽의 회장이라는 귀한 자리를 맡게 된 것도 큰 기쁨이었지만, 나를 믿어 주셨던 회장님 앞에 어엿한 사회인의 모습으로 인사드릴 수 있던 것 또한 큰 기쁨이고, 영광이었다. 축사를 마치시고 내 손을 꼭 잡아주시며, "역시 내가 사람 보는 눈 하나는 일등이야"라며 웃어주시던 그 모습은 아직도 눈에 선한 추억이다. 내가 가장 어려웠을 때 희망을 불어넣어주신 회장님과 취임식 날의 추억은 그렇게 내 마음에 깊은 감사로 남아있다.

나의 주변엔 10년 길게는 30년 이상 오랜 인연으로 아는 분들이 많다. 그리고 이제 시간이 지나 그분들의 자녀와도 깊은 유대관계를 맺고 일하는 경우도 적지 않다. 많은 이들이 내게 성공한 비결과 관련해 네트웍에 대한 비결을 묻는다. 그 비결은 바로 은혜를 주는 것만큼이나 은혜를 받을 줄 아는 것, 그리고 맘껏 누리되 그것이 헛되게 하시 않는 것이라고 생각한다. 그런 의미에서 나는 지금도 사랑에 빚진 자의 마음으로 하루하루를 산다.

삶의 목적이 된 아버지의 빚

삶에 있어 가장 중요한 건 사건이 아니라 '삶을 대하는 태도'라고 한다. 많은 분들이 내게 성공의 비결을 묻는다. 그 비결 중 하나는 내가 함부로 살 수 없도록 단초를 제공한 바로 아버지의 빚이었다.

은행에 입행한 후에도 나의 가장 큰 관심사는 오로지 아버지의 빚을 어떻게 갚을 것인가에 쏠려 있었다.

'아버지가 농사 지으셨던 땅을 어떻게 되찾을 수 있지? 아버지가 고향에서 빚을 갚아 다시 잘 살게 되도록 해드려야지.'

나는 결심이 사그러지지 않도록 자신에게 되풀이하여 당부를 하곤 했다. 그것은 나의 은행원 초기 생활의 목표가 되었다.

그러나 내가 받아오는 월급봉투로는 도무지 아버지의 잃어버린 땅은커녕 당장 갚아야 할 빚도 해결할 여력조차 생기질 않았다. 이제 입사한지 얼마 되지 않은 내 월급으로 생활하고 또 그중에서 얼마를 부모님께 생활비로 보내야 했으니 도무지 빚을 갚는 것은 상상할 수도 없는 노릇이었다.

'이렇게 큰 빚을 어떻게 갚아야 할까? 이대로 내 인생 끝까지 빚덩어리를 안고 사는 건 아닌가? 아버지께서 돌아가실 때까지

빚더미의 그늘 속에서 헤어나오지 못하시는 것은 아닐까?'

때론 암담한 생각이 뇌리를 스치며 가슴이 답답해오곤 하였다.

그러던 어느 날 큰아버지께서 만나자고 연락이 왔다. 큰아버지는 성남 수진리에 있는 조그마한 방에서 생활하시면서 지하실에 영세한 콩나물 공장을 운영하고 계셨다. 내가 찾아뵙던 날도 역시 콩나물에 물을 주고 계셨는데, 내게 이런 제안을 하셨다.

"너희 아버지는 농협조합장으로 11년 동안이나 봉사를 하셨잖니. 그런데 그 당시 시골에 흉년이 계속 되어 농민들이 비료를 살 돈이 없을 정도가 되었다. 그래서 농민들 중 일부에게 비료를 외상으로 공급해 주면서 보증을 섰던 거야. 물론 나중에 수확하면 회수하려고 했지. 그런데 뜻하지 않게 계속해서 흉년이 들어 결국 네 아버지가 변상하게 되면서 농협에 빚을 많이 지게 된 거야.

게다가 너희 형과 누나들 4명을 시집장가 보내면서 큰일을 치르다보니 급기야는 동네에서 빌린 돈을 갚을 수 없게 되고 빚독촉에 매우 시달리게 되었다. 결국 술을 많이 마시게 되고 건강도 나빠졌어. 그래서 내가 너한테 하고자 하는 말은, 아버지를 서울로 모시고 올라오는 것이 어떻겠니?"

나는 큰 아버지의 말씀을 듣고 이렇게 여쭈었다.

"그러면 야반도주하듯 시울로 피신하라는 것인가요?"

한참동안 침묵이 흘렀다. 큰아버지는 숨을 한번 크게 들이 쉬시더니 조용히 말문을 여셨다.

"결국은 마찬가지 아니냐? 내가 보기엔 너희 아버지가 시골에서 진 빚은 도저히 갚을 수가 없어. 차라리 나중에 천천히 갚겠다고 이야기를 하고 서울에서라도 새 출발을 하게 하자는 얘기야. 지금 저 상태로 계속 시골에 있으면 얼마 못 살 것 같아서 그래. 그런데 정말 다행스럽게도 이제 네가 은행에 들어가게 되었으니 서울에 월세방이라도 하나 얻어 아버지를 모시고 함께 살면서 뭔가 방법을 찾아야 하지 않겠니?"

그러나 나는 아무 대답도 할 수 없었다. 착잡한 심정으로 인사를 하고 집으로 돌아오는 길에 아버지의 모습이 눈앞을 가렸다.

'자존심 강한 아버지, 지역의 유지라고 하여 동네 일이라면 앞장서 하시던 아버지셨는데….'

우리 집은 양식이 모자라 보리밥 또는 수제비로 끼니를 때우던 때가 많았다. 한참 자랄 때, 나는 배가 고프면 냇가에 가서 개구리를 잡아 몸통은 닭장에 던져 주고 뒷다리는 불에 구워 먹으면서 배를 채운 적이 많았다. 어린 내가 그랬으니 살림을 이끌어 가시는 아버지는 오죽 어려우셨을까? 그러나 아버지는 단 한 번도 어려운 기색을 보이지 않으셨다. 늘 의연한 모습을 보여주셨고, 어떤 경우에도 현재의 형편에 눌려 기개마저 잃어서는 안 된다는 것을 몸소 보여주셨다.

아버지는 언제나 정신의 가치를 늘 강조하셨다. 현재를 잘 받아들이는 것은 현재의 상황에 눌려서 스스로를 초라하다고 느끼거나, 반대로 부자라고 으스대는 것이 아니라. 어떤 상황에 처하든 사람의 도리를 다하고 기개를 세우려고 노력하는 것이라고 말씀 하셨다.

그런데 그런 아버지가 빚 때문에 고향에서 야반도주하듯이 떠나셔야 한다니…. 가슴 깊은 곳에서 아버지의 명예 회복을 위해서 최선의 방법을 찾아야 한다는 의지가 솟아오르고 있었다.

1972년 3월 21일 나는 처음으로 월급 본봉 11,000원을 받았다.

첫 월급을 받은 뒤 그 돈으로 곧바로 아버지, 어머니 속내의를 한 벌씩 사고 나머지 돈은 고스란히 양복 속 주머니에 넣은 채 고속버스에 몸을 실었다. 그런데 고향에 도착해서 부모님께 큰절을 올리고 일어서는 순간 오른쪽 속주머니에서 월급을 넣은 지갑이 툭하고 떨어지는 것이 아닌가. 놀랍게도 지갑엔 예리한 칼 자국이 나 있었다. 가슴이 철렁 내려앉았다.

나는 얼른 지갑을 열어보았다. 다행히 돈은 그대로 지갑 속에 들어 있었다. 아마도 처음으로 양복을 입고 넥타이를 맨 내가 촌놈같이 생겨서 소매치기가 노렸지만 실패했던 것 같았다. 정말이지 온몸이 오싹해지는 순간이었다. 얼마나 소중한 첫 월급인데….

나는 지갑을 주어 들고 너무나 감사해서 눈을 감고 한참 기도하였다.

"하나님, 감사합니다. 위기의 순간에 이렇게 지켜주셔서 감사합니다. 소중한 첫 월급을 부모님께 드릴 수 있도록 보호해 주셔서 감사드립니다."

그리고 부모님께 월급 봉투를 내밀었다.

"이달 월급입니다. 아버지 어머니께서 쓰세요."

그러나 어머니는 돈을 받아들고 세어보시더니 그 돈을 전부 다시 내게 건네주셨다.

"그래 수고했다. 근데 이 돈은 우리를 줄 것이 아니라 서울에서 월셋방이라도 얻는데 쓰도록 해라."

극구 만류를 하였지만 어머니의 태도는 완강하셨다. 나는 하는 수 없이 돈을 다시 받아들고는 큰아버지를 만나 나눈 이야기를 전해드리며 집안문제에 대하여 처음으로 상의를 하게 되었다.

아버지는 아무 말씀 없이 듣고만 계셨고 어머니께서는 이렇게 말씀하셨다.

"너희 아버지를 모시고 올라가라. 매일 술이 없으면 잠을 못 이루신다."

아버지께서는 어머니가 이야기 하시는 동안에도 한참이나 먼 산을 바라보시다가는 이내 한숨을 쉬시더니 말씀을 하셨다.

"내 걱정은 말고 너나 은행에서 열심히 노력해라. 너도 이제 직장 생활을 시작하였으니 네가 기반을 잡을 때까지는 많은 시간이 필요하지 않겠니?"

"아버지, 우리 집 빚이 얼마나 되나요?"

집안에는 쓸모 있는 가재도구 하나 없이 달랑 돼지 2마리가 전부였는데 그나마 1년 전에 돼지우리 옆에까지 빨간 색의 가압류 딱지가 붙여졌다. 그러나 그때도 빚이 얼마나 되는지는 차마 여쭈어 볼 수가 없었다.

더군다나 나는 은행 시험 준비를 한다고 자취를 하면서 객지에 있어 집을 떠나 있는 상태였고 안다 하더라도 돈벌이도 하지 않아 속수무책이었기에 속으로만 걱정을 하다가 처음으로 이야기를 꺼냈던 것이다.

농한기에는 이곳저곳 모여 도박을 일삼는 사람들도 많았지만 아버지는 그런 건 쳐다보지도 않으시는 심지가 굳은 분이셨고 주어진 일에 최선을 다하시는 모범된 분이셨다.

"앞으로 사회생활을 하다보면 보증을 서야 할 일이 있을 수 있다. 그러니 보증을 선다면 너의 능력 안에서 보증 선 만큼은 도와줘도 문제가 없다고 판단되면 하되 가급적이면 신중에 신중을 더하거라."

조용히 나의 질문에 말문을 여신 아버지는 집안의 심각한 상황에 대해서 설명하셨다.

"그간 가지고 있던 논과 밭을 처분하여 농협 빚은 청산되었으나 집안 일가들에게서 빌린 쌀이 매년 이자가 높아 어떻게 해야 할지 모르겠다. 더군다나 나는 지금 소득이 전혀 없으니 원금만 더 늘어나고 있구나."

나는 해결 방안에 대한 의견을 말씀드렸다.

"남도 아니고 집안 어른들이라면 제가 만나서 일정기간 안에 원금을 갚아 나가겠다고 이야기를 하겠습니다. 현재 상황에서 이자는 나중에 해결하더라도 우선 원금만이라도 갚아 나가겠다고 하면 협조해 주지 않을까요?"

"아비의 빚을 너보고 꼭 갚아 달라는 것은 아니니까 시간을 두고 생각해 보자."

어머니께서도 옆에서 듣고 계시다가 말문을 여셨다.

"그분들도 우리 형편을 잘 알고 계셔서 원금만 갚는다고 하시면 정말 고마워할 거다. 그러나 그분들 중에도 특히 어려운 분들이 있으니 그게 걱정이다."

"제가 내일 당장 찾아뵙겠습니다."

그날 나는 처음으로 우리 집이 처한 상황을 비교적 자세하게 알게 되었고 그때부터 내 머릿속에는 빚을 해결할 방법을 더욱더 구체적으로 생각하기 시작했다.

얼마 후 나는 아침 일찍 가장 큰 돈을 빌려주신 어르신을 뵙기 위해 산 넘어 능지울이라는 마을로 찾아가 인사를 드렸다.

"제가 어르신 덕분에 은행에 취직하게 되었습니다."

그분은 나를 반갑게 받아 주시고는 아버지 이야기를 꺼내셨다.

"너의 아버지가 참 훌륭해서 좋은 일 많이 하시다가 돈 때문에 너무 고생하는 것 같다. 그걸 내가 모르는 것도 아닌데 무조건 달라고 할 수도 없는 일이고, 그렇다고 해서 안 준다고 목을 쥐고 흔들 수도 없는 일이지 않니? 그런데 네가 이렇게 나서서 돈을 갚겠다고 하니 우리로선 정말 고마울 뿐이다.

그러나 아들이 부모의 빚을 갚는다는 것이 쉬운 일이 아니다. 네 마음은 우리도 충분히 알았으니 형편이 되는대로 원금이라도 좀 상환해 주면 고맙겠다. 우리도 사실 어려운 일이 많거든…."

어르신은 고맙게 내 뜻을 받아 주셨다. 결국 빚의 이자가 동결되고 원금만 갚도록 받아들여져 그때부터 아버지의 빚을 갚는 일, 그것이 내 삶의 목적으로 자리 잡았다. 아버지께서는 어떤 일이든 열심히 노력하며 살면 돈이 따라오는 것이지 사람이 돈을 따라다니면 추해지니 주의하라고 당부하셨다. 아버지의 당부와 내게 주어진 책임이 동시에 내 머릿속에 자리잡았다. 그리고 결코 가볍지 않은 발걸음을 서울로 옮겨야 했다.

어려웠지만 삶의 자존감을 잃지 않으셨던 아버지.

실제로 아버지는 과거 우리 가족의 형편이 가장 어려웠을 때에도 약간의 양봉으로 꿀을 따시면 시장에 나가 팔아 돈을 마련하시는 대신, 그 꿀을 고스란히 단지에 담아 관청을 찾아가 사라진 조상님들의 기록 문서를 찾아 달라 탄원하셨다. 훗날 내가 그 일을 이어 받아 '일문구의사 선양사업회'를 만들게 되었고, 마침내 잘못된 역사 기록을 바로잡고, 늦게라도 나라를 위해 순국한 공을 인정받아 훈장이 추서 되기에 이르렀다. 문중의 어르신들께서는 눈물을 글썽이시며 "모두 희태 네 공이다"라고 하셨지만,

나는 이 모든게 아버님 덕분이라고 말씀 드렸다. 내가 어릴 적부터 아버지의 그런 노력을 목격하지 못했다면, 나 역시 가문의 역사를 바로 잡는 것이 그렇게 중요한 일 인 줄은 모르고 지나갔을 것이다.

아버지는 늘 인간의 도리를 첫 번째로 둔 삶을 몸소 보여주셨다. 그리고 늘 사람 나고 돈 나지 돈 나고 사람나지 않았다는 말씀을 하셨다. 그런 가르침을 받으며 자랐기에 지금까지 많은 돈을 움직이고 소유하는 위치에서도 흔들리지 않을 수 있었다. 처음에는 아버지의 빚이 내 삶의 십자가가 되었지만 지금 지나고 보니 그 십자가를 지기로 한 순간, 그것은 내 삶의 가장 중요한 이유가 되어 허튼 곳에 눈 돌리지 않고 지금의 자리까지 이르게 한 삶의 원동력이었다는 것을 깨닫는다.

삶에 있어 중요한 건 돈이나 환경이 아니다. 나의 경험상 살아가는데 중요한 것은 사건이나 환경을 대하는 태도라고 자신 있게 말 할 수 있다.

첫사랑

고등학교 2학년 때 나는 자취방에서 가까운 곳에 있는 교회를 다녔다. 처음 교회에 나갔던 날, 학생회 부회장이라고 하는 한 여학생이 나에게 반갑게 인사를 하고는 앞으로 잘 참석해 달라고 했다. 예쁜 미소와 상냥한 음성에 호감을 느꼈지만 수줍음을 많이 탔던 나는 그 여학생의 인사를 받고도 대답도 제대로 못했다. 예배가 끝나면 쏜살같이 나와서 도서관으로 향했기 때문에 그 여학생과 대화한 횟수는 그다지 많지 않았다. 그 당시 내 꿈은 오로지 은행에 합격하는 것이었다.

그러나 교회에 출석하여 몇 개월 지나지 않았던 12월, 크리스마스 전날 교회에서 작은 파티를 열었는데 그 행사에 나도 참석하게 되었다. 그 자리엔 내게 인사를 건넸던 여학생도 함께 있었다. 나는 다시 그 여학생을 보는 순간 왠지 눈을 마주치지 못할 정도로 쑥스러워졌다.

잠시 후 우리는 둥그렇게 빙 둘러앉아 각자 앞으로 꿈과 희망에 대해서 이야기 하는 시간을 가졌다. 그 자리에서 나는 낭낭하게 은행원이 되겠다는 꿈을 말했고 그 여학생은 장차 돈을 많이 벌게 되면 고아원을 운영하여 어려운 아이들을 키우며 봉사하는 삶을 살고 싶다고 이야기했다.

그 여학생의 소망을 듣는 순간 나는 속으로 얼굴만 예쁜 것이 아니라 마음씨까지 고운 여학생이라는 생각을 하게 되었다. 그 이후로 그 여학생에 대한 좋은 인상이 내 마음에 자리 잡게 되었으며 교회에서 뿐만 아니라 학교에 오갈 때에도 가는 방향이 같아 가끔 인사도 하곤 했다.

그런데 이상하게도 3학년 2학기가 되었을 무렵 그 여학생은 교회에서 보이지 않았다. 그녀의 집이 교회 바로 옆이라서 알아보니 아직 고등학교를 졸업하지도 않았는데 벌써 취직이 되어 서울로 올라갔다는 것이다. 진작 연락을 해볼걸 하는 아쉬움이 밀려왔다.

그렇게 연락이 두절된 후 나는 은행 시험에 합격이 되어 서울로 올라오면서 그 여학생과 다시는 만날 수 없을 것만 같았다. 그러나 내 마음속 한 구석엔 그 여학생에 대한 그리움이 남아있었다. 연락이 된다면 꼭 한번 다시 만나보고 싶은 마음이었다. 가난한 자취생의 모습이 아니라 이제 번듯한 은행원으로서 직장생활을 하는 내 모습을 보여주고 싶다는 생각이 간절했다.

얼마 후 고향에 잠시 내려갔을 때, 우연히 그녀의 여동생과 연락이 되었다. 그래서 서울에 있는 언니의 직장주소를 알려달라고 부탁했더니 그 여동생은 이상한 눈초리로 나를 주의깊게 쳐다보았다.

"왜 우리 언니를 만나려고 하세요?"

"내가 서울에 있는 은행에 취직하게 되어 서울에서 직장생활을 하게 되었어요. 언니에게 내 소식도 전하고 또 축하도 받고 싶으니 꼭 좀 알려주십시오."

나는 간곡히 부탁을 했고 결국 여동생으로부터 그녀의 직장주소를 알게 되었다.

주소를 받아 든 나는 뛸듯이 기뻤다. 곧바로 서울로 올라와서 주소가 적힌 종이쪽지를 들고 동대문 근처를 1시간 이상 찾아 헤맸다. 그리고는 드디어 주소 안의 사무실을 찾아냈고 그 건물 앞에 서서 어떻게 들어가야 할지 서성거리고 있는데, 어떤 말쑥한 신사 한 분이 사무실로 들어가려다가 나를 발견하고는 왜 서 있느냐고 물어 왔다. 나는 얼떨결에 손에 들려있는 주소 적힌 종이를 신사 분에게 내밀었고 그분은 주소를 잠시 들여다 보더니 나를 위아래로 훑어보셨다.

"미쓰 박 찾으러 왔구먼."

정말 다행스럽게도 그분은 나를 사무실로 데리고 들어가셨다. 쭈뼛거리며 그분을 따라서 사무실 안으로 들어간 나는 그렇게도 애타게 찾던 그녀를 발견하고는 잠시 눈이 휘둥그레졌다. 그녀는 이제 학생이 아니었다. 회사의 유니폼을 입고 여러 직원들 속에서 근무를 하고 있는 아가씨의 모습이었던 것이다. 느닷없이 찾아온 나를 보더니 반갑기도 하고 또 한편으로는 황당하다는 표정으로 망설이다가 어렵게 말을 건넸다.

"여기까지 어쩐 일로…"

"제가 서울에 있는 은행에 입행하게 되었거든요. 그래서 축하를 좀 받으려구요."

그러면서 그녀에게 전화번호를 적어 주면 다음에 다시 만나 정식으로 축하를 받고 싶다고 하자 잠시 머뭇거리더니 전화번호를 적어 주었다. 쪽지를 받아들고 사무실을 나오는 동안 나는 마치 온 세상을 다 얻은 듯 기뻤다. 그리고는 곧바로 공중전화로 달려가서 전화로 첫 만남을 약속했다.

나는 처음으로... 그녀와 다방에 마주 앉았다. 차를 마시는 동안 행복한 얼굴을 감출 수가 없어 저절로 웃음이 나왔다.

그녀의 이름은 박길주였다.

어린 시절 KBS합창단원이었고 고등학교 시절 교회 고등부의 부회장으로 활동할 정도로 매사에 적극적이었다. 태어나서 처음으로 여학생과 악수를 하며 손을 잡았던 나는 그 여학생에게 단박에 관심을 갖기 시작했지만 소심하고 내성적이었던 성격에 제대로 말 한번 붙여보지 못했었다. 하기야 그때는 가정의 어려운 형편 때문에 그리고 자취생활을 하는 입장에서 아무리 맘에 드는 여학생이 있다고 해도 과감하게 접근해서 뭐라고 말을 꺼낼 수 있는 그런 상황은 아니었다.

그런데 이젠 상황이 달라졌다. 나는 은행에 입사해서 넥타이를 매고 직장생활을 하는 어엿한 청년이 되어 있지 않은가? 그래서 서울에 올라오자마자 수소문하여 당당하게 그녀의 직장을 찾을 수 있었던 것이다.

그 당시 그녀는 낮엔 직장생활을 하고 밤이면 간호학원을 다니고 있었다. 간호사 자격증을 따면 독일로 취업을 하겠다는 것이 그녀의 계획이었기 때문이다. 그렇게 바쁘게 살고 있는 그녀였지만 그 와중에도 틈틈이 연락을 해서 몇 번에 걸쳐 데이트를 하게 되었고 객지에서 외로운 사람끼리 서로 위로와 격려를 하면서 많은 대화를 나누게 되었다.

결혼

어느 날 다방으로 나를 만나기 위해 나온 그녀에게 다짜고짜 말도 안 되는 부탁을 해야 했다.

"길주 씨!"

"네, 말씀하세요."

"저를 도와주십시오. 저를 도와주신다면 앞으로 길주 씨 인생을 확실하게 책임져 드리겠습니다."

"그게 무슨 말씀이죠? 희태 씨를 도와 달라뇨?"

"네, 정말 송구스런 얘기지만 저를 도와주십시오. 아니 제 누님을 좀 살려 주십시오."

내가 길주씨에게 누님을 살려달라고 매달린 이유는 이랬다.

열심히 직장생활을 하던 어느 날, 고향으로부터 뜻하지 않은 소식을 듣게 되었다. 누나가 죽었으니 빨리 내려오라는 것이었다. 서둘러 고향에 내려가자 벌써 매형은 집 앞마당에서 상여를 준비하고 있었다. 나는 믿을 수 없는 광경에 놀라며 방안에 들어갔다. 다행히 누나는 아직 눈을 감지 않은 상태였다. 그러나 바로 옆에 있는 걸레를 밀 힘도 없을 정도도 기력이 쇠해진 누나는 그저 천정을 바라보며 눈만 껌벅거리며 숨이 넘어가기만을 기다리고 있었다. 나는 너무 놀라서 밖으로 뛰어 나와서 소리쳤다.

"아니 누나를 왜 저렇게 놔두고만 있는 거예요. 아직 숨이 넘어가지도 않았는데 어떻게든 병원에 데려가야지 상여준비를 하는 게 말이 되는 소리예요?"

물론 시골에서 환자를 병원에 데려가는 것이 쉬운 일은 아니라는 걸 모르는 바는 아니다. 하지만 그래도 그렇지 아직 숨이 붙어 있는 사람을 어떻게든 살려 볼 생각들은 하질 않고 벌써부터 장례 준비를 하다니 기가 막혔다.

"내가 데리고 갈게요. 내가 데려가서 살려 놓을래요."

나는 그날 밤 누나를 업고 어머니와 함께 서울 자취방으로 데려왔다. 그 와중에도 시골에선 서울로 올라갔다고 제대로 병 치료는 했겠느냐며 오늘쯤 죽었을 거라는 등 내일 쯤 죽을 거라는 등 뜬소문이 나돈다고 하였다. 하지만 그런 소문은 아랑곳하지 않았다. 어떤 수단을 동원해서라도 살리고야 말겠다는 생각 하나뿐이었다.

나는 누나를 내가 할 수 있는 최선을 다해 지극정성으로 보살폈다. 토요일이면 기력을 회복시키기 위해 개고기를 사다 먹였는데 효험이 있었는지 점점 상태가 호전되어 갔다. 희망이 생겼다. 그런데 하루는 집주인이 나를 찾아와서 난감한 말을 했다.

"총각! 누나가 아픈 것은 참 안된 일이지만, 듣자하니 병원에서도 원인을 모른다고 한다며? 그리고 미안하지만 내가 보기에 총 각 누나는 오래 못살 것 같아. 그러니 적당히 포기하고 총각 건 강부터 신경쓰라구. 그리고 더군다나 셋방살이 하면서 우리 집에 서 초상을 치를 것 같아 우리 남편도 재수 없다며 집에 안 들어 오겠다고 하니 누나를 다시 고향으로 돌려보내는 게 어떨까?”

그러나 누나를 포기할 수는 없었다. 생각 끝에 하는 수 없이 자취방을 성남의 수진리로 옮겼다. 물론 성남에서 내가 근무하 는 을지로까지는 꽤나 먼 거리였다. 하지만 그정도 고생하는 것 쯤은 문제가 되지 않았다. 오히려 이젠 확신도 생겼다. 그리고 간 호학을 공부하고 있는 길주 씨에게 도움을 청해보자는 생각이 들었다. 환자의 질환과 치료에 대해서 무지한 나와 어머니가 이 정도 노력해서 기력을 회복하고 있는데 우리보다 전문적으로 공 부한 길주 씨라면 훨씬 더 빨리 누나의 회복을 도울 수 있을거라 고 생각했다. 그래서 그녀를 찾아가기로 했다.

나는 그녀를 좋아하고 있었다. 그리고 그녀도 나를 좋아하고 있을 것이라는 나름대로의 확신도 있었다. 좋아하지 않는다면 왜 지난 몇 개월 동안 만나자고 하면 만나주고 데이트를 했겠는 가? 물론 구체적으로 그녀에게 결혼을 해달라고 프로포즈를 한 것은 아니었지만 지금 상황에선 그렇게 낭만적인 방법으로 결혼 해 달라고 폼 잡으면서 부탁할 상황이 아니었다.

‘아무리 그래도 그렇지 무슨 프로포즈를 이렇게 한담? 나와

결혼해 주세요도 아니고 내 누나를 살려 주면 당신의 인생을 평생 책임져 주겠다니….'

나는 속으로 조금 미안한 마음이 들었다. 그러나 지금은 그런 감상에 빠질 때가 아니었다. 나는 계속 말을 이었다.

"저는 성실한 사람입니다. 그리고 늘 제가 하고 있는 일에 최선을 다하는 사람입니다. 저를 믿고 제 누나를 살려 주신다면 평생 행복하게 해드릴 자신이 있습니다. 제가 길주 씨의 인생을 책임지겠습니다."

나의 이런 엉뚱한 프로포즈에, 아니 간곡한 부탁에 감동을 받았던 것일까? 놀랍게도 그녀는 다음날 저녁 성남에 있는 우리 집으로 찾아왔다. 그리고는 곧장 부엌으로 가더니 나와 어머니의 그릇 그리고 누나가 사용하던 여러 가지 가재도구를 모두 꺼내 뜨거운 물에 푹 삶았다. 누나의 병이 가족들에게 전염될 수도 있으니 소독을 해야 한다고 그녀가 설명했다.

나와 어머니 그리고 그녀의 누나 살리기 공동작전이 시작되었다. 먼 곳을 마다 하지 않고 드나들며 정성을 다하는 그녀의 모습이 너무나 아름다워 보였다. 그리고 누나의 병세 또한 눈에 띄게 빠르게 호전되어 갔다. 결국 누나는 우물가에서 물을 길어 항아리를 채울 수 있을 만큼 기력이 회복되었다.

하루는 누나가 나와 그녀를 불러 앉혔다.

"네가 나를 살려 줬구나. 나는 이제 죽어도 아쉬움이 없어."

"그게 무슨 말씀이세요. 그런 말씀 마시고 어서 빨리 건강을 찾으세요."

"그래야지. 그러나 오래 살게 될지 어쩔지 자신이 없구나. 그래서 하는 얘긴데 내가 죽기 전에 둘이 결혼하는 걸 보고 죽고 싶구나."

그녀는 그 당시 독일로 가기 위해 한참 준비를 하고 있었을 때였다. 나도 역시 누나의 그런 부탁을 빌미로 기회다 싶어 그녀에게 강하게 말을 했다.

"당신이 지금 독일로 간다면 그것은 우리가 헤어지는 것과 똑같아. 독일로 가면 나는 이제 어떻게 사니? 그동안 우리 누나 살려 준 은혜를 평생 갚아야 하는데 결국 독일로 떠나면 나는 평생 빚진 사람이 되잖아."

그녀는 말을 잇지 못했다.

결국 우리는 1973년에 결혼식을 올렸다. 그때 내 나이 아직도 세상이 뭔지 잘 모르는 겨우 21살이었다. 첫사랑은 이루어지지 않고 추억으로 간직한다고 하지만 고등학교 2학년 때 만난 나의 첫사랑은 결혼 40년이 지난 지금도 변함이 없다.

6

뜻이 있는 곳에 길이 있다

신혼생활을 시작한지 얼마 되지 않을 때였다.

출가한 누나네 집에서 매형이 운영하던 독서실을 처분해야 할 형편이라는 소식이 왔다. 신설동 쪽의 160석이나 되는 적지 않은 규모의 독서실 운영이 잘 되지 않아 다른 사업을 위하여 싼 값이라도 처분해야 할 입장이었다. 매형은 독서실을 나에게 운영해보지 않겠냐고 제의를 해왔다. 자신은 독서실 운영에 자질이 부족해 넘기지만 잘만 운영하면 괜찮을 것 같으니 우선은 매매 대금 중 일부만 먼저 주고 나머지는 기간을 정하여 달라는 것이었다. 신설동이면 그래도 주변에 고등학교와 학원들이 여럿 있어 학생이 적은 편이 아닌데도 이상하게 매형이 운영하는 독서실엔 학생이 들지 않는다는 것이었다.

이런 저런 생각을 하다가 은근히 도전하고 싶은 마음이 들었다. 그날 밤 나는 아내와 조용히 마주 앉았다.

"여보, 당신한테 할 이야기가 있어."

내가 심각한 얼굴로 말하자 아내는 내심 안 좋은 일이라도 있는 줄 알았는지 걱정스런 표정으로 나를 바라보았다.

"뭔데요?"

"얼마 전에 얘기했던 독서실 말야. 그걸 우리가 인수했으면 해."

아내는 깜짝 놀란 표정이었다.

"당신은 낮에 직장에 나갈 거구…. 그럼 나보고 독서실에 나가 있으란 말예요? 어린애 둘을 데리고요?"

"물론 나도 퇴근해서 도와주어야지. 그래서 하는 얘기인데, 시골에 계신 아버지가 올라오셔서 독서실을 좀 맡아서 하시면 어떨까?"

"아버님이요?"

그 말에 아내가 놀라는 것은 당연한 것이었다. 아버지가 올라오신다면 분명 우리와 함께 생활해야 할 텐데 우리 집은 단칸방이었다. 다른 공간이라면 방 곁에 조그만 다락방이 하나 붙어있을 뿐이었다. 그런 환경이 젊은 아내에겐 여간 불편한 일이었을 것이다. 그러나 잠시 놀란 듯하더니 얼마 가지 않아 아내는 내 의견에 따르겠다고 했다. 이런 식으로라도 하지 않으면 도저히 떨어져 나갈 것 같지 않은 빚더미를 해결할 방법이 없다는 것을 이미 아내도 알고 있었기 때문이다.

"고마워, 여보."

나는 아내의 손을 꼭 잡았다.

독서실을 인수하기로 하고 그 매매 대금의 일부는 빌리고 일부는 외상으로 받아서 해결했기 때문에 빚은 오히려 더 늘어나게 되었다. 그리고는 아버지를 찾아뵙고 자초지종을 설명하고 서울로 올라오시도록 했다. 빚을 갚겠다는 내 마음을 아시고 서울로 오시긴 했지만, 아버지에게도 다락방 생활은 매우 불편한 생활이었다.

밤에 주무시다가도 화장실에 가시려면 노크를 한 뒤 다락방 문을 열고 나오셔야 했고 잠자고 있는 아이들의 발을 밟지 않으려고 조심해서 다니셔야 했다.

드디어 나와 아내와 아버지는 돈 한 푼 안 들이고 독서실 리모델링 공사를 시작했다. 독서실 이름도 바꾸기로 했다. 원래의 이름은 대광독서실이었는데 신설동에서 멀지 않은 청량리에 있던 대왕코너에서 큰 화재가 일어난 적이 있던 터라 그곳과 이름이 비슷하다는 것이 영 기분이 좋지 않았다. 그래서 과감히 대광독서실의 간판을 뜯어내고 우일(祐一)독서실이라고 바꿔 새로운 간판을 도로 변 유리에 붙였다. 독서실 바닥 장판도 바꿔 깔았는데 원래의 장판지는 딱딱해서 조금만 신경을 쓰지 않고 걸으면 바닥에서 딱딱 소리가 나서 집중하여 공부하는 학생들에겐 여간 신경 쓰이는 일이 아니었다. 그래서 옆 사람에게 피해가 가지 않도록 부드럽고 푹신푹신한 장판을 깔았더니 쿵쿵 거리고 걸어도 소리가 나지 않게 되었다. 또한 젊은 관리 총무 한 명을 두어 조금이라도 떠드는 학생이 있으면 주의를 주어 내보내고 그날은 독서실에 들어오지 못하게 했다. 그렇게 여러 차례 적발이 되면 아예 독서실 출입을 못하게 했다.

그런 개선 노력이 효과를 발휘하게 된 것일까? 전에는 20여명도 안 되는 학생들이 이용했을 정도로 썰렁했던 독서실에 학생들이 서서히 몰려들기 시작했다. 불과 2-3개월만에 160석의 자리가 꽉 차게 된 것이다. 50여명의 대기 학생이 기다릴 정도로 인기는 폭발적이 되었다. 한 자리에 야간생과 주간생을 교대로 하여 정기생과 대기생으로 나누어 정기생이 기일이 경과되면 대기생이 그 자리를 사용하도록 하는 방법으로 한 자리에 두 명의 학생이 이용하도록 하자 좋은 면학분위기 또한 조성되었다.

1개월 이용 학생 15명이면 내 월급과도 맞먹는 돈이었으니 160명의 학생은 내 월급의 10배가 넘게 되는 셈이었고 어떤 학생은 과외다 개인지도다 하여 시간에 쫓겨 3개월씩 열람권을 끊어 놓고도 거의 못나오는 학생이 많았다.

독서실이 잘 되니까 가장 좋아하는 분은 단연 아버지셨다.

아버지는 젊은 총무와 함께 독서실 이곳저곳을 돌보면서 고장난 의자를 수리하기도 하셨고 형광등을 갈아 끼우시는 등 온갖 궂은일을 모두 도맡아 하셨다. 텅 비었던 독서실이 한자리도 빈 자리가 없게 꽉 들어찰 정도로 성황을 이루자 목소리는 자신감이 넘치셨다.

나는 독서실에 학생들이 꽉 차는 것도 즐거웠지만, 그동안 자신감을 잃고 사시던 아버지의 삶이 힘차고 활력 넘치는 삶으로 바뀐 것이 더 반갑고 기뻤다. 게다가 학생들 사이에선 신설동에 있는 우일독서실은 면학 분위기가 잘 조성되어 있어서 그곳에 가서 공부만 하면 시험을 잘 보게 된다는 소문이 돌아 점점 더 감당할 수 없을 만큼의 학생들이 몰려들었다. 그래서 나는 영업이 잘될 때 더욱 관리에 신경을 써야한다고 판단하여 성실한 부부 관리인을 채용하여 수시로 환경관리에 만전을 기하였다.

160석의 자리가 꽉 차도 계속해서 하루에도 3-40명이 몰려드니 결국엔 독서실의 사무실에 보조의자를 40개 준비해서 그곳에 앉아 번호표를 받아 기다리게 했다. 독서실에서 공부하던 학생이 한 명 나가면 대기번호 표를 받은 학생 한 명이 독서실 안으로 들어가는 식이었다. 나중엔 학생들이 300명이나 몰려와서 하는 수 없이 학생들을 주간반 야간반으로 나누어야 할 정도가 되었다.

한 달 사이에 독서실을 통해서 그 당시 내 월급의 20배가 넘는 돈을 벌어들일 수 있었다. 그 돈으로 나는 도무지 갚을 길이 없었던 아버지의 빚, 그리고 영원히 찾을 수 없을 것만 같았던 아버지의 땅을 되찾았고, 그것들은 모두 5년여 만에 깨끗이 해결된 것은 물론 서울에 집도 좀 더 크게 늘리게 되었다.

우리는 우일독서실을 통해 큰 짐을 덜게 되었고 많은 축복을 받았다. 이젠 더 이상 독서실에 원하는 게 없을 것만 같았다. 그래서 나는 그 독서실을 관리하던 부부에게 넘기기로 마음먹었다. 그분들에게 인수하지 않겠냐고 묻자 인수하고 싶은 맘이야 굴뚝같지만 모아둔 돈이 없다고 하셨다. 당장 보증금만 해도 꽤 받으실 수 있는 자린데, 인수 대금도 없으니 말 꺼내는 것조차 조심스러웠다고 하셨다. 나는 그 분들께 "이 독서실이 잘 된 것, 두 분의 공도 있습니다. 당연히 인수하실 자격 있으십니다. 함께 잘 만들었으니 함께 잘 되어야지요. 권리금은 받지 않겠습니다. 그동안의 노고로 받은 셈 치겠습니다. 인수대금만 지불 하시면 되는데 형편을 아니 3년간 나눠서 갚아주시면 어떨까요?"라고 제안했다. 내 말은 들은 두 분은 이 은혜 잊지 않겠다며 무척 고마워 하셨다. 그리고는 독서실을 인수한지 3년이 되기도 전에 인수대금 모두를 갚았다.

빚이 대부분 청산되고 아버지는 꿈에 그리던 고향에 당당히 돌아가실 수 있게 되었다. 농장일을 시작하시고 자잘 한 빚들은 스스로 갚아 나가실 계획도 세우게 되셨다.

전에는 매일 술,담배를 하시고 동네 어른들을 만나면 항상 술 한 잔 하지 않고 지나치는 법이 없는 분이셨는데 이젠 농장 일을 돌보시느라 자연히 술을 드시는 일이 줄어들게 되었다.

나는 우일 독서실을 통하여 많은 인생 공부를 하게 되었다. 돈도 중요하지만 아버지를 중심으로 우리 가족이 새로운 활력소를 찾았다는 것이 가장 중요하고 소중한 선물이었다. 아버지는 일하는 즐거움을 다시 얻으시게 되었고, 돈이 모아질 때마다 고향에 내려가서서 빚도 조금씩 갚으면서 새로운 꿈을 설계하셨다.

나는 미래에 대한 꿈을 갖고 그 꿈을 이룬다는 것이 얼마나 감사한 일인지 새삼 깨닫게 되었다.

제2부
희망의 고지에서
외쳐라!

차세대 리더가 될 청소년들과…

7

첫번째 영업전략

1972년 3월 발령 당시 받은 업무는 영업부였다. 그 당시만 해도 은행은 서비스와는 거리가 멀었다. 요즘은 고객 감동, 고객 눈높이에 맞는 맞춤 서비스 등 서비스에 총력을 기울이지만, 당시에는 돈이 없는 서민들에게 은행은 여간 문턱이 높은 곳이 아니었다.

은행 안으로 들어오는 손님들은 유니폼을 입고 깔끔한 외모로 앉아서 일을 하는 행원들을 보는 순간 주눅이 들기가 일쑤였고 또 은행원 역시 손님이 들어온다고 해서 일어나 인사를 하는 경우는 거의 없었다. 영업은 고객에게 신속, 정확, 친절이라고 회의 시에 강조를 하는 책임자들은 많았지만 몸에 습관화되어 있지 않았고, 구호에 불과했다.

그런 분위기속에서 영업을 효과적으로 한다는 것은 결코 쉬운 일이 아니었다. 더군다나 아는 사람 하나 없는 내가 서울 한복판에서 영업을 한다는 것은 정말 힘들고 어려운 일이었다. 그래서 생각해낸 것이 바로 신권과 동전교환이었다.

나는 책임자에게 나의 그런 작은 계획서를 내밀었다. 어차피 시골에서 올라와 서울에는 아는 사람이 없으니 이런 식의 영업이라도 해야겠다고 설명을 하자 책임자는 참 좋은 생각이나 쉽지 않을 것이라면서 한번 잘 해보라며 결재를 해주었다. 그러나 새로운 거래처를 개척하기 위해서는 나에게는 다른 선택의 여지가 없었다.

그 당시 을지로에는 크고 작은 가게를 운영하는 음식점과 유흥주점이 많았다. 하루에도 수백 명씩의 손님들이 드나드는 가게엔 늘 동전과 잔돈이 준비되어 있어야 한다는 것을 알고서 나는 아침 10시에서 11시까지 가방에 동전과 신권을 담아서 가게들을 일일이 방문했다. 물론 아침에 은행에 나설 때마다 출납 창구 직원한테 동전을 받아가는 일이 상당히 눈치 보이는 일이었지만 그래도 전혀 개의치 않았다. 교환량이 점점 늘어날수록 동전의 무게도 점점 무거워졌고 견습 여직원의 도움 없이 혼자 감당할 수 없을 정도로 힘들었지만 나는 지폐와 동전을 맞바꿔 주는 일을 하루도 거르지 않았다.

그 전략은 적중했다. 전에는 가게 주인들이 직접 은행에 와서 지폐를 동전으로 바꿔 달라고 해도 은행원들의 반응이 퉁명스러워 여간 불편한 것이 아니었는데 이제는 은행 직원이 직접 새 동전을 들고 와서 바꿔 준다고 하니 그들에게는 나의 이런 친절이 아마도 색다른 즐거움을 주었던 것 같다.

나중엔 가게 주인들이 오히려 나를 기다리게 되었고 주거래 은행도 내가 일하는 은행으로 바꾸기 시작한 것이다. 나는 단지 동전만 바꿔준 것뿐이었는데도 손님이 알아서 은행으로 찾아오는 상황이 생긴 것이다.

M내가 근무하던 은행 바로 옆에 '세일다방'이라는 다방이 있었는데 그 다방 여주인이 백만 원짜리 적금을 들었다. 그 당시 백만 원이면 제법 큰 돈이었고 큰 고객이나 다름없었다. 당시에 적금을 유치하면 권장비라 하여 백만 원에 이천 원을 주었다. 그래서 받은 이천 원의 권장비로 나는 동대문 시장에서 천이백 원 정도 하는 한복지를 구입하고 그 위에 내 명함을 함께 넣고 다방으로 찾아갔다. 그런데 가는 날이 장날이라고 하필이면 다방 주인이 자리를 비운 상태였다. 그래서 내 명함이 담긴 선물셋트를 다방 카운터에 맡겨 놓고 여주인이 오면 전달해 달라고 부탁을 드렸다.

다음 날 아침, 은행 객장에 건장한 남자 한 분이 들어왔다. 자세히 보니 손에는 전날 내가 다방에 두고 왔던 선물 상자가 들려 있는게 아닌가? 그 남자는 내 이름을 부르며 누가 내 마누라한테 이런 선물을 했는지 나오라고 소리를 지르더니 선물을 던져 놓고 가버렸다. 나는 정말 난감했다. 아마도 그 덩치 좋은 남자는 다방을 하는 아내에 대해서 의처증이 있었던 것 같고, 그런 상황에서 한복지를 선물했던 나에게 몹시 기분이 상했던가 보다. 그러나 나는 그런 봉변에 아랑곳하지 않고 그분을 찾아가 자초지종을 설명했다. 처음엔 인상을 쓰며 노려보더니 결국엔 오해를 풀고 납득을 하게 되었다.

그런 일이 있고 난 다음 날, 문제의 덩치 큰 남자가 양손에 큰 꾸러미를 들고 다시 은행에 나타났다. 나는 그분을 보는 순간 아직도 오해가 풀리지 않은 건 아닌가 생각하며 또 다시 긴장하지 않을 수 없었다. 그런데 그 꾸러미를 책상 위에 올려놓으면서 이렇게 말하는 것이었다.

"우리 다방이 리모델링을 하면서 재떨이를 맞췄는데 이걸 은행에서 사용하시죠. 그리고 어제 일은 죄송하게 됐습니다. 저는 요즘 은행 직원들이 그렇게 친절한지 미처 몰랐습니다. 정말 미안하게 되었쑤다. 용서하쇼."

앞에 있는 창구 직원뿐만 아니라 책임자에게도 하나씩 집에 가져다 쓰라며 매우 큰 소리로 멋쩍어하며 용서를 구하고 미소를 지어보였다.

"와~ 짝짝짝."

동료들의 박수 소리가 터져 나왔다. 나의 작은 명예가 회복 되는 순간이었다.

내가 근무하는 은행에서는 월례회의 시 가장 실적이 우수한 직원 1명에게 포상을 하는 제도가 신설되었다. 포상금은 오천 원이었다. 내 월급이 만천 원이었으니까 그 액수는 결코 무시할 금액이 아니었다. 매월 1회 전체 직원회의 시에 포상금을 주었는데 신입 행원인 내가 11번을 받게 되었다. 일년에 12번 주는 포상금을 거의 모두 받게 된 데에는 나만의 노하우가 있었다.

바로 '섭외 기록부'가 그 비법이었다. 그 기록부 안에는 방문한 곳과 만난 사람, 섭외 방법은 물론 영업을 다니면서 만난 사람이 어떤 적금을 들기 시작했다는 등의 사소한 것까지 빠뜨리지 않고 모두 기록했다. 그리고 매일 상사인 차장님께 보고를 드렸는데 어느날 내 섭외 기록부를 꼼꼼히 들여다보던 이성수 차장이 나더러 함께 영업을 나가 보자고 이야기를 했다. 그래서 함께 여기 저기 영업현장을 돌아다녔는데 점심 무렵쯤 다방에 들어가 잠깐 대화를 하자고 하시며 이런 말씀을 하셨다.

"내가 유희태 씨 영업현장을 보니 참 안타깝구만."

"네? 그게 무슨 말씀이죠? 제 영업방식이 틀렸다는 얘긴가요?"

"그게 아닐세. 자네가 고등학교 밖에 안 나왔는데도 이렇게 영업을 잘하는 것을 보니, '공부도 때가 있는 법'이라는 말처럼 더 늦기 전에 대학을 다니면서 공부를 해보면 더 좋을 것 같아 얘기하는 거네. 한번 도전하여 노력해 보는 것이 어떤가?"

"그럼 저보고 은행을 그만두고 다시 공부를 하라는 건가요?"

"은행을 그만두다니, 그게 아니고 야간대학이라는 것도 있지 않은가? 어때? 공부할 생각이 없나?"

그동안 단 한 번도 내 머릿속에 들어있지 않았던 '대학'이란 단어, 그러나 나는 그때부터 대학이라는 단어를 머릿속에 담아두기 시작했다. 그리고 마침내 나는 방송통신대학으로 경영학을 공부했고, 우석대학교 행정학과와 전북대학교 경영대학원(석사)을 졸업한 뒤, 전주 대학교에서 박사과정을 공부하게 되었다.

포기하지 말라

72년 신입행원 시절 내가 근무하던 은행 뒤편에 하동관이라는 유명한 설렁탕집이 있었다. 이 설렁탕집은 평상시에는 물론이고 특히 점심시간 때만 되면 손님이 너무 많아 평균 몇 분은 기다려야 겨우 자리를 잡을 수 있을 정도로 장사가 잘 되는 집이었다. 나도 가끔 그 집에 가서 점심 식사를 했는데 밥 먹고 나올 때마다 카운터의 금고에 수북이 쌓이는 현금들을 보면서 '저 돈은 나중에 다 어디로 가는 것일까? 저 많은 돈이 모두 우리 은행으로 입금이 된다면 얼마나 좋을까?' 하는 생각을 하곤 했었다.

그러던 어느 날 이강수 차장께서 나를 부르셨다.

"유희태 씨, 하동관을 한번 유치해보지. 타행을 거래하고 있는 것 같으니 노력해봐."

나는 하동관의 거래 은행을 영업부로 유치하기 위하여 섭외를 하기로 마음먹고 다음 날부터 실행에 옮겼다. 우선 매일 11시 45분쯤 손님이 덜 복잡한 시간에 하동관 설렁탕집을 찾아갔다. 안 그래도 손님이 많은 식당인데 혼자 떡하니 테이블 하나를 차지하고 앉아서 설렁탕 한 그릇만 팔아준다면 괜히 미움을 살 수 있기 때문에 조금이라도 일찍 가서 팔아주는 것이 낫겠다는 생각에서였다.

"안녕하세요."

보통의 식당은 손님이 들어가면 주인이 먼저 인사를 하는데 나는 주인이 인사를 하기도 전에 먼저 큰 소리로 인사를 했다. 상대방에게 나를 인식시키기 위한 작전이었다. 그러자 하동관 주인도 나를 향해 인사를 했다.

"아, 예, 어서오십시오."

하동관은 특이하게도 식당 입구에서 설렁탕 값을 먼저 받고 식권을 손님에게 건네주면 손님은 식당 안으로 들어가서 자리에 앉은 다음 종업원이 설렁탕을 갖다 주고 식권을 가져가는 형식으로 운영되었다. 나는 점심 식사 손님들이 몰려 들어오기 전에 후다닥 서둘러서 설렁탕 한 그릇을 비웠다.

"잘 먹었습니다. 정말 맛있네요. 고맙습니다."

그렇게 인사를 하고 일단 첫날은 상대방에게 얼굴 도장을 찍는 것으로만 끝을 맺었다.

그 다음날 11시 45분이 되자 나는 다시 하동관을 향해 달려갔다. 그리고는 점심 손님이 들이닥치기 전에 제일 먼저 문을 열고 들어가서는 큰소리로 주인을 향해 인사를 하고 설렁탕 한 그릇을 외쳤다. 그 다음날도 그 다음날도 그 일은 반복되었다.

이제는 주인도 나를 완벽하게 기억하는 눈치였고 내가 올 시간만 되면 으레히 크게 인사를 하며 문을 열고 들어올 줄도 알고 있었다. 그렇게 일주일 정도 지나니까 주인은 나를 웃으며 반겨주었고 또 내가 돈을 계산할 때는 이런저런 이야기를 나눌 정도가 되었다. 이제는 누가 뭐래도 하동관 설렁탕집 주인과 나 사이엔 설렁탕집 주인과 손님 그 이상의 관계가 형성이 되어감을 느낄 수 있었다.

3주일 째 매일 점심마다 먹어대는 설렁탕 때문에 설렁탕 국물만 봐도 헛구역질이 나올 지경까지 되었을 무렵 드디어 하동관 식당 주인이 내게 말을 걸어왔다.

"손님! 그렇게 매일 점심마다 설렁탕을 드시니 저야 고맙지만 설렁탕이 지겹지 않으세요?"

"힘들지요."

"네? 힘드세요? 그런데 왜 매일 설렁탕만 드세요?"

"하지만 계속 와야 할 입장입니다."

"왜요?"

"저는 사실 요 앞에 있는 기업은행 영업부에서 근무를 하고 있거든요. 근데 사장님이 여기서 제일 가까운 저희 기업은행을 거래하고 있지 않으시니 저희 은행과 거래하실 때까지 매일같이 설렁탕을 먹어야 하지 않겠습니까? 제가 좋아하는 설렁탕이지만 매일 먹으니 질립니다. 그러나 어쩌겠습니까? 사장님은 아직 저희 은행 고객이 아니신걸요."

내 이야기를 들은 사장은 난감하다는 표정을 지으면서 빙그레 웃는 것이었다. 물론 나도 당장 그 자리에서 결정적인 대답을 들고자 했던 것은 아니지만, 하동관 사장에게 기업은행의 존재감에 대해서 다시 한번 알려주고 싶었다. 그리고 가능하다면 기업은행과 거래해 주길 바라는 마음이 있었다.

다음 날도 역시 같은 시간에 그 집을 향해 달려갔다. 정말이지 이젠 더 이상 설렁탕을 먹기가 힘들 것만 같았다. 설렁탕 생각만 해도 속이 울렁거리는 것 같았다. 그러나 이제 와서 포기하기엔 그동안 먹은 설렁탕이 너무 아까웠다. 적어도 몇 개월 뒤, 아니 일년 뒤에라도 기업은행과 거래를 하겠다는 약속이라도 들어야 이 고역과도 같은 점심시간에서 해방될 수 있을 거라는 생각을 가지고 다시 설렁탕집 문을 열었다.

"사장님, 저 왔습니다."

"선생님, 오늘도 설렁탕이시죠? 나야 선생님 얼굴 자주 보니까 반갑고 좋지만 너무 미안하네요."

"괜찮습니다. 맛있게 먹겠습니다."

사장은 설렁탕에 기본적으로 딸려 나오는 반찬 외에 다른 반찬도 추가로 테이블 위에 올려놔 주었다. 아마 이렇게까지 자신의 회사를 위해서 노력하는 젊은 직원에 대한 일종의 배려같았다.

그날 오후, 객장에서 열심히 전화로 거래처와 통화를 하던 나는 하마터면 비명을 지를 뻔했다. 하동관 설렁탕집 사장이 나를 바라보며 빙그레 웃고 서 있는 것이 아닌가? 나는 너무도 놀라 전화를 후다닥 끊고 그를 향해 달려가 두 손을 움켜잡았다.

"아니 사장님, 어쩐 일이세요?"

"손님, 오늘은 내가 이 은행의 손님입니다."

"이 돈을 정기 예금으로 입금할께요. 계좌 하나 만들어 주세요."

"고맙습니다. 사장님! 안으로 들어오시지요."

이 차장께 하동관 사장께서 오셨다고 소개하자 깜짝 놀라시면서 감사하다는 인사를 하시고 차 한 잔을 대접하는 동안 나는 통장을 만들어 드렸다.

"그리고 이젠 그렇게 매일 점심 때 안 오셔도 돼요. 그냥 가끔 생각나면 들러 주세요."

나는 그 한마디에 날아갈 것만 같은 기분이었다. 그렇게도 원했던 하동관 설렁탕집 주인이 은행으로 찾아온 것도 기쁜 일이었고 설렁탕 고문에서 해방되었다는 것도 기쁜 일이 아닐 수 없었다. 하동관 주인은 나의 노력에 크게 감동 받았다며 격려와 칭찬을 아끼지 않으셨고 수시로 은행에 오시며 나의 실적에 많은 기여를 해주셨다. 그리고 이 차장께서 나를 불러 "유희태 씨가 드디어 해냈구먼" 하며 칭찬해 주셨을 때 내가 하는 일에 대한 더 큰 기쁨과 보람이 생겼다. 그리고 영업에 대한 재미가 솔솔 붙기 시작했다.

노동조합 위원장이 되다

오늘날 이 자리에 오르기까지 나를 가장 힘들게 한 것은 내가 지닌 많은 부족한 점이었다. 우리나라 기업도 정서상 많은 변화가 있었지만, 요직에 오르는 중요한 요건이 되는 학연, 지연에 있어서 나는 아무런 요건도 갖추지 못하였다.

기업은행은 물론이고 국책은행 임원중에 노동조합 위원장 출신은 내가 처음인 것 같다. 하나님의 도우심이 아니었다면 능력도 제대로 발휘할 수 없었을 것이고, 지금 이 자리에도 오를 수 없었을 것이다. 지금 와서 돌이켜보면 인간만사 새옹지마라 했듯이 장애물이라고 생각했던 그 약점들이 오히려 한편으로는 많은 도움이 되기도 한다.

자리가 사람을 만든다는 말처럼 노동조합 위원장이라는 위치는 오히려 지금 회사의 전체를 심지어 노조에 이르기까지 구석구석 한 눈에 볼 수 있는 안목을 키워주었다. 한 단계씩 오를 때마다 '노조위원장 출신'이라는 명함이 멍에처럼 더하여 곱지 않은 눈총을 받게 될 때도 많았다. 그래서 그것을 극복하기 위해서 더욱 성실히 살 수밖에 없었다. 그러면 나의 노동조합과의 인연은 어떻게 시작됐을까?

입행한지 7년이 지난 후 20대 중반에 노조에 깊은 관심을 갖게 되었다. 나는 노동조합과 경영자는 서로를 존중해야 되고 노조가 균형 있게 생산성 향상에 같이 기여하면서 조합원의 권익 신장과 삶의 질 향상을 위하여 꾸준히 노력하며 신뢰를 바탕으로 상생하는 노사의 협력관계가 매우 중요하다는 생각이 들었다.

따라서 노조와 은행의 불필요한 대립 관계는 바람직하지 않다는 결론에 이르렀다. 바람직한 노사관계를 위해서는 은행장이나 노조도 열린 마음으로 대화와 타협의 분위기 속에서 상대방의 입장을 파악하고 이해하며 서로 협조하는 데 소홀함이 있어서는 안 된다. 그리고 노동조합은 직원들의 대변인 역할을 하기 위해 다양한 의견과 소리를 취합하고 공감대를 형성하여 좀 더 나은 근로환경을 만들어야하는 책임이 있기 때문에 더욱 어려운 업무다. 그래서 은행에 애정을 지닌, 일에 대한 열정과 능력을 인정받은 사람이 노조 간부가 되어 실제로 은행이 좋은 방향으로 나아갈 수 있도록 해야 한다.

기업은행은 당시 노동조합을 창립한 지가 10여년 밖에 안 되어 그 역사가 짧다보니 강경한 투쟁이 조합원들에게 노동조합인 양 비쳐졌었던 것이 사실이다. 사회 환경의 영향도 노동조합 활동에 많은 영향을 미쳐서 그 당시에는 노동조합의 위상이 세월이 지남에 따라 강화되어 갔다. 그러나 나는 타 노동조합에서 툭하면 머리에 붉은 띠를 하고 집단행동을 하는 것은 금융기관에는 적절치 못하다고 생각하였다. 그래서 더 많은 정보를 모으고 연구를 하여 사용자 측을 설득하고 서로 존경하며 협의하는 것이 매우 중요하다고 판단하였다. 그렇다면 이젠 노조도 달라져야 한다는 것을 단순히 생각만으로 그칠 것이 아니라 본격적으로 노조간부로 일을 하면서 참여하고 싶다는 생각이 들었다. 그런 마음으로 노조에 관심을 갖게 되었고 노조에서 부장을 거쳐 부위원장으로 일을 하기 시작했다.

먼저 밑바닥부터 노조 일을 배우고 그 다음 중간 단계에서 일하는 과정을 통해 세상을 바라보는 눈과 또 서로의 입장과 상대방 입장의 차이에 대해서 알게 되었다. 확실히 노조는 이제까지 내가 생활해 왔던 은행원의 세계와는 다른 또 하나의 세계였다.

우선 노조간부로 근무하고 나면 대리시험에 합격하지 않아도 단체협약에 동등한 자격을 확대 해석하여 진급을 시켜주는 일종의 특혜와 같은 관례가 있었다.

노조위원장에 출마하기 직전에는 평소에 잘 알지 못했던 사람들이 나를 찾아와 '노조 부위원장을 시켜 달라, 간부를 시켜 달라'고 하며 선거에 조직으로 또는 선거운동에 동참할 수 있도록 부탁을 하곤 했다. 그러나 그 이면에는 당시 책임자 임용시험이 상당히 어려웠기 때문에 노동조합간부가 되면 시험을 거치지 않고 책임자가 될 수 있다는 직원들의 얕은 계산이 포함되어 있었다. 그러다보니 선거가 더욱 과열되는 부분도 있었다.

나는 노동조합이 떳떳하고 경쟁력을 가지려면 이러한 것부터 바로 잡아야 한다고 생각했다. 만일 기회가 되어 내가 노동조합 위원장이 된다면 이러한 특혜시비 같은 것은 없애야겠다고 다짐을 했다. 그래서 나부터 솔선수범하여 노조 부위원장이 될 때, 책임자 임용시험을 보았고 당당히 합격하였다. 그 이후 노동조합 4대 위원장에 출마하게 되었는데 그 당시에 현직 위원장이 임명한 운영위원을 포함하여 14명 중 11명이 나를 후보로 추천하였고 선거를 통하여 압도적으로 당선되어 29살의 젊은 나이에 노동조합 위원장 업무를 수행하게 되었다.

나는 작은 일부터 차근차근 체질을 바꾸자는 목표를 가지고 노동조합 간부 시절 자기계발에 적극 노력하는 분위기와 새로운 문화를 형성하고자 최선을 다하였다. 이는 노동조합 간부가 조합 업무에 최선을 다한다 하더라도 일반 행원들과 같이 실력을 향상시켜 자격시험격인 책임자 임용시험에 반드시 합격하여야 하며 노동조합 간부를 마치고 현업에 복귀할 때에 불합격자에게는 특혜 없이 행원으로 돌아가게 하도록 한 것이었다.

일부에서 그간 노동조합 간부에게 주는 혜택을 없애는 것은 노동조합을 약화시키는 것이라고 주장하는 간부들도 있었지만 나는 오히려 노동조합을 강화시킬 것이라고 설득했고, 첫 노사협의를 앞두고 향후에는 노동조합간부는 시험에 합격하지 않은 간부에게는 책임자 임용요구를 하지 않겠다고 통보하여 많은 화제가 되었으며 그것은 지금까지도 지켜지고 있다.

노동조합 간부는 은행에서 인정받고 일 잘하는 직원으로 구성되어 기회가 있을 때 봉사하고 현업에 복귀하여 은행 업무에 전념하는 것이 더욱 보람이 있다는 소신을 가졌기 때문에 작은 일부터 변화를 시도하려 노력하였다.

때로는 역발상에 가까운 과감한 시도를 하기도 했는데, 저축의 날 캠페인을 노조에서 주최하자는 아이디어가 바로 그것이었다. 그때까지만 해도 노조에서 '캠페인'을 주관한다는 것은 드문 일이었다. 내가 캠페인 계획을 이야기하자 노조 중 일각에서는 본래 '저축의 날 캠페인'은 은행의 주된 행사인데 왜 노조에서 하냐고 반발이 있었다. 그러나 내 의견은 좀 달랐다. 노조와 은행이라는 서로의 입장을 떠나 저축은 노조와 은행 모두에게 쌀이나 마찬가지인 가장 중요한 요소이므로 우리에게도 소중한 행사가 맞고, 이 기회에 우리가 할 건 하고, 요구할 건 요구하자는 취지로 노조를 설득했다. 그리고 마침내 노조 주관으로 캠페인이 시행되었고, 큰 호응을 받게 되었다. 약간의 위험 부담이 있는 시도였지만, 취지의 투명성을 믿었고 그랬기에 과감하게 추진하여 좋은 결과를 얻은 좋은 사례가 되었다.

노조위원장이 되면서 사무실 근무보다는 많은 대외활동을 해야 했다.

한국노총과의 관계, 금융노동조합연맹, 각 지부 위원장들과의 관계도 유지하면서 대외적인 업무 활동을 많이 하게 되었는데 국책은행 협의회를 이끄는 국책은행 협의회 의장을 맡으면서 많은 것을 배울 수 있게 되었다. 3년간의 노조위원장 생활을 끝으로 나는 새로운 고민을 했다. 노조위원장 생활을 하면서 내 나이에 걸맞지 않게 많은 사람들을 만나 교제를 하는 등 구름 위를 날아다니는 것과 같은 날들을 보낸 것이 사실이다. 그러나 그 모든 일들을 접고 평범한 은행원으로 되돌아가면서 서울에서 생활을 하기 보다는 노동조합 시절에 공백이 된 은행 업무를 배우고자 지방으로 내려가 다시 시작하기로 마음먹었다. 그것은 나에게 큰 도전이나 다름없었지만 오히려 더 높이 날기 위한 새로운 출발의 계기가 되었다.

그러나 대리로 현업에 복귀하여 업무를 배우며 차장이 되고 지점장을 거쳐 본부장, 부행장 등 역할이 달라졌어도 노동조합 출신이라는 경력은 늘 따라다녔다. 소신껏 일했던 직책이 가끔 장애물로 등장할 때마다 나는 깊이 생각해보았다.

'과연 내가 인생에 마이너스가 되는 일을 했었던 것일까?'

그러나 그런 생각은 잠시, 오히려 나의 지금이 있기까지 많은 경험과 넓은 안목을 키워준 계기가 되었다고 생각한다.

노조의 일을 그만 둔 후에도 여전히 노동조합 출신의 모임인 기노회라는 모임을 통하여 현직 노동조합 간부들과 끈끈한 유대를 가지고 있었으며 노동조합 발전에 조언을 하기도 했다. 기노회 회장으로 있으면서 만든 기노회 골프대회는 세월이 갈수록 더욱 활성화되었고 봄과 가을에 정기적 모임인 골프대회에는 은행을 떠난 선배들까지 지속적으로 참여하여 회원들이 이 모임을 기다릴 정도로 활성화되었다.

지켜야 할 투자원칙

서울에서 이리(현재의 익산)로 가는 기차 안에서 밖을 바라보며 참 많은 생각을 했다. 은행 생활 16년 만에 다시 고향으로 돌아가 근무한다고 생각하니 가슴이 벅찼다. 그리고 재테크에 관하여 고객들에게 자신있게 소개하기 위하여 우선 내 자신의 성공 사례를 제시하는 것도 좋겠다는 생각과 함께 좀 더 본격적으로 금융의 전반적인 것에 대해서 공부하고 싶은 생각도 들었다. 그래서 익산에 내려 가장 먼저 서점에 가서 증권에 관한 책을 몇 권 구입하여 읽기 시작했다.

개인이나 법인이 주식을 사고파는 증권회사는 손해가 나도 수수료를 받고 이익이 나도 수수료를 받아 수익을 내는 곳이다. 증권에 투자를 잘해서 돈을 많이 번 사람도 있지만 반대로 투자를 잘못해서 엄청나게 많은 손해를 보는 사람도 있는데 그 와중에 이래도 돈을 벌고 저래도 돈을 버는 곳이 증권회사였다.

그렇다면 아무리 증권시세가 엉망이 되는 날이 와도 운영만 잘 한다면 증권회사는 그다지 큰 타격을 입지 않는다는 얘기나 다름없으니 '그렇다면 증권회사의 주식을 사자'라는 생각에 이르게 되었다.

당시 익산 쪽에는 증권회사가 하나 밖에 없었는데 서울 집을 전세로 놓고 전세금 중 일부를 증권주를 사고 나머지는 예금을 하였다. 향후에 서울로 다시 발령이 나면 그때 매각하려고 포트폴리오를 나누어 안정성 있는 예금과 리스크가 있는 주식투자를 한 것이다. 그때 당시 증권회사의 주식을 한 주에 12,000-13,000원 전후해서 매입하고 연말이 되어 '배당금이 은행이자 정도 나오면 본전이고 원금보다 조금 더 나오면 되는 것 아닌가' 하고 생각했다.

그런데 88년과 89년 우리나라에 증권 파동이 일어났다. 그 당시 한참 증권 투자 붐이 일어났는데, 증권을 하면 반드시 돈을 번다는 소문 때문에 너도 나도 전부 주식 투자에 불이 붙어 있었다. 그 바람은 시골 사람들에게 소를 팔게했고 개인택시를 하는 운전기사는 자기의 생활터전인 택시를 팔아 증권을 할 정도로 국민의 대다수가 은행의 돈을 모두 찾아서 주식을 사러 몰려들었다. 그러나 문제는 주식 투자에 대해서 어느 정도 지식이나 정보를 갖고 하는 것이 아니라 그냥 여기서 '우'하면 그쪽으로 몰려가고 저쪽에서 '와'하면 저쪽으로 몰려가는 일종의 묻지마 식 투자나 다름이 없다는 것이었다. 그런 식의 투자는 언젠가 한꺼번에 무너지면 헤어 나올 수없는 추락을 하게 되고 그 여파는 상상을 초월하게 될 것이 분명했다. 사람들은 아침마다 신문을 펼쳐서 주식이 오르면 기분이 좋아 어쩔 줄을 몰라 하고 주식이 떨어지면 동네 전체 분위기가 어수선할 정도였으니 이건 도무지 정상적인 분위기가 아니었다. 밤이면 여기저기서 소주 파티가 열리고, 여기도 주식 저기도 주식 온통 주식 얘기가 동네를 휘젓고 있었다.

나는 주식투자는 말 그대로 투자의 개념이어야지 투기의 장이 되어서는 안 된다고 생각했다. 나 역시 아침에 출근하면 장기투자라고 하여 증권주를 사서 연말 배당을 생각하고 투자하였지만 주식 시세가 상종가이면 나도 모르게 기분이 좋았고 떨어지면 기분이 나빠지는 것을 보면서 이것은 무엇이 잘못되어도 크게 잘못된 것이라는 생각이 들었다.

실제로 내가 산 주식이 매일 같이 올라 몇 개월이 되지 않아 5만 원이 넘게 되었다. 그러자 이것은 투자가 아니고 투기가 되어버린 것이나 다름없다는 생각이 들었다. 게다가 장기 투자를 생각한 나에게 이러한 현상들은 굉장히 큰 혼란이었다. 이렇게 모든 국민들이 증권에 몰입하는 현상이 지속된다면 결국 국가적으로도 손해요, 열심히 일하지 않고 일확천금이나 노리는 사회 현상이 일어난다면 국민들도 얼마나 불행할 것인가? 그리고 증권투자로 많은 이익을 보았다한들 이것은 내 생활에 전혀 유익하지 않다는 생각이 들어서 다음 날 곧바로 증권회사로 갔다.

내가 투자한 주식이 오르고 있었고 더 큰 이익을 볼 수 있는 상황인데도 나는 과감하게 그 증권을 매각하고 증권통장을 해약하기로 마음먹었다. 나의 이런 뜻을 증권회사 직원에게 말했더니 그 직원은 깜짝 놀라는 표정을 지었다. 하기야 바보가 아니고서야 이런 식으로라면 얼마 안 있어 5만 원 짜리 주식이 10만 원도 될 수 있는 상황인데 그것을 지금 모두 해약하겠다니 놀라지 않을 사람이 어디 있겠는가?

"지금 객장에 사람들 바글바글한 거 보이시죠? 저 사람들 모두 증권주 사려고 온 사람들이에요. 모두 한 주라도 더 사둘려고 난린데, 정반대로 모두 파시겠다고 하니 이해가 안 갑니다."

그 증권회사 직원은 극구 나를 말렸지만 나는 결국 해약을 신청했다.

"이렇게 우리나라가 무분별하게 주식 투자에 미치면 안 돼요. 이건 정상적인 것이 아닙니다. 난 해약하겠어요."

"아무리 그러셔도 선생님이 증권을 판다고 그런 분위기가 해결되는 건 아니 잖아요."

"그래도 어쨌든 싫습니다. 팔아주세요."

"한번 더 생각해 보시면 안 되겠습니까?"

"싫다니까요. 팔겠습니다."

결국 그 직원은 뒤에 있는 책임자에게 이야기를 했고 급기야는 강 과장이라는 분이 나와서 간곡히 다시 설명하는 것이었다.

"증권주 십만 원은 기본인데 팔지 마세요"하며 일장 연설을 하였다.

그러나 나는 끝까지 주장을 굽히지 않았다.

"설령 십만 원까지 간다고 해도 이런 돈은 필요 없습니다. 내 하루하루 생활이 왜 주식 때문에 기분이 좌우되어야 합니까? 주식이란 투자를 통해 산업의 자본화를 이루는 것이지 이런 투기장이 되는 것이 과연 옳을까요?"

무려 30분간 설전을 벌였다. 그분은 같은 금융기관 종사자로서 충고를 해 준다고 하며 계속 나에게 설득을 하는데 화를 낼 수도 없고 곤욕을 치루면서 내가 반대로 그분을 설득해야 했다.

"저는 이런 식으로 살고 싶지 않습니다. 투기가 아닌 투자를 하려고 했고 또한 나는 수익률이 불과 몇 개월에 400%이상을 올렸으니 더 이상 욕심부리지 않겠습니다."

그렇게 말하자 책임자는 손을 들고 말았다.

"정 그러시다면 어쩔 수 없군요."

그는 뒷좌석으로 가고 창구 직원과 업무처리를 하게 되었다. 그 증권주식을 매각하고 이틀 후에 대금과 해약이 가능하다고 하여 통장 자체를 없애기로 하고 해약 신청을 하였다. 내가 판 주식은 그 자리에서 순식간에 모두 다른 사람들에게 팔려나갔지만 나는 조금도 후회하지 않았다.

나는 그 돈의 일부로 아버지한테 소를 100마리 사드리기로 했다.

그 당시에 제주도에 있는 송아지가 40~50만 원 갔는데, 큰 소는 300~400만원까지 호가했다. 새끼 육소를 아버지께 100마리

사드렸으니 아버지는 졸지에 갑부가 된 것이나 다름없었다.

그날은 마침 휴일이어서 제주도를 출발한 카페리호에 소를 50마리 씩 두 차례에 걸쳐 옮겨 실을 수 있었다. 목포에 도착한 100마리의 소들이 떼를 지어 육로로 해서 아버지의 농장으로 달려가던 그 순간의 감격은 아마도 평생 잊지 못할 장면일 것이다.

물론 증권회사 직원이 내게 설득했던 것처럼 그때 증권을 해약하지 않았다면 얼마 안 있어서 한 주에 10만 원도 넘어갔을지 모른다. 그러나 나는 꼭 상승된 차익이 내 돈이 되었을 것으로 생각하지는 않는다.

그 뒤에 주식시장은 점점 하락하여 10여년 이상의 하락기를 거쳐 10만 원을 주장하던 그 주식은 불과 천 원대의 가격으로 떨어졌다. 증권파동으로 인해 증권회사들은 구조조정을 거쳐 이름도 바뀌고 새롭게 변화하기 위한 자구책들을 보면서 나는 다시 한 번 돈은 자신이 컨트롤하면서 즐기는 대상이 되어야지 돈의 노예가 되어 얽매이는 것은 불행한 일이라는 생각을 하게 되었다. 또한 돈은 아름답고 가치 있는 일에 쓸 때 하나님의 축복이 있음을 믿는다.

하늘은 스스로 돕는 자를 돕는다

하루는 평소에 잘 알던 친구한테 전화가 왔다. 그 친구의 말이 자기와 가깝게 지내고 있는 후배를 도와주어야 하는데 꼭 만나서 상의를 하자는 것이었다. 물론 나를 만나고 싶어한다는 그 사람은 내가 전혀 알지도 못하는 사람이었는데 상황이 몹시 급하니 될 수 있으면 빨리 만나자는 것이었다.

며칠 뒤, 내 친구와 그 사람 그리고 나, 이렇게 세 사람이 커피숍에 앉았는데 그 사람은 나를 보자마자 만나자고 했던 이유를 설명하기 시작했다.

그는 곧 결혼할 여자가 있는데 그 여자가 미장원을 차리고 싶어한다는 것이었다. 그래서 돈이 필요한데 자기한테는 목돈이 없다는 것이다. 그런데 그 와중에 아버님이 위독하셔서 곧 돌아가시게 생겼는데 마침 아버지의 이름으로 된 땅이 있으니 그것을 나더러 사달라는 것이었다. 그 이야기를 들은 나는 놀라고 당황스러웠다.

"아니 내가 무슨 돈이 있다고 땅을 사달라는 겁니까? 그리고 저는 아직 땅을 살 계획이 없습니다."

"은행 다니신다면서요? 큰 돈도 아니고 은행 책임자가 몇 천만 원이 없어요? 우리 아버지가 가지고 계신 땅은 도로변이고 1,000평이 조금 넘지만 앞으로 전망도 좋습니다. 그런데 제가 땅을 부동산에 내놓고 팔 시간도 없고 더구나 요즈음 부동산 경기도 없어 거래가 전혀 이루어지지 않습니다. 또한 결혼할 여자에게 차려 주기로 한 미장원에 계약금을 이미 주었는데 며칠 뒤 중도금을 주지 못하면 계약금을 날리게 되는 입장입니다. 그래서 몇 사람과 상의끝에 시간상 도저히 맞출 수가 없다고 판단했습니다. 제발 불쌍한 사람 한번 도와주신다고 생각하고 땅을 인수해 주세요."

"너무 갑작스런 이야기라서… 그럼 생각할 시간 주시지요."

"3일간 시간을 드릴께요. 그동안 여러가지로 알아보시고 싸고 전망이 좋다고 생각되시면 사시고 만일 생각이 없으시다면 없었던 일로 하시지요. 그래도 믿는 마음에서 구입해 주셨으면 좋겠습니다. 더구나 유 대리님은 가계수표가 있을 것 아니에요?"

그 당시 주식을 통해 여유자금이 일부 있었고, 30만 원 한도 내에서 가계수표도 끊을 수가 있었다.

"우선 30만 원으로 계약금을 내시고 나머지는 나중에 주면 되잖아요. 언제까지만 주겠다고 약속만 하시면 됩니다. 다른 사람은 몰라도 유 대리님 친구의 이야기를 들어 보면 유 대리님은 보증수표라면서요?"

이 정도면 어지간히 급하긴 급한 모양이었다. '그렇지만 이럴 때일수록 자세히 알아보고 땅을 사야 하는데…'라는 생각을 속으로 하며 여전히 머뭇거리고 있는 나를 보고 옆에 앉아 있던 친구가 한마디 거들었다.

"그 땅 위치도 좋아. 돈이 있으면 내가 사고 싶을 정도라니까."

그러면서 지금 당장은 목돈이 없을 테니까 우선 가계 수표 30만 원짜리 하나 끊어준 다음 자기와 함께 현장을 보고 좋다고 생각되면 구입을 하고 만약에 마음에 들지 않아 안 살 경우엔 자신이 책임지고 가계수표를 돌려주겠다고까지 이야기를 했다.

나는 우선 현장을 직접 확인해 보기로 했다. 친구의 말은 사실이었다. 땅을 확인해 보니 도로 바로 옆이라 정말 위치는 좋아 보였다. 나중에 땅값이 오르면 올랐지 절대로 내려갈 땅은 아니라고 판단되었다. 나는 마침내 30만 원짜리 가계수표 한 장으로 계약금을 치루고 1,000평이 넘는 땅을 구입하게 되었다.

계약할 때에는 반드시 주민등록등본을 준비해 달라고 부탁을 해서 나는 그저 주소를 정확히 하기 위하여 하는가 싶어 등본을 들고 나갔다. 다시 만난 그 사람이 작성해 왔다는 계약서 내용을 찬찬히 검토해보니 표준 계약서에 일반적인 사항과 특별한 내용이 없었다. 단지 계약금은 30만 원 밖에 안 주었으니 중도금에 계약금을 더 얹어 주기로 하고 중도금과 잔금 일자를 확정하고 도장을 찍고 헤어졌다.

그런데 며칠 후 한 남자로부터 전화가 걸려왔다. 내가 땅을 구입했던 그 남자의 형이라고 자신을 소개하면서 나를 좀 보자고 했다. 도무지 이건 또 무슨 영문인가 싶었다.

"유 선생, 그 땅을 왜 사셨소?"

"선생님의 동생이 나더러 사달라고 사정해서 내가 사긴 했는데, 무슨 문제라도 있습니까?"

그러자 그 남자는 길게 담배를 내뿜더니 집에서 일어난 이야기를 들려주었다. 아버지가 곧 돌아가실 것 같이 되자 형제들 간에 재산 다툼이 있었다는 것이다. 그 와중에 막내 동생이 아버지의 도장을 몰래 가지고 나가 땅 계약을 해버렸다는 것이다.

"그런데 제가 그 땅을 구입한 것을 어떻게 아셨어요?"

"그 땅이 유선생님 앞으로 등기가 최근에 되어 있더군요."

그렇게 말하면서 토지등기부등본을 보여 주는 것이다.

"네? 저는 아직 30만 원 밖에 안 줬는데?"

아마도 그 남자는 아버지가 돌아가시면 상속이 복잡해질 것 같아 단돈 30만 원에 내가 잔금을 줄 것이라 확신하고 아예 등기를 해버리고 어디론가 사라져 버린 것이다.

"유선생님이 무슨 잘못이 있겠소? 형제들 몰래 아버지의 땅을 팔아버린 내 동생이 죽일 놈이지."

그러면서 하는 말이 잔금은 다른 형들에게 달라는 것이었다.

"이왕 이렇게 되었으니 잔금은 막내 동생에게 줄게 아니라 우리 형제들에게 줘야 할 것 같습니다."

일이 복잡하게 되었다고 생각을 하였지만, 벌써 그 땅의 주인은 내가 되어 버렸으니 어차피 중도금과 잔금을 주어야 할 입장이 되었다. 그리고 그 가족들간의 작은 분쟁을 보면서 많은 생각을 갖게 되었다.

부모는 힘들여서 자식들을 위해 저축하여 준비한 땅인데 자식이 부모님과 상의도 없이 땅을 매각하고 형제들 간에 재산 때문에 이러한 갈등이 생긴다면 아무리 많은 재산인들 무슨 의미가 있단 말인가?

며칠 뒤 마침내 나와 계약한 사람으로부터 연락이 되었다. 만나서 이야기를 들어보니 자신은 막내고 형들은 잘사는데 이번 기회가 아니면 앞길이 막막하여 이러한 일을 하게 되었다고 하며 죄송하다는 것이다. 그래서 나는 그렇다면 형제들과 합의를 보고 이 땅의 주인은 당신의 아버지니 아버지와 형제들이 함께 있는 자리에서 매매잔금을 넘기는 것이 어떻겠느냐고 하면서 차제에 형제들에게 당신의 입장을 이해시키고 도움을 달라고 하는 것이 좋겠다고 권면을 하였다.

며칠 후에 땅 판 사람의 형에게서 고맙다면서 다시 연락이 왔다. 형제들과 협의가 잘 되었으니 아버지와 형제들 앞에서 중도금과 잔금을 달라는 것이었다. 그래서 중도금을 들고 계약자 부모님 집에 가게 되었다. 그분의 아버지는 누워서 천정만 바라보고 계시다가 나를 보시고 이런 말씀을 하셨다.

"내가 정말 소중하게 만든 땅을 자식이 일방적으로 팔아 처음

에는 몹시 화가 났었으나 내가 자식을 잘못 가르쳐 일어난 일이
니 누구를 원망하겠습니까? 이 땅은 좋은 땅이니 잘 활용하세
요."

그리고는 자식들 앞에서 중도금 겸 잔금 영수증을 장남한테
쓰도록 하고 도장을 찍어 주라고 했다. 그리고 그 돈을 장남한테
주도록 하였다가 다시 막내에게 사업자금으로 주라고 지시하였
다. 그리고 오히려 나에게 내가 서로 이해하고 협조할 수 있도록
도와주어서 고맙다는 말씀을 하셨다.

몇 개월이 지난 뒤 어르신이 돌아가셨다고 연락이 왔다. 그래
서 나는 장례식장을 찾게 되었는데 형제들의 갈등이 해소된 모
습을 보고는 즐거운 마음으로 돌아올 수 있었다.

요즘도 가끔 고가에 매입하겠다며 그 땅을 팔라고 연락이 오
면 의미 있는 땅인데 좋은 방향으로 활용해야겠다는 생각으로
구상 중에 있다.

땅을 구입하기 위해 여기 저기 돌아다니면서 조사를 하거나
사무실에 앉아서 고민 끝에 땅을 구입한 것이 아니라 그야말로
얼떨결에 구입하게 된 땅, 그 땅은 얼마 후 그린벨트가 해제되고
시(市)로 편입이 되었으며 옆으로 큰 도로가 확장 개통되고 주변
환경도 많이 좋아졌다.

0원짜리 통장의 위력

　1995년 6월 29일 평촌 지점의 개점을 두 달 앞두고 머릿속에 여러 가지 걱정이 많았다. 평촌 개점 준비위원장으로 발령을 받아 개점 준비를 하고 있었지만 그 당시의 평촌은 아직 개발 되지 않은 곳이 많았고 이제 막 여기 저기 새로운 건물과 상가들이 들어서는 등 어수선한 분위기였다. 이런 상태에선 비록 개점을 순조롭게 한다 하더라도 개점 이후에 특별한 업무신장을 기대하기가 힘들겠다는 생각이 들었다. 더군다나 우리 은행 말고도 다른 은행들이 개점을 준비하고 있었기 때문에 은행들 사이에서는 먼저 준비를 해서 하루라도 빨리 개점을 하려는 보이지 않는 경쟁이 있었다. 뿐만 아니라 나를 포함한 10명의 직원들은 서로 머리를 맞대고 '어떻게 하면 개점식 날 고객들이 많이 올 수 있도록 할 것인가? 어떻게 하면 예금 수탁고를 높일 수 있을까?'에 대해서 좋은 방안을 짜 보았지만 아무리 생각해도 개점식 날에는 손님들이 기껏해야 백여 명 정도밖에 찾아올 것 같지 않았다.

　개점을 알리는 안내장을 인근지역에 돌리고 현수막을 도로에 내거는 것만으로 고객들이 개점식 날 은행을 찾아오리라고 장담할 수는 없는 노릇이었다. 만약 개점식 날 비가 오거나 날씨가 안 좋다면 더욱 은행 안은 한산해질 수밖에 없었다. 행여 그런 어려움 속에서도 많은 고객이 은행을 찾아온다 하더라도 실명등록을 하고 통장을 만들어 주기까지는 아무리 빨라도 최소한 5분 이상은 걸리므로 분명히 물리적으로 한계가 있는 일이라 판단되었다.

물론 그렇게 밀려드는 고객들 때문에 새 통장을 개설해 주지 못하는 상황까지 가게 된다면 더할 나위가 없이 기쁘겠지만, 나는 고객이 개점식 날 은행을 찾아오지 않고도 좀 더 편리하게 예금 계수를 올릴 수 있는 방법은 없는 것인지 고민하기 시작했다.

이런 저런 생각끝에 좋은 아이디어가 떠올랐다. 거래할 의사가 있는 고객이 있다면 미리 실명을 등록하고 통장을 교부한 다음 개점하는 날부터 어느 지점에서라도 예금을 하게 하는 방법을 찾아야겠다는 생각을 하게 된 것이다.

'바로 이것이다'라는 생각에 이르게 되자 가슴이 뛰기 시작했고 그 아이디어를 직원들에게 설명해 주었다. 그러나 설명을 들은 직원들은 조금 더 현실적인 차원에서 문제점들을 지적했다. 아이디어는 좋으나 현실에 적용하기에는 어려움이 있다면서 개점을 하지도 않고 통장을 미리 만들어 교부하는 것은 사전영업에 해당되어 감독관청의 지적사항이 될 수도 있다는 것이었다.

그러나 안 될 것은 또 뭐있는가? 아이디어는 아이디어로 끝나선 안 된다. 좋은 아이디어라도 현실에 맞게 적용하던지 아니면 일단 시도는 해 봐야 하는 것이 아닌가? 이 아이디어가 현실화되어 많은 고객에게 통장을 미리 교부해 주고 영업에 들어간다면 이것이야말로 획기적일 것이라 생각하고 나의 아이디어를 우선 본부와 협의했다. 본부에서도 우리 직원들이 지적한 것처럼 사전 영업으로 감독관청의 지적이 들어올 것이 뻔하며 전산개발도 매우 복잡하므로 시간이 오래 걸린다는 것이었다.

그러나 나는 적극적으로 설득하기 시작했다. 이것이 절대 사전 영업이 아니라 거래의사가 있는 고객들에게 사전 서비스를 제공하는 것이며 통장에 지점 코드가 부여되기 때문에 개점일 이후에 입금이 가능토록 제도를 만들면 되지 않겠느냐며 나의 아이디어를 설명했다. 그 사이 전산개발 담당자는 개발요청이 오면 적극적으로 노력하여 신속히 하겠다고 답변을 보내왔다.

더 큰 희망이 보이기 시작했다. 그러면 가장 큰 문제는 사전 고객에 대한 서비스와 관련되는 것인데 그것도 역시 입·출금거래가 개점일 이후에 이루어진다면 검토할 가치가 있고 감독관청에 직접 설명하도록 하겠다는 본부의 연락이 왔다.

'이젠 됐어'라고 나는 마음속으로 함성을 외치고 있었다. 그렇게 개점 일주일 전부터 '0원짜리 통장'을 개설할 수 있는 모든 준비가 완료되었다.

우선 아홉 명의 직원들을 세 개 조로 짝을 지었다. 책임자 한 명과 남자 행원 한 명 그리고 여자 행원 한 명이 한 조가 되어 한 명은 개점을 알리는 안내장 그리고 또 한 명은 통장개설신청서

양식, 그리고 나머지 한 명은 실명을 확인할 수 있도록 주민등록증을 복사할 수 있는 휴대용 핸드 복사기 하나씩을 들고 지역을 나눠 섭외 활동을 전개 하였다.

직원들은 이제 막 새로이 시작했거나, 시작하기 위해 준비하고 있는 각 상점과 점포, 인근공장을 방문하여 주민등록증을 즉석에서 핸드복사기로 복사하고 통장 개설신청서를 작성하여 은행에 오지 않고서도 통장을 만들어서 개점일 이전에 가져다가 주겠다고 설명을 했더니 호응도가 매우 높았다. 단 십 원도 입금되지 않은 0원짜리 빈 통장을 개설해 주면서 앞으로 이 통장으로 거래해 줄 것을 부탁하고 이왕이면 개점식 날 단돈 얼마라도 입금을 부탁하는 섭외 활동에 들어갔다.

"좋아요, 다른 은행에 있는 50만원을 개점일 날 넣어 줄게요."

"저는 일단 10만 원만 넣을게요."

직원들의 열정적인 활동으로 마침내 개점 전에 새롭게 개설된 계좌는 무려 1,500여 개가 넘었다.

또한 통장을 만들어 교부하면서 얼마를 입금하여 주실지 메모하고 개점식 날 오시는 분들에게 작은 선물도 드렸다. 그러나 만일 시간이 없어 못 오시는 분들이 있다면, 가까운 기업은행에서 입금하고 나중에 통장을 가지고 찾아오면 꼭 선물을 준비하였다가 드리겠다는 담당직원들의 약속에 감동하는 분도 있었다. 새로 개설된 통장에 고객들이 개점식 날 입금을 하겠다고 약속한 돈은 무려 잠정적으로 130억 원이 넘는 금액이었다.

직원들도 신이 났다. 다른 은행뿐 아니라 우리도 개점 전인 상태에서 이미 130억 원이라는 잠정 예금액수는 거의 기적적인 수치였다.

드디어 흥분과 기대 속에 1995년 6월 29일 평촌지점 개점일이 되었다. 개점식 순간부터 발디딜 틈이 없을 정도로 많은 고객들로 은행 안은 북적거리기 시작했다. 영업은 시작부터 성공적이었다. '0원짜리 통장'을 내밀며 예금이 시작되자 고객들은 친절하고 특히 신속한 예금 수납에 감탄을 하였다. 아마 예전 같으면 처음 찾아오는 고객들은 그제서야 주민등록증을 제시하고 거래 신청서를 작성하느라 창구가 북새통을 이루고 정신이 없었을 것이다. 그러나 우리는 이미 그런 작업을 다 해놓은 상태였기 때문에 첫 고객들도 마치 이미 오래전부터 거래해 온 은행처럼 편안하고 차분하게 일을 보게 되었다. 나는 기쁜 표정을 숨길 수가 없었다. 더군다나 여기저기서 축하의 화환과 화분이 들어오고 반가운 손님들이 찾아오자 점포는 한마디로 축제 분위기가 되었다. 그렇게 개점일의 영업은 끝이 났다.

드디어 마감을 끝내고 집계를 하는 순간, 우리 직원들은 모두 일어나 환호의 박수를 쳤다. 단 하루만에 110억 원이라는 돈이 예치되었던 것이다. 이 금액은 점주를 위주로 이루어졌기 때문에 그 이후에도 100억 원의 잔고가 무너지지 않았으며 계속해서 상승곡선을 타고 업무신장이 진행되었다.

거의 경쟁적으로 동시에 개점한 타행 두 군데의 계수는 개점식 당일날 입금액이 평균 30억 원을 넘기지 못하였으나 우리의 1,500여명 고객의 기반은 큰 위력을 발휘하기 시작하였다. 지속적으로 타행보다 3배의 업무신장을 기대하게 되었고 그런 분위기는 직원들의 사기를 하늘을 찌를 듯이 높여 놓았으며 자부심 또한 대단해졌다.

'0원짜리 통장'은 점주들을 폭넓게 확보하게 되는 중요한 기반이 되었으며 그에 따른 새로운 영업 전략을 수립하게 하는 중요한 지표가 되었다.

개척자의 정신으로 '할 수 있다'는 긍정의 힘으로 도전한다면 이루지 못할 것이 없다. 길은 내가 만드는 것이고 적극적인 마인드는 기적을 이룰 수 있다는 사실을 나는 믿는다.

약속의 중요성

평촌 지점 시절, A지점에서 근무하는 이 차장이라는 분이 전화를 걸어왔다. 그분은 나보다 먼저 입행한 직장 선배 되는 사람이다.

이 차장은 어려운 고민 거리를 나에게 털어놓았다. 그것은 한 고객에 관한 문제였다. A지점과 거래하는 경일산업(임진수 사장)이라는 회사가 있는데, 그 회사는 그동안 타 은행과 거래하다가 유치한 업체로 기업은행에 적금통장도 개설하고 나름대로 건실한 거래를 해온 회사였고 최근엔 새로운 공장도 건축하고 있다고 했다. 그래서 그동안의 거래 실적과 내용을 바탕으로 그 회사에 융자를 해주기로 했는데 갑자기 IMF가 터지는 바람에 융자해주기로 한 계획이 취소가 되었다는 것이다. 지금 상황에서 그 회사에 융자를 해주지 못한다면 그 회사는 융자가 될 것을 믿고 공사를 시작했으므로 공장 문을 닫게 될 것이라고 했다. 이 차장은 직접 현황을 파악하고 상담을 한 당사자로서 걱정이 앞서 나에게 자문을 구한 것이었다.

하지만 그 당시 IMF외환위기로 인해 나름대로 경제력이 건실하던 회사도 부도가 나서 문을 닫는 일이 속속 발생하고 있었고 조금이라도 이상한 낌새가 보이는 회사라면 그 전에 빌려준 대출금도 회수하고 있는 마당에 새로운 신규 융자를 해준다는 것은 어느 지점이라도 선뜻 나설 리가 없는 상황이었다. 그래서 이 차장이 근무하고 있는 A지점도 경일산업에 융자 약속을 취소했던 모양이었다. 그래서 내게 전화로 장시간에 걸쳐 이런 상황을 설명하면서 평촌 지점에서 어떻게 안 되겠냐고 묻는 것이었다. 정말 난감한 일이 아닐 수 없었다.

A지점에서도 오죽하면 이모저모 따지다가 결국은 융자 약속을 취소한 것일 텐데 나라고 뭐 뾰족한 수가 있는 것도 아니었다. 더군다나 평촌 지점보다 훨씬 큰 A지점이 융자를 안 해주는데 내가 만약에 융자를 해준다면 A지점의 지점장이 볼 때, 나를 얼마나 괘씸하게 볼 것인가?

참으로 난감했다. 이러지도 못하고 저러지도 못하고 있을 때, 갑자기 그 회사를 직접 방문해 보자는 생각이 떠올랐다. 분명 나는 평촌지점에서 대출을 해줄 자신이 없었다. 그래서 뭔가 거절할 수 있는 좋은 방법으로 일단 그 회사를 찾아가 이모저모 살펴 본 다음 거절할 명분을 제시해야겠다고 마음먹은 것이다. 그렇게 되면 나름대로 A지점의 이 차장에게나 그리고 그 회사에게나 모두 성의를 보이는 것이 아닐까 생각한 것이다. 나는 곧바로 그 회사의 사장에게 전화를 걸었다.

"임 사장님이시죠? 저는 기업은행 평촌지점의 지점장입니다.

제가 잠시 후에 찾아뵈려고 하는데 괜찮을까요?”

전화기 속의 그 사장은 놀라는 눈치였다. 본인이 융자를 부탁한 것은 A지점이었는데 평촌지점의 지점장이 전화를 걸어와 자기가 일하고 있는 공장으로 직접 찾아오겠다니 놀랐을 것이다.

나는 은행의 담당직원 한명을 데리고 그 공장을 찾아갔다. 주소를 보고 위치를 찾아 공장에 도착하니 저녁 8시쯤이 되어 사방이 어두컴컴했다. 불과 며칠 전까지 한참 공사를 하다가 지금은 멈춘 듯한 공사장엔 여기 저기 자재들이 쌓여 있었다. 잠시 후 어둠속에서 한 남자가 우리 차 앞으로 다가왔다. 그는 점퍼 차림으로 손에는 장갑을 끼고 있었다.

“혹시 은행에서 오신 분이신가요?”

“제가 조금 전에 전화를 드린 지점장입니다.”

그제서야 그 남자는 손에 낀 목장갑을 부랴부랴 벗고 손을 내밀었다.

“어서 오십시오. 안으로 들어오시죠.”

나는 그 사장이 안내하는 대로 콘테이너로 된 사무실로 들어갔다. 사무실에 들어서는 순간 회사의 분위기를 파악하기 위해 나는 사무실 내부를 대충 훑어보았다. 회사의 규모에 비해서 사무실이 너무 비좁고 공간이 거의 없었으나 새로운 공장을 짓기 위한 설계도면 등 만반의 준비는 철저히 되어 있었으며 정성스럽게 정돈된 사무실은 회사의 짜임새 있는 모습을 짐작하게 했다.

나는 거래처의 화장실이나 구내식당 같은 곳을 둘러 보는 일이 습관처럼 되어있다. 물론 볼일이 있어서 화장실에 갈 수도 있겠지만 일부러라도 화장실과 구내식당에 들려서 회사의 청결도를 본다거나 구내식당에서 직원들이 얼마나 밝게 대화를 나누는지 그리고 주로 어떤 대화들을 하는지 들어보면 그 회사의 분위기를 알 수가 있기 때문이다. 물론 나 나름대로의 정보 수집이 그 회사를 평가하는데 큰 영향을 미치는 것은 아니지만 그래도 어느 정도는 도움이 된다. 그리고 회사를 평가할 때 나는 세평이 어떤가를 참고한다. 세평이란 과연 동종업계에선 이 회사를 어떻게 보느냐인데 당연히 동종업계에선 좋은 평가를 내리는 법이 별로 없다. 그야 상대가 잘 되면 내가 손해 본다는 생각 때문이지만, 동종업계의 몇 개 회사에다 슬쩍 물어 본 다음 대체적으로 일관되게 하는 이야기가 있는지를 찾아내는 것이다.

은행과 회사가 돈 거래를 할 때는 항상 최악의 경우를 미리 생각하고 해야 하는 어려움이 있기 때문에 최악의 상황이 다가 오지 않도록 나 나름대로 상대방을 미리 파악한 다음 그에 맞게 거래를 해야 하는 것이다.

그런데 이 회사의 사장은 이 시간까지도 공장 안에서 종업원들과 함께 일하다가 공장 현장에서 나오면서 이렇게 남루한 공장을 방문해 주셔서 고맙다며 작업용 장갑을 벗으면서 인사를 했다.

의자에 앉아서 잠시 사무실 내부를 둘러보고 있을 때 사장이 손에 커피 잔을 들고 와 앉았다.

"뭘 그렇게 둘러 보세요. 초라하죠?"

"너무 요란한 것보다야 낫죠 뭐."

확실히 사장의 얼굴엔 근심이 가득해 보였다.

"저는 A지점과 거래를 해왔고 그 지점에다 대출을 신청했는데 어떻게 평촌 지점에서 오셨나요?"

"맞습니다. 저는 평촌 지점장입니다. 근데 그 A지점의 이 차장이라는 분이 몇 시간 전에 저한테 전화를 해서 걱정을 하면서 부탁을 하기에 직접 찾아뵙고 얘기를 듣고 싶어서 왔습니다."

"아무리 그래도 그렇죠. 저도 그동안 오랫동안 은행과 거래해 봤지만 지점장님이 이렇게 직접 찾아온 것은 처음 있는 일이라서 놀랐습니다."

그러면서 가슴에 맺힌 이야기를 털어놓기 시작했다.

"저는 이제까지 십여년간 이 사업을 해오면서 단 한 푼도 누구한테 돈을 빌린 적이 없습니다. 은행에서도 돈을 빌린 적이 없죠. 그런데 A지점에서 돈을 융자해준다고 해서 땅을 구입했고 이곳에 공장을 짓기로 했습니다. 상담할 때는 A지점 응접실에서 지점장과 이 차장이 분명히 은행에서 융자를 해주겠다고 약속을 해서 그 약속만 철썩같이 믿고 땅을 사고 공장 짓는 것을 시작했는데 이제 와서 갑자기 융자를 못해주겠다고 하니 저는 이제 어떡합니까? 그동안 자재를 갖다 대고 공사를 하던 건축업자들한테 돈도 못 주고 있는데 저를 가만 놔두겠습니까? 이렇게 며칠만 있으면 저희 회사는 어떻게 될지 모르는데 제가 잠이 오겠습니까?”

상황은 심각했다. 고객은 은행을 믿었는데 은행이 고객을 믿지 않았고 이제는 고객도 은행을 믿지 못하는 그런 상황이 되었다. ‘어쩌다가 그 누구도 서로를 믿지 못하는 불신의 상황이 되었을까?’ 하고 생각하니 가슴이 답답해져 왔다.

그때 임 사장이 내게 이런 말을 했다.

“지점장님, 전에 한번 다른 은행에서 대출을 받으려고 했는데 그때 거기서 저한테 뭐라고 했는 줄 아십니까? 제가 그동안 남의 돈 한 푼 안 빌렸다니까 신용을 믿을 수가 없다는 거예요. 은행 거래 실적이 없다 이거죠. 아니 돈 안 빌리고 사업하는 사람의 신용이 더 좋은 거지 어떻게 은행돈 빌리는 사람의 신용이 더 좋은 겁니까? 저는 이해할 수가 없어요.”

그건 분명 맞는 말이었다. 돈을 안 빌리면서 사는 사람의 신용이 더 좋은 게 분명하다. 그래서 나는 고민이 생겼다. 거절할 명분을 찾으러 갔다가 정말 성실한 기업체 사장을 만났으니 말이다.

그 업체 상황을 이모저모로 따져보았지만 지원을 해도 문제없을 것 같았다. 그리고 IMF가 온다고 하더라도 돈은 갚으면 되는 것이고, 자금을 지원해서 이자를 받는 문제나 경제에 미치는 영향 등 여러 면에서 볼 때 이 회사에 대출을 해주어야 한다는 판단이 섰다. 사장이 잠시 자리를 비웠을 때 같이 간 직원한테 넌지시 물었다.

"당신 생각은 어때?"

"안 해주면 이 회사는 우리 은행 때문에 망하겠는데요?"

"그래?"

그 다음 날 A지점의 이 차장한테 전화를 걸었다.

"융자를 해주어야 할 것 같으니 그쪽에서 지점장에게 잘 말씀 드려 다시 한 번 상의를 해 보시고 만약 그쪽에서 못한다면 이곳에서 취급해도 좋은지 협의를 해서 연락 주세요."

나로서는 당장이라도 그 회사에 대출을 해주고 싶었지만, A지점을 완전히 무시하고 진행할 수는 없었다. 그리고 큰 지점에서도 진행하다가 멈출 수밖에 없는 일을 이제 개점한 작은 지점에서 진행하겠다고 나선다는 것이 내겐 여간 부담스러운 일이 아니었기 때문에 A지점에 먼저 연락을 취하는 것이 순서라고 생각했다. 하지만 지금 상황에서 이 회사에 지원이 안 된다면 건실하게 잘 운영이 되던 한 회사가 괜히 은행을 믿고 시작한 공사를 다른 해결책이 없이 도중에 중단할 수밖에 없어 보였다.

'은행이 도와주지 않는다면 분명 이 회사는 망한다.'

나는 단지 도와주는 차원의 문제가 아니라 고객과 한번 한 약속은 반드시 지켜야 하는 약속 이행의 문제라고 생각했다. 결국 이 차장은 다시 지점장과 협의를 하였고 융자 지원을 해주기로 약속하였다가 못해준다고 번복하는 것은 거래처에게 못할 일이지만 현재 국가 IMF외환위기로 인한 불안정한 상황 등을 볼 때 지원해 줄 수 없음을 이해시키라고 하면서 평촌지점에서 취급할 수 있다면 그것은 평촌지점에서 알아서 하라는 것이었다. 그러면서 이 차장은 자기가 볼 때 꼭 해주어야 한다고 생각하나 차장이라는 위치에서 지점장을 더 이상 설득시킬 자신이 없다고 하면서 정말 미안하지만 다소 어렵더라도 평촌지점에서 지원해주었으면 한다는 부탁의 말을 남기고 전화를 끊었다.

결국 우리 지점에서 전반적인 사업성 검토를 한 뒤 융자를 취급하기로 하고 그 회사에 통보하였는데 그분은 천주교 신자여서 그런지 너무도 감격하여 주님의 은총으로 자기가 살게 되었다고 감사의 표현을 연발하는 것이었다.

그 뒤 공장은 순조로이 진행되어 성공적으로 준공이 되고 사업은 IMF외환위기 가운데서도 날로 성장하여 옆의 5,000여평의 부지를 추가 매입하여 크게 확장하게 되었으며 지금도 건실한 기업으로 발전하고 있다.

신뢰를 바탕으로 하는 거래가 성공적인 결과를 낳을 때 주는 보람은 말로 할 수 없는 기쁨을 가져다 준다. 그것은 미래에 대한 꿈을 더욱 키워갈 수 있는 기반이 되기도 한다.

위기의 고객을 구출하라

1998년 8월 16일, 나는 은행직원들과 함께 백운호수 옆의 한 두부전문점으로 식사를 하러 갔다. 고두방(대표 김주년)이라는 조금은 특이한 이름의 두부전문식당이 개업식을 하는 날이었다.

역시 개업집이라 식당의 입구에는 여기저기 화환들이 즐비하게 진열되어 있었고 손님들도 꽤나 많아서 잔치집과 같은 분위기였다.

나와 직원들이 식당안으로 들어서자 이 식당의 주인인 김주년 사장이 나를 반갑게 맞이했다. 이전에도 벌써 많은 손님들을 맞이하느라 꽤 정신이 없었을 터인데도 김 사장은 우리 일행을 제일 좋은 자리로 안내했고 앞에 마주 앉았다.

"김 사장님, 이번에는 제발 성공하셔야 합니다."

"그러게 말입니다. 더 이상 실패는 없어야죠. 그래야 제가 지점장님 뵐 면목도 서죠."

김 사장이 그렇게 말한 데는 나름대로 이유가 있었다. 그는 사업으로 참 많은 우여곡절을 겪은 사람이다.

원래 김 사장은 시흥에서 기아자동차에 들어가는 자동화 설비를 제조하는 공장을 운영하며 나름대로 탄탄한 중소기업으로 성장하고 있었다. 그리고 기아자동차로부터 수주를 많이 받아 마침

내 시흥에서 안양으로 이전해 오면서 공장도 확장시켰다. 그런데 문제는 안양 공장에서 아주 사소한 것으로부터 시작되었다.

공장에 실습생으로 일하던 젊은이가 몇 명 있었는데 그 중의 한 실습생이 그만 실수로 기계를 넘어뜨려 아예 못쓰게 만들어 버렸다. 그 기계는 일본에서 수입해 온 기계로 수입해 들여오는 데도 6개월이 걸리고 수리하는 데도 몇 달을 기다려야 했다. 이것은 그저 난감한 상황 정도가 아니라 이 회사를 본격적인 위기까지 몰아넣는 아주 대단한 사건이 되고 말았다. 이 기계를 이용해서 2, 3억 원의 매출을 올려야 하는 상황에서 기계가 멈춰 버렸으니 졸지에 매출이 1억 원을 넘기지 못하게 되었고 천만다행으로 기계가 새로 들어온다 할지라도 그동안 이 회사가 입게 될 손실은 약 18억이나 되는 엄청난 사고였던 것이다.

매출이 줄어들었으니 당연히 그 전에 거래처에 끊어놓은 어음을 막을 길이 막막해져 김 사장이 나를 만나자고 연락해 왔다. 지금 회사 사정이 어려우니 좀 도와 달라는 것이었고 얘기를 들어보니 1, 2억으로는 도무지 해결될 상황이 아니었다. 나름대로 건실했던 중소기업이 작은 실수 하나로 부도 위기까지 내몰리게 되다니 나는 도무지 이해할 수 없었지만 어쨌든 상황은 그렇게 급속도로 악화의 길로 내몰리고 있었다. 그렇다고 해서 은행이 무작정 대출을 해주었다가는 은행도 곤란한 상황까지 이어질 태세였다.

그런데 김 사장이 의외의 제안을 했다.

"이 사태는 몇 억으로 해결될 수가 없습니다. 사태가 이렇게 크게 번졌습니다. 여기 저기 끊어놓은 어음은 부도 처리를 한다 치더라도 종업원들의 그동안 밀린 임금만 해결할 수 있게 해준다면 종업원들과 다시 한번 회사를 운영해 보고 싶습니다."

그 말을 듣고 나는 김 사장에 대해서 곰곰이 생각을 해보았다. 보통 다른 중소기업 같았으면 지금과 같은 부도 위기 상황이라면 은행에 찾아와 의논을 하기 보다는 몰래 잠적할 수도 있는 상황인데도 솔직하게 나를 찾아와 직원들의 임금부터 걱정하는 김 사장이 고마웠다. 금융 쪽으로는 신용불량자가 되었을지는 몰라도 적어도 나와 김 사장 사이엔 더 없는 신용과 신뢰가 쌓인 셈이다.

'이 사회가 이렇게 서로 믿고 신뢰하면 안 되는 일도 가능하게 될 텐데'라고 생각하며 다음날 나는 여신 담당 책임자와 함께 그 회사를 찾아가 직원들을 앉혀 놓고 설명을 하기 시작했다.

"여러분도 알다시피 이 회사는 지금 위기입니다. 그런데도 사장은 나를 찾아와 직원들의 밀린 임금부터 해결하고 싶다고 했습니다. 우리 기업은행은 힘이 닿는 데까지 김 사장을 도와서 여러분의 밀린 임금을 우선 해결해 드리겠습니다. 그러니 여러분도 사장을 믿고 사장과 함께 힘을 모아 이 회사를 다시 살려 주십시오."

그러자 종업원들은 수긍을 하며 여기저기서 고개를 끄덕였고 나중엔 박수가 터져 나왔다. 그리고 그날 회사는 최종 부도 처리가 되었다. 부도가 나는 회사에서 직원들이 박수를 치며 좋아하는 이상한 진풍경이 펼쳐졌다. 결국 김 사장은 1년 동안 그렇게 종업원들과 고군분투하여 공장이 경매로 넘어가는 것을 막았고 본인의 집은 물론 동생의 집까지 저당 잡힌 것을 되찾을 수 있게 되었다. 그러나 문제는 그것으로 해결되지 않았다.

직원 중에 한 사람이 부하직원들을 빼내서 또 다른 회사를 차려 버린 것이다. 그때 아마도 김 사장은 크게 의욕을 상실했던 것 같다. 결국엔 그렇게 힘겹게 회사를 되찾으려는 노력도 포기를 하고 폐업처리를 해버리고 말았다. 그리고 얼마 후 다시 나를 찾아왔다. 그리고는 이런 말을 하는 것이다.

"식당을 해보겠습니다. 식당을 해서 나오는 수익금으로 그동안 받은 대출금의 이자를 갚겠습니다. 마지막으로 식당을 할 수 있도록 돈을 대출해 주십시오."

나는 속으로 난감해 하며 말했다.

"무슨 식당을 하시려구요?"

"두부를 주원료로 하는 식당입니다."

"음식점도 만만찮은 사업인데 할 수 있겠어요?"

"마지막입니다. 저는 이제 이 식당에 모든 걸 걸겠습니다."

그러면서 김 사장은 내게 이상한 명단 하나를 내밀었다.

"이게 뭐죠?"

"제가 그동안 사업을 하면서 사업상 만났던 사람들의 명단입니다. 그리고 그동안 사업상 찾아 다녀야 했던 술집과 단란주점의 종업원들 150여명의 명단입니다. 이 사람들은 내가 음식점을 내면 반드시 찾아와 고객이 될 수 있는 사람들입니다. 이 사람들이 한 달에 한 번씩만 들려도 식당은 흑자를 낼 수가 있습니다.”

식당에 찾아올 사람들의 명단을 미리 작성하고 식당을 하겠다는 세상에 듣도 보도 못한 이상한 사업 계획을 보고 나는 잠시 머뭇거릴 수밖에 없었다. 나의 그런 표정을 눈치 챘는지 김 사장은 다시 한번 나에게 매달리기 시작했다.

“도와 주십시오. 이건 나 혼자만의 문제가 아니라 우리 집 전 가족의 생사가 걸린 문제입니다.”

더군다나 김 사장의 여동생과 여동생 남편까지 찾아와 만일 식당이 잘못 되었을 경우엔 자신들이 연대보증으로 반드시 상환하겠다고 약속까지 했다. 물론 여러 가지 상황으로 봐서는 김 사장에게 대출이 그렇게 쉬운 일은 아니었지만 그동안 사업을 해오면서 은행 거래에서 보여 준 그의 신용 등을 감안하여 마침내 대출이 결정되었다.

여동생이 차주가 되고 여동생 남편이 직장을 다니는 관계로 보증을 서서 천오백만 원의 대출을 하기로 하였다. 대출 결정에 신이 난 김 사장은 이리저리 뛰어 다니며 음식점 오픈에 만반의 준비를 하였다. 그렇게 해서 드디어 그날 그 고두방이라는 음식점이 오픈하게 된 것이다.

요식업은 그렇게 만만한 사업이 아니다. 하루에도 수많은 식당이 개업을 하는 세상인데 그렇게 개업하는 식당 중에 성공하는 음식점은 그리 많지 않다. 나 역시 김 사장이 새로 시작한 음식점이 잘되기를 바라면서 가끔 손님들과 함께 음식을 팔아주기 위하여 노력했다. 그러나 한 달 정도 지나서 문제가 생기고 말았다.

개업식 날 바글바글하던 손님들은 어디론가 사라지고 넓은 식당의 몇 개 테이블에만 손님들이 앉아 있었다. 분명히 이 시간쯤이면 손님들이 바글바글 하고 식당 안에는 주문 받는 소리, 음식 만드는 소리, 설거지 하는 소리로 귀가 아플 정도가 되어야 하는 것이 아닌가? 내가 찾아가도 고두방의 김 사장은 인사를 하는둥 마는둥 그렇게 정신없이 왔다 갔다 해야 하는데 이렇게 한가할 수가 있을까? 게다가 어디로 갔는지 얼굴을 볼 수가 없었다.

"사장님 어디 가셨어요?"

"식당 뒤쪽에 계실걸요?"

종업원이 가리킨 곳으로 찾아가 봤더니 그곳에 김 사장이 먼 호숫가를 바라보며 담배만 길게 내뿜고 있었다.

"아니, 사장님, 여기 계셨네요."

나를 발견한 김 사장은 깜짝 놀랐는지 후다닥 담배를 껐다.

"아, 네 지점장님…"

김 사장이 한숨을 길게 내쉬며 털어놓은 이야기를 듣고 나는 정말 가슴이 답답해져 왔다.

"음식 맛이 좀 그런가 봐요. 처음엔 손님들이 호기심으로 들어

오더니 소문이 잘못 났는지 요새는 영 손님이 없어요.”

　음식점은 일단 맛이 우선이며 손님의 입소문이 또 중요하다. 그 점에서 고두방은 두 가지 다 실패를 했다. 그도 그럴 수밖에 없었던 것이 주방 일을 맡기로 했던 부인이 갑자기 몸이 아파 병원에 입원을 하는 바람에 주방 일을 보지 못하는 상황까지 이르게 되었고 개업 날짜가 다가오자 궁여지책으로 외부에서 영입한 주방장을 채용했는데 그 주방장은 도무지 맛을 내지 못하였다. 이런 지경이니 처음 개업했을 때 인사치레로 찾아왔던 손님들도 두 번 다시 찾지 않게 된 것이다. 하긴 식당 주인이 먹어봐도 맛이 없어서 손님을 불러 놓고도 창피해서 얼굴을 어디다 숨기고 싶을 정도였다고 했을 정도니까 그 상황은 불 보듯 뻔한 것이었다.

　개업한지 한 달이 지나고 두 달이 지나면서 손님은 계속 줄어들고 식당엔 그야말로 파리만 날리는 상황이 되었다. 이대로 또 다시 주저앉아 버려야 하는 것일까? 한참 잘 나가던 제조업 공장 문을 닫고 은행을 찾아와 겨우 겨우 돈을 대출 받아 다시 시작한 새로운 음식사업이 이대로 문을 닫게 되었으니 김 사장의 심정은 오죽했을까? 그러나 김 사장은 그대로 포기하지 않았다.

　결국 카메라 하나를 담은 가방을 챙겨들었다. 그리고는 전국으로 돌아다니며 유명하다는 두부음식점을 두루 찾아다니며 맛을 보고 사진을 찍어 밤이면 숙소로 돌아와 그 맛을 분석하는 대장정에 나선 것이다. 일종의 맛을 찾아 떠난 여행이었다. 그리고는 다시 식당에 돌아와 낮에 주방에서 일을 하고 밤이면 집으로 돌아가는 형수에게 가져온 사진과 자료를 쥐어 주며 새로운 두부 요리를 연구하기 시작하게 했다는 것이다. 역시 사업에 성공하는 사람은 뭔가 다른 면이 분명히 있긴 있는가 보다. 끈질기고 악착같은 노력으로 결국 두 달쯤 뒤에 새로운 두부 요리가 탄생되었고 그 메뉴는 곧바로 고두방 식당에서 선을 보였다. 분명히 맛이 달라졌다. 개업식 때 주인조차 맛이 없어 어디론가 숨어버리고 싶었던 그 맛은 사라지고 이젠 누가 먹어도 감탄하게 할 수 있는 새로운 맛이 태어난 것이다.

그러나 역시 손님은 다시 늘어날 기미를 보이지 않았다. 식당은 입소문이 중요한 것인데 한번 왔다간 손님들 사이에서 맛이 없다고 소문이 나 있었기 때문이다.

그런데 이 고두방 음식점에도 드디어 햇빛이 들기 시작했다.

어느 날 식당에 한 통의 전화가 걸려왔다. 전화기 속의 남자는 자신을 신문사 기자라고 소개했다. 이 기자는 얼마 전에 북에서 망명해 온 황장엽이라는 분이 청계산 쪽에 등산을 하고 이곳을 지나다가 우연히 이 식당에 들려서 점심식사를 한 적이 있었는데 그때 그분을 취재하기 위해 함께 이곳 식당에 와서 점심을 먹고 맛있다고 느꼈다는 것이다. 그러면서 이번에는 아예 단독으로 이 식당을 자신의 신문에 소개하고 싶은데 괜찮겠느냐는 것이었다.

물론 김 사장은 이 전화를 받고 약간의 의심은 갔지만 별다른 요구 사항이 없으면 와서 식사나 하고 가라는 말로 대답을 대신 했는데 그 후로 며칠 뒤 정말 중앙 일간지에 이 식당이 커다란 사진과 함께 크게 소개된 것이다. 기사가 신문에 난 것도 김 사장은 알지를 못했었다고 한다. 그런데 어느 날 주방에서 일하는 직원 한 사람이 김 사장한테 전화를 해서 도무지 일을 할 수가 없다며 푸념을 하더라는 것이다. 그 이유는 바로 신문에 난 기사를 보고 사람들이 이곳을 찾아오려고 하는데 위치를 알려 달라는 문의전화가 빗발쳤던 것이다. 그 전화를 받고 식당으로 부리나케 달려 온 김 사장은 식당 앞에 장사진을 치고 있는 손님들을 보고 놀라지 않을 수 없었다. 도무지 이게 꿈인지 생시인지 알 수가 없는 상황이었다. 결국엔 그날 준비했던 음식이 저녁도 되기 전에 모두 동나는 돌발사태까지 벌어진 것이다.

김 사장은 결국은 그 고두방 음식점으로 인해 6년 만에 빚을 모두 갚을 수 있었다.

은행은 고객 때문에 운영되는 곳이다. 고객이 잘 되어야 은행도 잘 된다. 고객이 조금 위험에 빠져 있다고 은행의 안전만 먼저 생각해서 거래를 중단하고 겨우 남아 있는 돈을 긁어서 채권 회수에만 충당한다면 고객은 결국 주저앉을 수밖에 없는 것이다. 나는 고두방의 김 사장을 보면서 그런 단순한 진리를 다시 한번 확인할 수 있었다.

직원사기 120% 올리는 비법

　내가 근무하던 평촌지점엔 9명의 직원이 있었다. 그 직원들 모두가 스타급이었는데, 그중에 5명을 소개하고자 한다.

　공모지점장으로 발탁되었던 김영규 씨는 각종 은행 섭외사례 발표 시에 단골로 되다시피 뽑혀서 발표를 도맡아 하고 많은 직원들에게 교육을 시키는 등의 활약을 하고 있다.

　그리고 이애경 초임대리직원은 노동조합에 여성대표 부위원장으로 선출되었고, 현업에 복귀한 뒤 영업부 팀장으로 근무하다가 그간의 능력을 인정받아 공모지점장으로 발탁되었다. 당시에 여자 직원들은 책임자라 하더라도 일반적인 예금업무만 취급했을 뿐 대출업무는 거의 담당하지 않았는데 일정한 기간이 되어 각자의 업무를 바꾸는 과정에서 나는 이애경 대리에게 대부담당자로서의 임무를 부여했다. 아마도 여신 담당으로 여자가 된 것은 그때가 처음이 아닌가 싶다. 그것은 일종의 파격적인 변화였다. 그러자 '여자가 어떻게 그런 일을 해낼 수 있을까?' 생각하는 사람도 있었고 주시하는 눈총도 많았다. 하지만 나는 이 대리의 능력을 한 번도 의심해 본 적이 없었다. 그저 열심히 하라는 격려만 해주었다. 그랬더니 그 직원은 오히려 남자가 부족한 부분까지 보완해서 일할 정도로 업무를 아주 훌륭하게 처리할 뿐만 아니라 어떠한 업무를 담당하더라도 능력발휘를 한 결과 인천 삼산동 지점 공모지점장 선발 경쟁에서 발탁되었다.

김은준 씨는 적극적인 성품과 열정적이고 탁월한 업무능력으로 동기들 중 선두로 대리로 승진하였고 왕성한 섭외활동을 통해 PB로서의 훌륭한 사례를 은행 전체에 확산하는 역할모델을 충실히 하였다. 또한 팀장으로 발탁 승진이 되어 주위의 부러움의 대상이 되었던 모범 직원으로 은행에서는 그의 활동상황을 비디오테이프로 만들어 전 지점에 배포하여 홍보를 할 정도로 스타가 되었다.

이병운 씨의 놀라운 아이디어도 빼놓을 수 없다. 당시 평촌지점은 신설점포라 업무 확장이 필요했고 주변지역은 개발이 덜 된 상태여서 복권을 판매하기 위한 아이디어를 찾고 있었는데 이병운 씨가 좋은 아이디어를 제시했다. 근처 주유소에 복권이 당첨되면 '행운 1억 원을 드립니다'라고 현수막을 걸고 주유를 할 때 복권을 한 장씩 주자는 것이었다. 좋은 아이디어라고 판단한 우리는 곧바로 시행에 들어갔다. 주유소에 현수막을 걸자 이 주유소에는 기름을 넣기 위해 사람들이 줄을 서기 시작했다. 뿐만 아니라 전국에서 복권 판매 1위가 되고 다른 점포로 확대되는 등

신바람이 났다. 그 아이디어는 나름대로 적중했던 것이다. 그로부터 몇 개월이 지나고 은행장(이우영 은행장)님이 참석한 행사장에서 참으로 기발한 아이디어라고 말씀하시면서 아이디어 하나로 업무가 많이 신장되었다고 칭찬을 하셨다.

나는 그 자리에서 얼른 "행장님, 그 아이디어는 여기 있는 이병운 행원이 내놓은 것입니다"라고 소개해 주었다. 그렇게 행장님으로부터 직접 칭찬을 듣게 된 직원은 곧바로 대리로 승진하고 본점에서 팀장을 맡아 다시 주어진 역할을 아주 잘 감당하였다.

이 팀장은 본점에 부임하여 다른 직원들과 함께 첫 식사를 하는 자리에서 옆자리에 있는 손님에게 명함을 나눠 주었다는 것이다. 그때 다른 직원들이 식사를 하러 와서 왜 명함을 돌리냐고 물었더니 이 팀장이 하는 말이 이게 모두 평촌지점에 있을 때 지점장인 나한테 배운 거라고 얘기를 하더라는 것이다.

임찬희 씨는 타의 추종을 불허할 정도로 열정과 친절로 섭외 능력이 매우 뛰어났다. 2007년 전 직원을 대상으로 최우수 예금왕이 선정되면 특별승진할 수 있는 제도가 도입되었다. 상반기 특별승진 1명, 그 영광스러운 대상에 임 대리가 선발되어 특별 승진함으로써 그는 모든 직원들의 사랑과 부러움을 받았다.

위 5명은 평촌지점이 타 은행 2곳과 함께 거의 동시에 개점하여 치열한 영업경쟁을 벌여야 하는 환경 속에서도 우리 지점이 타행에 비해 2배 이상의 실적을 올리는 데 정성과 노력을 함께했던 자랑스러운 직원들이다.

언젠가 5명이 한자리에 모여서 조그만한 지점에서 특별한 성과를 올리게 된 배경이 무엇이었는지 토론을 한 적이 있었다. 그랬더니 나에게 듣기 좋으라고 하는 소린지는 모르겠지만 나와 함께 일할 때는 힘들지만 일에 대한 성취감과 함께 마치 싸움 닭처럼 타 은행에 지고는 못 견디는 불굴의 투지, 함께 뛰는 왕성한 섭외를 통해서 얻게 된 자신감, 신바람 나는 직장 분위기, 자신의 능력을 믿어줌으로써 책임감을 갖고 능력의 120%를 발휘한 것이 오늘날 자신들이 기업은행의 스타가 된 비결이라는 의견에 도달했다.

그래서 나는 이번에는 장점을 빼고 단점을 이야기해 보라고 했더니 그들은 웃으면서 내가 술을 거의 안 하는 것이 좋은 것 같기도 하고 나쁜 것 같기도 하다면서 말을 잇지 못했다.

주유소의 복권 아이디어를 냈던 이병운 행원이 팀장 부임인사를 하기 위해 나를 찾아와서 했던 말이 있다.

"부행장님은 지점장으로 계실 때 우리에게 일을 맡기고 인정해 주시는데 100%가 아니라 120%할 수 있는 그런 여건을 만들어 줍니다. 바로 그것이 저희들로 하여금 무엇인가에 도전하도록 만들고 또 한번 일을 하면 반드시 성공시켜야 한다는 프로정신을 갖게 하였습니다."

그렇다. 나는 직원들의 능력을 100% 믿었다. 그리고 그들이 능력을 100% 발휘할 수 있도록 격려해 주고 기회를 주고 인정해 주면 100%의 능력을 뛰어넘어 120%의 실력을 발휘할 수 있다는 것을 또한 믿었다.

훗날 부행장 퇴임후 후배 직원들의 초대로 창립기념일 뒤풀이 행사에 참여했는데, 매우 기쁜 소식을 듣게 되었다. 이장에 언급되었던 다섯 분의 직원들 모두 근속을 하고 있으며 실력과 업적을 인정받아 평촌지점 근무 당시 대리였던 김영규씨는 부행장으로, 이애경 초임 대리직원은 본부장급인 센타장으로, 김은준,이병운, 임찬희씨는 지점장으로 승진했다는 소식을 들었다. 당시 한 지점에 근무했던 사원들중 나를 포함해 부행장 두 명과 센타장 한명, 지점장 세명이 나온 것은 극히 드문 사례로, 지금도 직원들 사이에서 평촌점의 에피소드는 소위 '전설'로 회자화 되고 있다면서 "유희태 지점장 밑에서 일을 배우면 인재가 된다"는 소문도 돌았다고 했다. 물론 오래간만에 후배들을 격려하러 온 나에게 인사차 한 이야기지만 정말 기뻤고, 당시 그런 드림팀의 리더로 일 할 수 있다는 것에 진심으로 감사했다.

부지런히 새가 더 많은
먹이를 얻는다

'부지런한 새가 더 많은 먹이를 얻는다'는 속담이 있다. 그 속담처럼 나와 함께 일을 하는 사람들에게 부지런해야 한다고 강조해 왔고 내가 먼저 앞장서서 행동으로 보여 주었다고 자부해왔다. 나는 다른 직원들보다 약 30분 전에 출근해서 차 한 잔을 마시면서 이야기를 나누며 차분하게 영업 시작을 준비해 왔다. 그런데 나의 그런 부지런함을 무색하게 만든 사람이 있었다.

평촌지점 당시 일이다. 나는 개점한지 얼마 안되어 인근에 있는 인탑스(주)의 김재경 사장을 방문하였다. 그 당시 인탑스라는 회사는 기업은행 신길동 지점과 거래를 하여 오다가 가까운 평촌지점으로 옮겨 타 은행 몇 군데와도 거래를 하고 있었기 때문에 복수거래를 하지 말고 기업은행과 전속거래로 해 줄 것을 부탁하기 위해서였다.

역시 실속있는 회사에 깐깐한 사장이라는 소문대로 내게 이것저것 묻기 시작했다. 일단 첫 번째로 그 회사는 외환업무가 많은데 외환업무 처리능력이 가능한가를 물었다. 우리도 그동안 수많은 외환업무를 처리해 왔기 때문에 전혀 문제가 될 것은 없었다.

그리고 두 번째로 전에 거래하던 지점처럼 충분한 서비스를 받을 수 있을 것인가를 물었다. 물론 서비스하면 신설지점이지만 최선을 다할 것을 확약하며 걱정하지 말 것을 설명했다.

세 번째, 지점장의 경영마인드는 제대로 되어 있는지와 직원들의 업무능력이 제대로 갖추어져 있는지를 파악해 보겠다고 했다.

그분은 확실히 고객의 입장에서 냉정하게 은행의 여러 가지 면을 확인하고자 했던 것이다. 나는 그분의 그런 깐깐한 요구사항이 은근히 재미있었다. 그래서 고객의 입장에서 나는 어떤 은행원이며 지점장이고 또한 우리 지점은 어떤 지점인지 한번 판단을 들어보기로 마음먹고, 일단 그날은 그렇게 인사만 하고 헤어졌다.

그러던 어느 날 사무실 전화기가 울렸다. 그날도 아침 일찍 출근해서 영업 시작하기 1시간 전에 차 한 잔 마시면서 직원들과 업무 계획에 대해 이런 저런 대화를 나누는 중이었다.

"누구지? 이렇게 이른 시간에?"

궁금해 하며 수화기를 들었다.

"감사합니다. 평촌지점 유희태입니다."

"안녕하십니까? 지점장님, 저는 인탑스의 김재경 사장입니다."

"아, 네, 사장님 반갑습니다. 아니 어쩐 일로 이렇게 이른 시간에 전화를 주셨습니까?"

"저기…"

김 사장은 잠시 머뭇거렸다.

"김 사장님, 왜 그러시죠? 말씀해보세요."

"저기… 지점장님이 이렇게 늦게 출근해도 되는 겁니까?"

"네? 제가 늦게 출근했다구요?"

"제가 몇 차례 사무실에 전화를 드렸는데 안 받더군요."

"아직 객장 오픈 1시간 전인데요."

나는 속으로 조금 화가 났다.

'아니 이게 무슨 소리란 말인가? 나름대로 가장 일찍 출근하고 부지런하게 산다고 자부하면서 살아왔던 사람인데, 그래서 그런 성실성으로 첫 번째 공모 지점장으로 선정되고 이렇게 활기차게 살고 있는 사람한테 늦게 출근한다니?'

나는 더 이상 뭐라고 대화를 해야 할지 몰라서 대충 대화를 마치고 전화를 끊었다.

'그렇다면 나보고 늦게 출근한다고 했던 그 사람은 과연 몇 시에 출근을 한다는 거지?'

이런 궁금증이 생겨 다음날 아침 7시에 그 회사 앞으로 차를 몰고 갔다. 인탑스 앞에 차를 세워놓고 김 사장이 출근하는 것을 내 눈으로 직접 목격해 보고 싶었던 것이다. 그런데 김 사장의 사무실이 환하게 불이 켜져 있는 것이 아닌가?

사무실 앞으로 가서 노크를 했더니 문을 열어주던 김사장이 나를 보며 깜짝 놀랐다.

"아니, 이른 아침에 어쩐일로 여기가지 오셨습니까?"

서로 악수를 나눈 뒤 사무실 안으로 들어갔다.

"저도 저 나름대로 꽤나 부지런하게 살아왔다고 자부해 왔는데 역시 김 사장님은 훨씬 더 부지런하십니다. 오늘만 일찍 나온 게 아니시죠?"

"나는 평소에도 늘 이 시간이면 사무실에 나옵니다. 사무실에 일찍 나와서 오늘 할 일의 계획을 세우고 전반적인 업무를 챙겨보는 것이 생활화 되었습니다. 지방 공장에 출장을 갈 때도 아침 일찍 출근해서 내려갑니다. 나는 하루에 할 일의 50%를 아침에 처리합니다. 아침만큼 집중력이 뛰어나고 능률적인 시간이 없죠."

확실히 성공하는 기업은 뭐가 달라도 다르다. 마찬가지로 성공하는 기업을 만드는 기업인들은 남들과 다른 점이 분명히 있다. 그 당시에 주업종이 사출공장이던 인탑스 기업은 지속적인 변화와 개혁에 앞장서 솔선수범하며 성장을 거듭하여 창업한지 27년 만에 3,800여명의 직원으로 늘어났고 정부에서 주는 가장 큰 상인 금탑산업훈장까지 수상하였다. 뿐만 아니라 기업은행에서는 기업인에게 힘과 용기를 주고 성공한 기업을 널리 전파하여 기업인의 표상이 되고 있는 '명예의 전당'이라는 제도를 처음으로 도입하여 외부 전문가들에게 심사를 의뢰하여 해당 기업을 선정하도록 하였는데 제1회 명예의 전당은 인탑스의 김재경 사장이 선정되었다. 명예의 전당에 오르기 위해서는 회사의 기술력, 시장점유 비율, 성장성, 은행과의 거래기간, 사회봉사 부문 등 까다로운 심사기준을 통과해야만 해서 기업인들이라면 가장 받고 싶어하는 상 중의 하나이다.

기업은행 본점 1층에는 1년 동안 회사의 홍보는 물론 개인 흉상을 만들어 전시하며 동판 부조를 만들어 영원히 보존하기 때문에 그 상은 기업인의 꿈이 될 정도로 선망의 대상이 되고 있다. 김재경 사장의 깐깐한 테스트로부터 합격을 받은 은행이 깐깐한 심사기준을 통해 명예로운 상을 주게 된 경우가 된 셈이다.

"나도 나지만 그것을 직접 확인하겠다고 이렇게 아침 일찍 남의 회사 앞까지 찾아온 지점장도 참 대단하십니다."

우리는 그 날 아침 서로 웃으며 통쾌한 대화를 이어갔고 나는 김 사장을 인간적으로 존경하게 되었다.

김재경 사장은 기업이 크게 성장하였음에도 변함없는 생활과 장학재단 이사장으로 인재양성을 위해 많은 관심을 기울이고 있으며, 사회복지시설을 만들고자 준비하고 있다. 그 모습을 보면 나 역시 머리가 절로 숙여진다.

결국 김재경 사장으로 인해 나는 생활에 큰 변화를 가져오게 되었다. 아침 일찍 일어나 조찬 모임, 기업체 방문, 또는 상담 시에 새벽시간을 활용하는 습관을 갖게 되어 새벽형 인간이 된 것은 모두 김재경 사장 덕분이다.

넘어져도 위를 보라!

초등학교 어린이들과…

1등 제조기

　나는 구로동 지점장으로 발령을 받게 되었다. 평촌지점에서 최우수지점으로 선정되고 성수 2가 지점에서도 최하위의 점포를 직원들과 하나가 되어 여·수신 1,600억 원에서 2년 만에 3,200억이나 만들어 최우수로 만든 뒤, 발령을 받았다. 원래 구로동 지점은 구로공단(디지털단지)이 있어 서울에서 가장 큰 지점이었다. 한때는 여·수신 합계액이 4천7백억이었는데 일부 이관도 있었고 출장소가 지점으로 바뀌면서 조정되어 인수 받을 때는 여·수신 계수가 2천8백억인 상태로 빠졌으며 당시에는 평가에서 최하위가 되어 직원들의 사기도 많이 떨어진 상황이었다.

　잘 모르는 사람이 봤을 때는 구로동 지점이 대형 점포인줄 알지만 내막을 아는 사람들 중에는 내가 구로동 지점으로 발령이 났다고 하자 위로를 해주었다. 그러면서도 다시 실적을 올리기는 어려울 것이라고 부정적인 반응을 보였다. 그러나 발령 후 출근을 해서 구로동 점포 직원을 한 자리에 모이도록 하며 나의 소신을 밝히고 적극성과 도전 정신을 고취시키도록 이렇게 말했다.

　"여러분들의 사기가 많이 떨어져 있다는 것은 압니다만 우리 모두 하나가 되어 이제는 1년 안에 5,000억을 만들도록 합시다."

직원들은 별 반응없이 그저 형식적인 말에 지나지 않을 것이라는 표정들이었다. 아마 속으로는 '도대체 무슨 근거로 5천억의 실적을 내겠다고 큰 소리를 치는 것일까?'하며 뜬구름 잡는 얘기라고 생각했을지도 모른다.

물론 나 역시 확실한 근거가 있는 소리는 아니었다. 단지 과거에 4천7백억 원의 계수가 있었고 자존심상 5천억은 되어야 서울에서 제일 큰 지점이라는 소리를 듣게 되지 않을까 하는 생각에서 한 말이었다.

그러나 이왕 이렇게 계획을 하고 말을 내뱉었으니 분명히 책임을 져야 했다. 먼저 지금까지 했던 직원들의 업무스타일 분석에 들어갔다. 몇 가지 업무에 있어서 개선할 사항이 눈에 띄었다. 먼저 직원들의 새로운 마음자세와 열정과 도전 정신을 불러 일으키려면 창구에서의 생각이 지점장과 우선 하나가 되어야겠다는 생각이 들었다. 그리고 지금까지 평촌, 성수 2가 지점에서 해왔던대로 지점장실을 활짝 열어놓고 직원들과 고객들이 언제든지 나와 협의할 수 있도록 했다.

나는 직원을 모아놓고 이런 말을 했다.

"여러분 한 사람 한 사람이 모두 지점장입니다. 그런 자부심과 책임감을 갖고 일해 주십시오. 고객과 상담을 한 뒤에 여러분이 판단해서 결정하여 상담표를 보고 결제하면 이행될 것이고 만일 점검이 필요한 부문은 그때 그때 협의하겠으니 업무에 더욱 열정을 가지고 임하시길 바랍니다. 또한 고객에게는 더욱 최고의 서비스를 제공해야 하며 심사는 철저히 해주시기를 바랍니다. 즉, 가장 큰 관건은 신속한 의사결정과 진행임을 잊지 마시길 바랍니다. 만약 고객에게 지원 여건이 안 되면 더욱 신속하게 자세한 내용을 설명하여 주고 좀 더 관심을 가지고 계속 유대를 가지자고 하며 하나의 컨설팅 역할을 하면서 지속적으로 노력하는 것입니다. 특히 현장 중심에서 사업장을 방문하여 고객에게 힘과 위로를 해주고 기업인에게 존경의 마음으로 대하도록 하여야 합니다. 저 역시 직원과의 신뢰의 구축에도 노력하겠으며 직원들의 의견에 많은 비중을 두도록 하겠습니다. 지점장이 일일이 고객을 만날 수는 없는 일이기 때문입니다.”

그것은 권한과 책임을 동시에 부여하는 일종의 파격적 업무였다. 적은 금액도 아니고 몇 억 또는 몇 십억이나 되는 돈을 지점장이 아닌 담당에게 결정해서 진행할 수 있게 하는 것은 직원들에게는 그만큼 권리를 부여하는 것인 동시에 책임을 부여하는 것이었다. 그러자 직원들은 내 말에 부응하여 각자 열심히 영업을 하기 시작했다. 한 번은 어떤 고객이 내게 직접 전화를 걸어왔다.

“아니 대리가 10억을 대출해준다는 데 이거 믿어도 됩니까?”

“네. 맞습니다. 제가 상담표를 보고 결제했는데 좋은 사업을 하시더군요. 기회 있으면 한번 찾아 뵐테니 빨리 진행하시지요.”

그런 소문은 금방 고객들 사이에서 퍼졌다. 그리고는 일종의 도미노 현상이 일어났다. 직원들은 신이 나서 업무를 처리했고

놀랍게도 구로동 지점은 1년 만에 5천억 원에 이르는 여·수신을
올리게 되었다.

구로동지점 3층에 지역본부 강당이 있었는데 그곳에서 5,000
억 달성 기념행사를 개최했다. 당시 당 행과 거래하는 상장기업
만 17개가 되었고 그 자리에 참석한 각 기업의 CEO들만 150여
명이 모였다. 참석자들에게는 일체의 선물은 가져 오지 못하게
부탁을 했고 오히려 우리가 5,000억 돌파 기념선물을 준비하고
식사대접을 하면서 그 자리에서 또 다른 부탁을 했다.

"여러분들 때문에 우리 점포가 1년 만에 5천억을 달성했습니
다. 그런데 이제부터는 여러분들이 복수로 거래하고 있는 것을
당 행으로 거래해 주신다면 내년엔 8천억을 돌파하도록 하겠습
니다. 여러분의 협조와 도움을 부탁드립니다."

이런 일이 있은 후 거짓말처럼 그 다음해에는 정말 또 기적같
이 여·수신이 8천억 원이 되었다.

내가 한번 목표를 삼고 내뱉은 말이 이렇게 현실로 이루어지자
직원들의 사기는 하늘을 찌를 듯했다. 물론 이런 시스템은 어느
정도의 위험을 감수할 수밖에 없는 것이다. 하지만 당 행에는 수
준 높은 위험부담에 대한 규정이 있으며 본부에서 지도하는 사
항을 성실히 이행하면 되는 것이고 또 각자의 합리적인 판단, 상
식적인 선에서 하게 되면 된다. 문제가 되는 대부분은 어디선가
편법을 쓴다거나 안 되는 것을 가지고 무리해서 하는 경우 등인

데 자기 돈을 빌려줄 때 어떻게 할 것인지를 생각하면 매사에 신중에 신중을 더하여 일을 처리할 수 있다. 현업에서 규정에 맞지 않는 것이 있으면 건의해서 규정을 바꾸거나 보완하면 되는 것이지 안 되는 것을 억지로 하게 되면 안 된다. 모든 것은 제도로서 시스템화를 구축하는 것이 중요하다.

이처럼 점포도 어떤 지점장이 가느냐에 따라 영업이 신장되는 데도 있고 줄어드는 데도 있기 마련이다. 본부에서 인사발령을 하더라도 업무를 확장시켜야 할 것 같으면 확장지향적인 사람을, 안정형이다 싶으면 성장보다는 관리를 잘하는 사람을 보내게 된다.

그런 면에서는 나의 업무 스타일은 긍정적이고 공격적인 영업형으로 생각된다. 물론 이렇게 될 때에는 직원들의 사기가 충전된 이유도 있지만 직원들 마인드가 고객지향적으로 바뀐 것이 가장 큰 원인일 것이다. 그 다음에 은행에서 그다지 필요하지 않은 것을 깐깐하게 따지는 것들을 최대한 없애고 고객들에게 무슨 일이 있으면 직원들이 달려가서 도와준다거나 또 제도적으로 최대한 좋은 상품을 만들어 제시하면 당연히 고객의 입장에서는 만족하게 되는 것이고 당연히 당 행과 거래를 하게 되는 것이다.

2년 만에 2천 8백억의 점포에서 8천억까지 계수를 올리게 되자 업무 신장에 대한 특별감사를 받게 되었다. 어쩌면 당연한 일인지도 모른다. 보통의 경우 20%, 또는 30%의 업무신장은 있을 수 있어도 우리 점포처럼 짧은 시간 내에 50%의 신장 아니 매년

100%의 신장은 뭔가 정상적이지 않은 편법이 있는 것이 아닐까 하는 생각을 하게 되었고 그런 의심은 결국 감독원 특별감사까지 이어지게 되었다.

그러나 나를 포함한 우리 직원들은 한 점 부끄러움 없이 정정당당하게 일했고 그러한 결과를 얻어 내었다는 것에 자신이 있었다. 특별감사를 하러 온 분들 역시 우리의 서류를 하나하나 조사해 봐도 별다른 문제가 없다는 것을 알게 되었고, 그분들을 기업 현장으로 안내하여 다니면서 우리의 영업방식을 소개했더니 나중에는 격려의 말까지 들으며 아무런 지적 사항이 없이 마무리되었다.

여기서 잠시 경험상 한계를 넘는 자기 극복과 관련해 한 가지 비법을 소개할까 한다. 이는 다름아닌 "목표를 정확히 정해 알리라"는 것이다.

나는 개인적으로 이를 통해 많은 성과를 얻었다. 은행에는 6개월에 한 번씩 직원을 평가하는 제도가 있다. 그러면 직원들이 6개월 동안 활동했던 사항과 향후 6개월 동안 해야 할 계획을 가지고 개별면담을 통하여 격려와 상담을 한다.

예를 들어 '나는 앞으로 자기 계발을 위하여 어학을 배우겠다. 앞으로 어떤 자격증을 취득하겠다. 건강을 위하여 운동을 매일 한 시간씩 하겠다. 어느 단체와 함께 봉사활동을 해보겠다'는 식으로 앞으로 6개월 동안 하고자 하는 계획을 적어내고 또 지난 6개월 전에 적어냈던 계획들을 잘 이루어냈는지 함께 돌아보며 새로이 계획을 세운다. 이것은 어쩌면 특별한 것이 아닌 것 같지만 매일 똑같은 직장생활을 하면서 목적 없이 활동하는 것보다는 분명히 큰 차이가 있다. 직원들은 나에게 한 말이 있기 때문에 뭔가 부담을 가지고 노력한다. 그렇게 시간이 지나면 6개월 후에 분명히 달라져 있는 자기 모습을 발견하게 될 것이다.

나는 원칙에 충실하려고 한다. 그러나 그 원칙을 둘러싸고 있는 구태와 답습은 싫어한다. 변화와 개혁은 지속적으로 필요하며 원칙을 지키되 최대한 그 원칙의 테두리 안에서 일을 하면 오히려 직원들이 책임감과 사명감을 가지고 일하게 된다는 것이다. 그리고 나 혼자 뒤로 물러나 있으면 안 된다.

이스라엘의 군대에선 '돌격'이라는 말이 없다고 한다. 단지 '나를 따르라'라는 말이 있을 뿐이다. 장교가 뒤에 숨어서 부하들을 앞세워 내보내기만 하기 보다는 장교가 먼저 앞장서 뛰어가면서 뒤에 있는 부하들에게 나를 따르라고 외치면 어떤 부하가 돌격하지 않겠는가? 지점장이면서도 직접 현장을 뛰어 다녔던 나의 모습을 통해 직원들도 자신감을 얻고 믿고 따라 오는 것이다.

(주)삼오 주철준 회장님의 공장을 방문했을 때 현장으로 들어가는 입구에 걸려있는 현수막에 적혀 있던 글귀가 아직도 기억에 남는다.

'어제의 개선 사항 오늘 보니 개선 대상'

직관력을 키워라

직관력이란 짧은 시간 내에 그 전에 수집된 정보력으로 판단하고 순간적으로 결정하는 능력을 말한다. 직관력을 키우기 위해서는 평소 상대에 대한 많은 자료와 전체 흐름을 이해하고 있는 것이 중요하다. 어느 업종의 일이든 다 마찬가지이겠지만 특히 은행 일을 하다보면 결정을 잘 해야 할 때가 많다. 판단을 잘못하면 큰 손실을 입게 되는가 하면 또 판단을 잘하면 큰 이익을 낼 수가 있기 때문이다.

평촌 지점장 시절의 어느 날, H회사와 관련된 어음에 대해 할인 요청이 들어왔다. 그 당시 대기업 어음이라든가 상장회사의 어음의 할인을 많이 유치하도록 캠페인을 벌이고 있었기 때문에 그 회사 어음 할인은 이상한 일이 아니었다. 당 행과 유대관계가 좋았던 모 기관의 한 간부가 30억짜리 그 회사 관련 어음을 할인할 수 있도록 기업체 사람을 보낼 테니 친절히 잘해주라는 연락을 해왔다. 그 기관은 우리 지점에 예금도 많이 하는 터라 상당히 관심을 가지고 있었기 때문에 나는 고맙다고 인사를 하고 전화를 끊었다. 아마도 이런 전화를 받았으면 어느 은행이나 서로 할인을 해주려고 했을 것이다.

나는 곧바로 대부 담당자에게 이런 사실을 알렸다.

그러자 신설 지점으로 왕성한 섭외 활동을 전개하던 대부담당 책임자는 발행어음에 대하여 알아본 뒤, 그 어음을 발행한 기업체는 신용등급도 좋고 상장업체이며 어음도 면책어음이라 지점에는 전혀 부담이 없으니 바로 어음할인을 하겠다는 보고를 했다. 뿐만 아니라 이왕이면 더 많이 할인하면서 수익도 내고 다른 업무까지 확대하였으면 좋겠다고 말했다.

면책어음이란 부도가 나더라도 영업점에서는 책임이 없는 것으로 특히 신용이 우수한 업체를 선정하여 적극 유치하기 위해 영업 활동을 강화하도록 한 제도였다.

나는 담당자에게 그 어음의뢰인이 누구냐고 물었다. 그랬더니 어음 할인은 어음 발행인을 보고 하는 것이지 할인 의뢰인은 크게 신경 쓰지 않아도 된다며 할인 의뢰인이 경동시장의 한약재를 다루는 한약 판매상이라는 대답을 했다.

그 순간 나는 뭔가 느낌이 이상했다. 그래서 다시 그 한약 판매상의 매출이 어느 정도인지를 알아보라고 지시했다. 잠시 후 직원은 그 한약 판매상의 매출은 연간 약 4억 정도라고 했다. 매출 4억의 한약 판매상이 30억짜리 어음을 할인한다는 것은 분명 뭔가 느낌이 안 좋았다.

"잠시 어음할인 작업을 중단해봐요."

어음 발행인과 의뢰인의 거래 관계 등을 전반적으로 파악하는 검토를 하고 있을 때 잠시 후 전화가 걸려왔다. 왜 할인을 빨리 안 해주냐고 짜증 섞인 목소리였다.

"검토를 해보아야 할 것 같습니다. 할인 의뢰인의 사업 규모에 비하여 어음 금액이 너무 크고 자금용도에 무엇이 문제가 있는지 확인하고 곧 조치하겠습니다."

"유 지점장, 필요하면 예금을 몇 십억 추가로 더 보내 줄테니 내일 당장 처리하세요. 지점장 된지 얼마 안 되어서 간이 작구만."

그리고는 일방적으로 전화를 끊는 것이었다.

나는 고민하지 않을 수 없었다.

'이래서 지점장이라는 것이 어려운 것이구나…'라고 생각하며 다시 차장과 담당 책임자와 협의를 했다.

"면책어음인데 별 문제 있겠어요? 또한 H회사 관련 상장업체 어음인데 무슨 문제 있겠습니까?"

그러나 내가 판단하기에는 도무지 상식적으로 앞뒤가 맞지 않는 상황이었다. 한약 재료를 팔아 받은 30억 짜리 어음이라면 그 한약 재료의 양은 도대체 어느 정도란 말인가?

또한 그것을 원료로 하여 약품을 팔아 매출을 올린다면 그 또한 엄청난 액수일 것이다. 뿐만 아니라 제약업체는 한 한약 재료상이 아닌 여러 한약 재료상에서 재료를 구매할 텐데 어떻게 이렇게 갑자기 한 곳에서 한꺼번에 30억 원어치나 구입을 했을까?

그리고 그 한약 재료상은 제약 회사와 꾸준한 거래가 있었던 것도 아니어서 도무지 상식적으로 앞뒤가 맞지 않았다. 또 하루가 지나갔고 다음날 다시 전화가 걸려왔다.

"당장 어음할인을 못 해준다면 다른 은행으로 가져가서 하겠소."

자신있게 말하면서도 전화속의 목소리는 잠시 머뭇머뭇거렸다.

"필요하면 경비를 일부 보내 줄테니 빨리 좀 할인이 안 되겠습니까?"

나는 이번 전화 통화를 통해 뭔가 정상적이지 못하다라는 생각으로 마음을 굳혔다. 절대 할인을 해서는 안 되는 어음이라고 생각한 나는 정중히 거절을 했다. 그랬더니 상대방은 내게 자존심이 상할 정도의 이야기를 했다.

"그렇게 베짱이 없는 지점장이 영업을 잘 할 수 있겠습니까? 다소 문제가 있더라도 기일에 할인 금액이 결제되면 되는 것 아니오?"

담당 책임자 역시 "이번 어음을 할인만 해주면 저쪽에서 예금도 해준다고 하니 업무신장에 도움이 되고 좋을 것 같습니다"하면서 못내 아쉬워하며 어음을 돌려주었다.

그렇게 어음을 돌려주고 3일 정도 지나 결국 다른 곳에서 할인을 받았다는 얘기를 들었다. 아마 급하긴 정말 급했던가 보다.

그로부터 다시 며칠 뒤 갑자기 김승경 행장님이 관내 기관 방문차 지점 앞을 지나가시면서 10분 정도 여유가 있어 갑자기 들리셨다며 안으로 들어오셨다. 행장님은 소파에 앉지도 않고 그 자리에 서서 뚫어지게 쳐다보며 말씀을 하셨다.

"유 지점장, H회사 관련해서 어음을 얼마나 할인해 주었지?"

순간, 나는 가슴이 뜨끔했다. 아마도 그 어음을 할인 안 해준 것 때문에 질책을 하시기 위해서 말씀을 꺼내시나 보다고 생각했다. 나는 그간 사정을 설명하며 어음 할인을 해 주지 않았다고 대답을 했다.

"잘했어요."

나는 도무지 영문을 알 수가 없었다. 행장님은 더 이상 자세한 이야기는 하지 않고 차도 마시지 않은 채 사무실을 나가셨다.

그날 밤 드디어 일이 터지고 말았다.

밤 9시 뉴스에 H회사가 부도가 났다고 긴급뉴스를 하는 것이었다. 그 순간 내가 그렇게도 고집을 부리며 어음을 할인해 주지 않은 것에 대해서 안도의 숨이 나왔다. 만약 그때 어음을 할인해 주었다면 과연 어떻게 되었을까? 이 사건은 몇 년이 지난 지금도 생각만 하면 참으로 아찔한 마음이 든다.

그런가 하면 이런 경우도 있었다. 구로동 지점에서 근무할 때이다.

어느 날 갑자기 창구로부터 연락이 왔다.

“고객 한 분이 지점장님을 직접 뵙고 상담을 하고 싶다고 합니다. 사전에 아무 연락도 없었어요. 어떻게 하죠?”

직원의 안내로 응접실 안으로 들어온 분은 (주)동광인터내셔널 이재수 사장이셨다. 그분은 만나자 마자 명함을 주며 급한 사정을 설명하기 시작했다.

“미안하지만 하도 급해서 왔습니다. 저희가 사업장을 구로동에 장만하고자 합니다. 그래서 본사 사무실 겸 생산 공장으로 사용할 계획으로 매물로 나와 있는 여러 공장을 방문해 보았는데 마침 마음에 꼭 드는 공장을 발견했습니다. 현재 전자부품을 생산하고 있는 구로3공단에 위치하고 있는 전자부품회사입니다.

돌아보니 우리 공장으로 사용하기에 너무도 어울립니다. 그런데 준비된 자금이 충분치 못하고⋯ 매각이 급히 진행 되고 있는 것 같아 당장 결정해야 돼서 부득이 이렇게 사전에 연락 없이 왔습니다. 이해해 주십시오!”

매각 상담이 이루어지고 있는 그 공장은 전자 부품 생산 업체로 오랫동안 당점과 거래를 잘하고 있었지만 계속적인 납품가격 인하 등으로 고전을 하고 있었으며 공장을 매각하고 구조조정을 한다는 소문이 나 있었다.

누가 그 공장을 매입할지 관심이 높았다. 어느 기업에서 가격 협상 중이다, 어느 기업에서 인수할 것이다는 등 소문이 무성했으며 은행에서도 담당 책임자와 함께 여러 차례 방문을 하면서 구조 조정에 관하여 걱정을 함께 나누며 컨설팅 역할도 하였는데, 매각하는 사장님은 잘 아는 어느 기업이 아무래도 인수할 것 같다면서 만일 그 기업이 자금 준비에 어려움이 있으면 은행에서 적극적으로 융자 지원을 해 주었으면 한다는 등 여러번에 걸쳐 대화를 나누고 있는 상황이었다.

그런데 전혀 들어보지도 못한 이 사장이 불쑥 나타나 "이 공장을 사고 싶습니다. 우리 회사는 의류제조업체로서 소규모의 중소기업이지만 여기에서 꿈을 이루고 싶습니다"하며 기업의 재무 구조 상태와 현재 가지고 있는 부족한 여유자금을 충당하기 위하여 은행에서 융자를 해줄 수 있는지 확인한 후 계약하고 싶다는 것이다.

간단한 대화이고 처음 만난 자리였지만 매우 진지했다. 어떻게든 이 공장을 통하여 제2의 사업도약을 위한 많은 구상과 강한 의지를 볼 수 있었으며 한 마디 한 마디 하는 말 속에서 성실한 모습을 볼 수 있었다.

그간의 사업 내용과 계획은 대충 알 수 있었다. 그래서 "대출을 결정하기 위해 사업성 검토와 전반적인 심의를 해야 하는 데 시간이 다소 걸릴 것입니다"라고 설명을 하였다. 그렇지만 이 사장은 기다릴 시간이 없고 지금 당장 YES냐 NO냐를 결정해 달라는 것이다. 만약 부정적인 느낌이 들면 타 은행으로 달려가서 상담할 기세였다. 마음이 조급하게 움직이는 것 같았지만 태도만큼은 정중하면서도 자신감이 넘쳤고 단호하였다.

매입자금의 20%는 자체에서 준비할 테니 나머지는 은행에서 책임지고 융자를 해달라는 것이다. 그간 은행 거래에 이런 경우는 없었다. 기업에 대한 정보도 없고 거래 실적도 전혀 없어 판단하기가 쉽지 않지만 결정을 해야만 했다. 겉으로는 태연하게 대했지만 참으로 난감했다.

의류 회사 브랜드는 'ZPZG지피지기'라고 하며 시중에서 큰 반응을 보이고 있다고 한다. 상대를 정확히 알면 백전백승한다는 뜻으로 지피지기라는 이름을 지었다는 말을 듣고 참으로 인상 깊었다.

이 사장을 응접실에 남겨 둔 채로 잠시 화장실을 다녀오겠다고 하고 나와서 젊은 행원들을 잠깐 모이게 해 "지피지기라는 옷 알아?"하고 물었다. "우리 집에서는 값싸고 디자인이 좋아 인기가 최고예요"하는 답변을 듣고 내가 너무도 의류분야에 대하여 모르고 있구나하는 생각이 들었으며 더욱 확신이 들었다.

그래서 이 고객이 당 행에서 거래할 수 있도록 하기 위한 나로서의 최선의 방법은 진실된 대화의 내용으로 판단할 수밖에 없다고 생각되어 나는 다음과 같이 제안하였다.

"만일 이 사장님께서 지금 말씀하신 것이 모두 사실이고 서류 징구 시 확인이 된다는 전제로 약속하겠습니다."

몇 십억 원의 대출을 1시간 안에 결정해야 하는 경우는 처음인 것 같았다.

이 사장이 급히 나간 뒤에 책임자들과 지피지기에 대한 회사 내용을 파악하며 협의하는 중에 이 사장으로부터 연락이 왔다.

"금방 계약을 했습니다. 차질 없이 진행해 주십시오! "

상담 후 불과 몇 시간이 지나지 않아 바로 공장 매매 계약이 이루어졌다. 그래서 융자 절차를 신속히 진행하였는데 상담 때 이야기했던 내용보다 기업 상태도 우수했고 서류 징구가 완벽하여 성공적으로 모든 처리가 이루어 졌다.

지피지기는 공장 입주 후에 계속 성장하였다. 그곳은 주변의 발전과 더불어 중심지가 되었다. 얼마 후 물류 창고도 정문 옆에 건설하였다. 그런데 당시 그 주변에는 은행 지점이 없었다. 거기에 지점을 신설하면 은행 거래의 활성화와 업무 신장에 크게 도움이 될 것으로 판단되었다. 그래서 물류 창고지만 일부를 당 행 지점으로 활용했으면 좋을것 같아 개설 요청하였다. 이 사장의 적극적인 협조로 세를 얻어 새로운 지점을 신설하게 되었다.

이 사장은 업무에 열정적으로 매진하며 존경스러울 정도로 일에 최선을 다하였다. 계속 제품을 개발하며 지피지기를 통해 인지도를 높이며 'SOUP숲','SWEETSOUP스위트숲','VIST in NEWYORK비지트인뉴욕', 'AD HOC애드혹' 브랜드를 출시하면서 지속적인 성장과 발전으로 그후 2,000억 이상의 매출을 올려 반도로타리 주회 때 회원들로부터 찬사를 받고 앞으로의 계획을 이야기할 때에는 힘들어하는 회원들에게 새로운 용기와 힘을 주었다.

아무리 경기가 어렵다하더라도 변화와 개혁을 끊임없이 해나간다면 어려울 때가 새로운 기회이며 도약을 할 수 있다는 메시지를 전해 주었다.

나는 멋은 짧지만, 성실함은 길고 가장 중요한 것이며 성공의 지름길이라는 사실을 다시 한 번 확인하게 되었다.

이발소 미팅

구로동 지점은 산업단지를 끼고 있어서 나름대로 참 사연이 많은 사람들을 고객으로 모시게 된다. 디지털 1단지에 산업단지 공단이 있었는데 그곳을 섭외하는 과정에서 우리 기업은행과 거래를 좀 더 확장을 해야겠다고 마음 먹게 되었다.

그때, 이효진 이사장이라는 분이 취임을 했다. 그분은 청와대 경호실 차장을 하시다가 온 분이라 그런지 한번 만나는 것도 쉽지 않았다. 당연히 비서실을 거쳐야 했고, 이사장 아래에 부이사장도 있고 또 그 밑으로는 처장과 상무까지도 있어 그분을 만나기 위해선 여러 단계를 거쳐야 하는 어려움이 있었다. 그러나 나는 어떻게 해서든 이사장과 만나 대화를 나누고 싶은 맘이 간절했다. 그래서 다짜고짜 비서실로 전화를 걸었다.

"저는 구로동 지점 유희태 지점장입니다. 새로 부임하신 이사장님께 인사를 가려고 합니다."

"간단히 서서 인사를 하신다거나 은행장이 오신다면 몰라도 지점장이 우리 이사장님 만나는 것은 격이 좀 안 맞습니다."

충분한 시간을 내어 대화를 나누고 싶었지만, 워낙 바쁘신 분이라 하는 수 없이 나는 딱 3분간의 짧은 시간을 허락받아 잠시 대화를 나누게 되었다. 비록 지나치게 짧은 시간이었지만 나는 최대한 목적을 이루어내야만 했다.

"3분의 시간을 얻어왔습니다. 그것도 비서실의 실장한테 양해를 구해서 이렇게 왔는데 3분 안에 무슨 말씀을 드리겠습니까? 그동안 구로동의 여러 기업들을 상대로 일을 해왔기 때문에 이사장님이 허락하신다면 차근차근히 구로동에 대해서 설명해 드리고 싶습니다. 그러려면 30분 정도면 될 것 같은데 저한테 30분 정도 시간을 내 주실 수 있겠습니까?"

그렇게 말하는데 벌써 약속했던 3분이 지났다. 어느새 비서실장이 들어와 시간이 되었으니 이제 나가달라는 눈치를 보냈다. 그리고 밖에는 또 다른 손님이 와서 기다리고 있는 것 같았다.

"보십시오. 이제 인사를 막 마쳤는데 벌써 저보고 나가라고 눈치를 주네요. 다음에 다시 한번 시간을 내주시죠. 이사장님!"

그러자 이사장은 나의 간절한 요청에 마음이 움직였는지 옆에 서 있는 비서실장에게 지시를 내렸다.

"다음에 별도로 만나 얘기를 할 수 있도록 해봅시다."

그렇게 일단 인사를 하고 돌아온 며칠 뒤에 비서실장한테 전화가 걸려왔다. 이사장님과 좀 더 긴 시간동안 대화를 할 수 있게 했으니 만날 준비를 하라는 것이다. 그래서 나는 구로동에 관한 이런 저런 자료를 철저히 준비하였다. 그리고 약속 당일 성심껏 준비한 자료로 자세한 설명을 해드렸다. 이사장은 나의 그런

브리핑을 잘 이해하시는 것 같았다. 면담을 하고 구로동에 대해서 궁금한 것이 있으면 언제든지 연락을 해달라는 말과 함께 자리를 나왔다. 그러나 그것만으로는 뭔가 부족한 것 같았다. 그렇다고 또 다시 비서실장에게 시간을 잡아 달라고 하기엔 워낙 스케줄이 빡빡한 분이라 나도 부탁하기가 어려웠다. 더군다나 앞서도 설명한 것처럼 이사장 밑으로 여러 사람들이 있어 이사장과 독대해서 긴 시간을 얘기할 수 있는 것은 거의 불가능해 보였다.

'어떻게 하면 사석에서 얘기를 나눌 수 있을까?'

나는 이런 생각으로 머리가 복잡했다. 그러던 중 월요일 이른 아침에 이사장을 태운 자동차가 골목에서 나와서 회사 방향으로 가는 것을 우연히 보게 되었다. 이사장과의 만남에서 항상 단정한 헤어스타일이 인상 깊어 어디에서 머리 손질을 하시는 것일까 궁금했었는데 이 시간에 이 골목에서 할 수 있는 것이라면 아침 식사 또는 머리손질일 것이라는 생각이 들었다.

그래서 골목 안으로 가 보았더니 역시 내 짐작대로 그곳에 동네 이발소가 있는 것이 아닌가! 나는 그 이발소에 들어가 이발을 하면서 공단 이사장께서 혹시 월요일 날 이곳에 들리지 않았냐고 물었더니 매주 월요일 8시쯤에 특별한 일이 없으면 단골로 오신다는 것이다. 나는 속으로 쾌재를 불렀다.

이사장께서 8시면 이발소에 찾아오신다니 나는 7시 50분쯤에 미리 가서 기다리겠다고 마음을 먹었고 다음 월요일에 실천에 옮겼다. 옆 의자에 미리 앉아 머리 손질을 하고 있노라니 이사장께서 문을 열고 이발소 안으로 들어오시는 것이 보였다.

"이사장님, 안녕하십니까? 저번에 인사드린 유희태라고 합니다."

"아니, 이곳에서 머리 손질 하십니까?"

우리는 자연스럽게 대화를 나누게 되었고 함께 드라이를 하는 동안 최대한 짧게 그리고 효과적으로 구로동 경제에 대해서 이모저모 설명해줄 수 있게 되었다. 처음엔 3분밖에 허락되지 않았던 만남을 이발소 면담으로 발전시켜 나는 산업단지 공단이 기업은행과 거래를 더욱 확대하는데 많은 도움을 받게 되었다.

그분은 나중에 봉사를 목표로 하는 로타리에 관심을 가지게 되어 반도 로타리클럽을 재건하였고, 그분은 초대 회장으로 나는 초대 총무로 조직을 활성화하였다. 또한 반도 로타리클럽을 통해 봉사활동도 함께 하면서 평생 만남의 장을 이어가고 있다.

'만남'은 인생에 있어 소중한 순간이다. 그 만남을 아름답고 효과적으로 가꿔나가는 것은 '노력'이라는 행동이 따라야만 한다.

고정관념의 틈새를 뚫어라

　부천 지점에서 차장으로 근무하고 있을 때였다. 당시 기업은행엔 '녹색환경신탁'이란 금융상품이 있었다. 이것은 환경과 관련해서 일정한 기금을 환경재단에 자동적으로 기부하는 상품이다.

　기업은행은 고객의 밝은 미래와 끊임없는 성장을 기원하는 의미로 녹색환경신탁 상품으로 그린마케팅을 전개하였는데 이것은 특히 공부하는 학생들에게 경제교육과 함께 지구의 미래를 함께 생각하는 교육적인 금융상품이었다. 나는 이런 상품은 특히 어린 학생들을 대상으로 널리 알려줘야 한다는 생각이 들었다. 그래서 은행의 섭외담당 대리와 함께 은행에서 가장 가까운 부천남초등학교로 찾아갔다. 그 학교의 학생수는 1,500명이나 되었고 당연히 그 학생들에게 녹색환경신탁 통장을 하나씩 만들어주면 이것이야말로 산교육이 될 것이란 생각이 들었다.

　섭외를 위하여 학교에 방문하려고 함께 갔던 대리는 과거에도 학교방문을 해보았지만 당행과는 거리가 2킬로미터나 떨어져있고 학교 정문 앞에 외환은행이 있어 거래하기는 어려울 것이라고 이야기를 했다. 그래서 좋은 방법을 찾다가 이왕 여기까지 왔으니 일단 교장과 교감을 만나기로 마음먹고 교장실로 향하는데 마침 교장선생님이 밖으로 나오셨다. 나는 엉겁결에 명함을 내밀며 인사를 드리며 말을 꺼냈다.

"안녕하세요? 저는 기업은행 유희태 차장입니다."

그러자 교장 선생님은 약간 망설이시다가 말씀하셨다.

"방금 앞에 있는 은행에서 다녀갔는데요."

"아, 예…."

"멀리서 오셨으니 들어와서 차나 한 잔하고 가세요" 하시며 우리를 교장실 안으로 들어오게 하셨다.

어찌 되었건 일단 안으로 들어간 우리는 환경신탁상품을 통한 저축으로 어린 새싹들에게 환경운동 겸 저축심을 심어 주자고 열정적으로 설명을 했다.

그러나 교장 선생님은 "참 좋은 상품 같습니다만 학교와 은행과의 거리가 너무 멀어서 어렵지 않겠습니까?"하시는 것이었다.

하는 수없이 그 날은 그 정도의 이야기만 나눈 채 교장선생님의 다음 약속 때문에 헤어졌다. 윤성기 교장선생님은 우리를 매우 친절하고 정중히 대해 주셨는데 나중에 알고 보니 그분은 교육장을 역임하시고 교장으로 부임하실 정도로 능력을 갖추신 분이었다.

며칠 뒤 나는 학교를 다시 찾아가 김경숙 교감선생님을 만났는데 그분은 매우 적극적인 성품으로 당행 상품의 설명을 진지하게 들으셨다. 그러나 역시 대답은 교장선생님과 다를 바 없었다.

"거리가 멀어서 쉽지는 않겠군요."

그러면서 교감선생님은 이런 말을 덧붙이셨다.

"학교은행 같은 방법이 있을 수는 있겠지만 쉽지는 않지요. 옛날 우리가 어렸을 적에 학교에 저축은행이 있었던 것을 기억하지만 요즈음에는 그런 것이 별로 없잖아요."

그 이야기를 듣고 은행으로 돌아오면서 학교 저축은행에 대하여 곰곰이 생각해 보았다.

'그래, 바로 미래의 고객을 위하여 학교 저축은행을 만들자.'

새롭고 멋진 계획에 대한 기대감으로 나는 흥분되었다. 그리고 당장 제안서를 작성하여 교감선생님과 재차 면담을 하여 긍정적인 답변을 얻게 되었다. 아무리 교육적으로 좋은 금융상품이 있다고 하더라도 학교에서 학생들에게 가까운 은행을 거래하지 말고 멀리 있는 은행으로 일부러 찾아가서 이용하라고 강요할 수는 없는 노릇이었다.

드디어 교감선생님으로부터 교장선생님께 구체적인 내용을 설명해달라는 연락이 왔다. 그래서 다시 교장선생님을 만났다.

"교장선생님, 학생들이 은행을 찾아오기가 힘들다면 은행이 학교로 오면 어떨까요?"

그러자 교장선생님이 차를 따르다가 나를 쳐다보았다.

"은행을 옮겨와요? 우리 때문에 은행을 옮길 수가 있어요?"

"그럼요. 은행을 이곳으로 옮겨 오겠습니다."

나는 자신있게 대답을 했다. 그러자 교장 선생님이 피식 웃었다.

"그게 가능합니까?"

"빈 교실이 있으면 하나만 주세요. 그럼 은행을 옮겨 오겠습니다. 우리 기업은행 직원이 학교에 와서 돈을 받으면 되잖아요. 은행하고 똑같이요."

그제서야 교장선생님은 내 이야기를 진지하게 경청하면서 골똘히 생각하시는 것이었다.

"빈 교실 드리는 것은 어려운 일이 아니지만, 그게 되겠어요? 은행직원도 은행에서 할 일이 많을 텐데…."

사실 교장 선생님의 말이 백 번 맞다. 우리 은행 직원들도 나름대로 할 일이 많은데 일을 제쳐두고 학교에 와서 종일 있을 수는 없는 일이었다.

그때 또 다른 아이디어가 떠올랐다. 각 반에서 한 명씩 지점장을 뽑는 것이다. 학급 반장과는 별도로 뽑아 교장선생님이나 혹은 기업은행에서 임명을 하면 아이들은 분명 재미있어 할 것이다.

그러면 학생들이 일주일에 한번 저축을 하고 은행에서 통장에 저축액을 정리, 구분해 각 반 지점장을 통해 통장을 교부하면 그다지 어려운 일은 아니었다. 우리 직원들도 일주일에 하루만 아침 8시에 학교 저축은행에서 예금만 받아오면 되는 것이 아닌가?

며칠 뒤 다시 교장선생님을 찾아가 이런 구상을 이야기 했더니 교장 선생님은 빙그레 웃으시면서 쾌히 승낙하셨다.

그 예상은 적중했다. 학교에서 학급 반장이나 회장을 뽑는 것이 아니라 지점장을 뽑는다고 하니까 그 자체가 학생들 사이에선 화제가 되었다. 과학 교실 앞에 저축은행이라는 안내 간판을 만들어 현판식을 하고 각 반의 지점장을 선출하여 교장선생님을 비롯한 각반의 선생님 그리고 은행에서는 지점장을 비롯한 준비 직원들이 참석하여 개점식을 하고 다과회를 가졌으며 각 반에 통장을 만들 수 있는 녹색환경신탁예금 개설신청서를 담임선생님을 통하여 학생들에게 사전 교부하였다. 그 뿐만이 아니라 그 당시 고급스러운 은행 표창장 양식이 있었는데 이 표창장에 '귀하를 부천 남초등학교의 ○학년○반 지점장으로 임명함'이라고 인쇄를 해서 학생 지점장에게 한 장씩 수여했다. 그래서 이 임명장은 학교에서 반장보다 더 인기 있는 감투가 되었다.

드디어 매주 화요일 8시에서 9시까지 저축의 날이 정해져 그날 아침 8시에 학교에 갔더니, 학생들이 100미터도 넘게 줄을 서 있었다. 어떤 학생은 집에서 돈을 가져오지 않았다며 다시 집으로 돌아가 돈을 받아오는 학생까지 생길 정도였다. 이런 열풍은 시간이 가면서 가속도가 붙어 학생 거의 전원 1400여 명이 통장을 가질 정도가 되었고 매주 화요일에는 학교에 큰 행사가 있는 것 같이 줄이 늘어설 정도로 진풍경이 연출되었다. 이런 어린 학생들을 보면서 우리 직원들도 신바람이 났다.

직원들은 학생들이 만 원을 예금하면 저축 통장에 연필로 10을 표시하는 방법으로 약식기장을 해야 할 정도로 2명이 한 시간 이상 정신없이 일을 해야 했다. 일단 통장을 수거해서 은행에 돌아온 뒤에 정리하고 다시 학교에 각 반별로 고무줄로 묶어 전달하면 저축 담당선생님이 각 반 지점장에게 통장 가지러 교무실로 오라고 안내 방송을 하면 방송을 듣고 달려 온 지점장들이 자기 반 통장을 가지고 가서 각 사람에게 교부하는 방식이었는데 그때의 학생들의 모습은 신이 나서 어쩔줄 모르는 표정들이었다.

이런 식으로 시작한 학교은행에 자신을 얻은 나는 그 다음에 부천의 상지초등학교를 방문하여 교장선생님에게 같은 내용으로 설명을 드렸다.

그랬더니 교장선생님은 자신도 환경운동을 하고 있다며 내 설명을 듣자마자 이것저것 생각해볼 필요 없이 당장 시행하자고 얘기를 해서 나를 깜짝 놀라게 했다.

학생 숫자가 2,500여명이 넘는 큰 학교였기 때문에 그 학교에서 개점식을 할 때는 이상학 본부장님도 참석하여 축하의 인사말을 하시면서도 흥분된 모습을 보이셨다. 상지초등학교 역시 거의 전 학생이 녹색환경신탁통장을 만들게 되었고, 매주 목요일은 또한 저축의 날로 정하여 시행하게 되었다.

결국 당 행의 본부에서는 이런 학교은행을 전국적으로 확대하고자 준비부터 개점식 전반적인 사항을 비디오로 제작하여 전국의 영업장에 교육용으로 배포하기도 했다.

감사의 마음이 큰 열매를 맺게한 이런 일도 있다.

나는 10여 년 전부터 아침에 큐티(Quiet Time)를 「김장환 목사와 함께 365일」(나침반출판사 발행)이란 책으로 하고 있다. 그 책은 해마다 새롭게 출판되는데, 예화 중심이라 생활에 적용도 좋고, 강의 때 예화 인용에도 큰 도움이 되어 나도 읽고, 여러 거래처 분들에게 선물도 했다. 부행장이 된 후 극동방송 회장(극동방송은 전국11개 지역에 방송사가 있다) 이신 김장환 목사님에게 감사의 인사도 드리고, 기업은행도 소개하고 싶었다. 기업은행 기독선교회 지도목사이고, 당시 극동방송 방송심의 실장인 김용호 이사의 주선으로 극동방송 식당에서 점심식사를 하면서 애국애족에 대한 이야기를 나누게 됐고, 자연스럽게 기업은행이 대한민국의 중소기업 육성을 위해 노력하는 민족(자본)은행임을 말씀드리자, 목사님은 새로운 사실을 알게 됐다면서 식사 도중 담당임원에게 기업은행을 지원 할 수 있는 방법을 찾으라고 지시하셨다. 이로 인해 극동방송의 주거래 은행이 있음에도 불구하고 극동방송 전파선교사 CMS를 기업은행에서 하게 되었고, 그 숫자는 공개하기 어렵지만 아주 많은 회원을 확보하게 되었다. 지금은 극동방송 전 직원이 기업은행 카드를 소유하고 있으며 극동방송과 거래가 활발하다.

새로운 분야를 개척하기 위해서는 깊은 생각과 아이디어 그리고 추진력이 필요하다. 그것들이 합쳐져 효과를 발휘할 때 성과로 나타난다.

기회로는 위기의 얼굴로 찾아온다

'최고의 지점이 되자. 최고의 지점을 만들면 우리는 일등 은행원이 되는 것이다.'

가장 규모가 큰 반월지점을 추월 하자고 서로 격려하며 달려온지 2년 6개월 만에 구로동 지점은 평가에서 1위, 계수 면에서는 전국 최고가 되었다.

우리는 목표로 삼았던 반월지점을 앞섰다고 만세를 부르며 자축을 하고 단합대회를 했다. 직원들의 사기는 하늘을 찌를 듯했다. 그 후 2003년 7월 나는 반월지점으로 발령을 받게 되었다. 직원들과 호흡을 맞추며 신명나게 일했던 나는 구로동 지점을 떠나면서 내심 섭섭한 마음이 들었다. 꼴찌였던 구로동 지점을 전국 최고 지점으로 올려놓았으니 이 정도의 실적이라면 업무 성과를 인정받아 본부장으로 승진될 수도 있지 않을까 은근히 기대를 했는데 반월 지점으로 가라는 발령을 받았다. 그러나 그런 마음도 잠깐이고 또다시 새로운 도전에 대한 기대가 되었다.

'좋다, 반월에 가서도 또 한번 신명나게 일해 보자.'

그리고는 반월 지점의 직원들에게 상반기 중위권에서 하반기 1등 지점으로 전국에서 가장 큰 지점을 만들자고 외쳤다.

반월 시화공단은 국가 산업단지로서 크고 작은 기업들이 함께 모여 있는 곳이다. 공장방문과 함께 현장을 돌아보면서 근로자들이 현장에서 구슬땀을 흘리며 기업주들과 함께 호흡하며 활동하는 모습을 보고서 존경심이 저절로 우러나왔다.

나는 일부러 점심식사를 주로 공장 식당에 찾아가서 했다.

대부분의 구내식당은 환경과 식단이 매우 훌륭하여 종업원에 대한 기업주의 관심이 얼마나 큰가를 가늠해볼 수 있었다. 그것은 우리 지점이 성장할 수 있는 충분한 주변 환경을 갖추고 있다는 것을 느끼게 해주었다. 나는 작은 기회들을 놓치지 않고 활용하였다. 각 기업주들과의 긴밀한 유대관계, 적극적인 홍보활동, 최대한의 서비스를 제공하려 노력했고, 모든 직원들이 나의 이런 업무 방향에 함께 발맞추어 주었다.

그렇게 노력한 결과 반월 지점은 불과 6개월 만에 또 다시 1등 지점으로 평가를 받아 최우수지점으로 2003년을 장식하게 되었다. 그렇게 6개월이 지난 후 2004년 1월에 구정 연휴를 앞두고 곧 인사철이 다가올 즈음 전화 한 통을 받았다.

"유 지점장은 이제 반월로 간지도 6개월 밖에 되지 않았고 나이도 젊은데 지점장을 좀 더 하고 본부장은 좀 천천히 해도 되지 않겠는가?"

그분은 평소 나를 무척이나 아껴 주는 분이었다. 그래서 혹시 이번 인사발령 때 내게 기대했던 소식이 없어도 그다지 크게 실망하지 말고 다음 기회를 생각해 보라고 위로차 이야기를 해 준 것 같았다. 하지만 막상 전화를 끊고 나니 머릿속이 복잡해졌다.

'다음 기회…? 지난 3년 동안의 영업 활동을 직·간접적으로 알고 계신 현재의 은행장님의 임기가 얼마 남지 않아서 다른 분으로 바뀌게 되어도 나에 대한 활동상황을 파악하고 인정해 주실까? 더군다나 고졸 출신에다 노조 출신인 나를…?'

결국 나는 아내에게 구정 연휴기간 동안 해외여행을 가자고 제안을 했다. 어차피 이번에도 본부장 발령 소식은 들려오지 않을 것 같으니 차라리 아내와 함께 여행을 떠나는 편이 나을 것이라는 생각이 들었기 때문이다. 그런 나의 복잡한 마음을 알 턱이 없는 아내는 해외여행을 가자는 말에 좋아하며 반가워했다.

"사람이 오래 살고 봐야 하는가 봐, 당신이 해외에 가자고 하는 걸 보니…"

당시 내가 활동하던 봉사단체인 반도 로타리클럽은 1년에 1회 정도 멤버들이 참여하는 해외원정 단합대회가 있었지만 나는 직장생활 때문에 함께 갈 기회가 없었는데 이번 연휴가 5일이나 되고 업무에 지장이 없을 것 같아 그 여행에 동참하기로 한 것이다.

모처럼 아내와 함께 사이판으로 여행을 간 나는 여기저기를 관광하면서 즐거운 시간을 보냈다. 그러나 내심 중대한 결심을 하고 난 터라 심경은 복잡했다. 그 마음을 아내에게 털어놓았다.

"우리가 나중에 80세가 되어서 과거를 회상할 때 은행이라는 한 직장에서 일만 하다 끝내는 것보다는 지금이라도 뭔가 새로운 일을 찾아서 장기적으로 활동할 수 있는 것도 한 방법이 아닐까?"

나는 아내에게 진지하게 얘기를 이어갔다.

"당신도 언젠가는 복지 시설을 운영 하고 싶다고 얘기했잖소.

나도 그 생각에 동감해요. 그리고 이왕 시작하는 거 조금 일찍 시작해도 되고, 그게 아니라면 훗날 복지 시설을 넉넉히 운영할 수 있도록 사업을 해 보는 것도 괜찮을 것 같은데."

이런 내 말에 아내는 영문도 모르면서 나보고 은행에서 오랫동안 일을 하다보니 세상에 대하여 너무 모른 다며 나를 타박했다.

"당신이 늘 인생은 이모작이라고 하신거 저도 기억해요. 그런데 당신이 말씀하신 이모작은 60부터 아닌가요? 그때까지는 지금 하는 일을 꾸준히 하는게 여러모로 좋지 않을까요? 그리고 이렇게 좋은데 까지 와서 너무 심각한 얘기만 하는 거 아니예요?"

"이번에 한국으로 돌아가면 은행 그만 둘 거야."

"은행을 그만 둔다구요? 당신은 온실 속의 사람이에요. 요즘 같은 세상에 은행이 얼마나 좋은 직장인데 그만 두려고 그래요?"

"새로운 도전을 하고 싶어서 그래."

그 귀한 시간을 이곳 사이판까지 와서 지금까지 30여년 이상을 다녔던 직장생활을 회상하며 우리는 복잡한 대화를 나누었다. 그렇게 대화가 오고 가는 중에도 나는 아내에게 은행 인사에 대하여는 이야기하지 않았다.

심적으로 편치 않은 사이판 여행을 다녀 온 뒤 휴가가 끝나고 은행에 출근했더니 직원들이 내게 세배를 한다고 하여 서로 간에 인사를 나누고 함께 덕담을 주고받았다. 그리고 대리시절에 모시고 일했던 이기각 지점장과 근무했던 동료들과 함께 밤 늦게까지 식사를 하고 노래방에 가서 신나게 즐거운 시간을 보냈다.

그런데 그 다음날 은행에 출근하자마자 나는 뜻하지 않은 전화를 받게 되었다. 본점에서 사령장 교부식이 있으니 정해진 시간에 들어오라는 것이었다.

'사령장 교부식? 나에게 어떤 발령을 내려고 그러는 거지?'

궁금증과 함께 본점에 도착하자 나에게 호남본부장의 인사 발령이 기다리고 있었다. 전혀 기대하지 않고 이미 어느 정도 마음의 정리를 하고 있었던 나에게 본부장 발령이 난 것이다. 본부장은 기회가 되면 한번 꼭 해보고 싶은 일이었기 때문에 나는 정말 뛸듯이 기뻤다. 사령장을 받고 은행장실에 가서 최선을 다하겠다는 인사를 하러 들렸더니 김종창 은행장님은 내게 이런 말씀을 하시며 격려해 주셨다.

"유 본부장, 나는 모레 정든 이 기업은행을 떠납니다. 내가 떠나면서 호남본부장으로 승진하여 보내니 다른 지역에 비하여 특히 어렵고 직원들의 사기가 매우 저하되어 있는 현실을 정확히 파악하여 지금까지 영업점에서 보여 주었던 역량을 발휘하여 보세요. 건투를 빕니다."

나는 마음속으로 '호남지역에 새로운 바람을 일으켜 보자. 그리고 여건이 좋지 않아 어쩔 수 없다는 비관적인 생각에서 새로운 방법을 모색해 전 직원이 공감대를 이룰 수 있는 업무 추진을 해보자'는 각오를 단단히 하고 다음날 본부가 있는 광주로 떠났다.

경쟁이 치열하여 어렵고 힘든 서울에서도 최하위의 지점을 1등으로 만들 수 있었던 것은 직원들과 한번 잘해보자는 공감대 형성이 새로운 활력소가 되었었다. 호남본부에 어떤 문제가 있는지는 몰라도 나의 경험, 열정과 도전, 창의정신으로 반드시 정상궤도로 올려놓고야 말겠다는 의지가 마음속에서 꿈틀거렸다.

광주에 도착한 다음날 나는 다시 서울로 올라왔다. 나를 본부장으로 발령 내신 은행장님의 이임식에 참석하기 위해서였다. 이임식장에서 나를 본 은행장님은 깜짝 놀라셨다.

"아니 유 본부장, 호남본부에 아직 안 내려갔어요?"

"내려갔다가 다시 올라왔습니다 은행장님의 떠나시는 모습을 직접 뵙고 인사를 드려야죠."

"그래요, 고마워요. 유 본부장은 잘 해낼 수 있을 거야."

여차하면 은행을 그만둘 뻔했던 그 순간은 그렇게 넘어갔다. 나는 아직도 김종창 은행장님께서 내 손을 굳게 잡으며 당부하시던 그 표정을 잊을 수가 없다.

제4부

배움을 에너지
원천으로 삼으라

아내의 기쁜날에

멘토에게서 배우라

내 인생의 멘토가 되어주셨던 여러 존경하는 분들이 계신데, 그 중에 한 분이 바로 강권석 행장님이시다. 지금은 너무나 안타깝게도 고인이 되셨지만, 이분은 영업을 하는 입장에서 보아도 깜짝깜짝 놀랄 정도로 탁월한 경영철학과 그것을 구현해 내는 능력을 가지신 분이었다.

기업현장을 직접 방문하여 기업과 은행의 동반자로서의 역할이 중요함을 몸소 보여주셨고, 직원들과 공감대가 형성될 수 있도록 솔선수범하시는 윤리경영으로 새로운 변화와 개혁을 도모하셨다.

가끔 기업체 사장들이 하는 말 중에 은행은 기업이 잘 될 때는 도움을 주려고 하다가 기업이 어려워 정작 도움을 받아야 할 때 외면하는 경우가 많다는 이야기를 하는데 그럴 때마다 나는 뭐라고 답변을 해야 할지 궁색해지는 경우가 많았다.

그런데 강권석 행장님은 처음 은행에 부임하심과 동시에 지역본부를 방문하고 관내에 기업체 대표들과 간담회를 가지셨는데 그때 하신 말씀이 감동적이었다.

"비 올 때 우산을 빼앗지 않겠습니다."

그 말씀은 기업과 고통을 함께 나누는 은행이 되겠다는 뜻이었다. 그때 나는 이의를 제기했다.

"행장님! 어떤 기업이 어렵다는 정보가 입수되면 대개의 경우 은행은 대출금을 빨리 회수하여 부족 채권을 줄이려고 합니다. 그런데 은행이 우산을 빼앗지 않겠다는 것은 기업이 어려우면 함께 고통을 나누자는 말씀이신데 제가 보기엔 그것은 단지 이론일 뿐이지 현실적으로는 쉽지 않을 것 같습니다. 저도 지금까지 30년 이상 은행 일을 하면서 지점장도 9년간 했는데 행장님의 그런 말씀엔 문제가 있다고 생각됩니다."

내가 이렇게 이의를 제기하자 강권석 행장님은 대답하셨다.

"내가 아직은 많은 것을 모르지만 이런 마인드를 가지고 은행을 운영하게 되면 기업이 어려울 때 은행도 어려움을 같이 나누고 기업이 좋으면 은행도 함께 좋을 수 있을 겁니다. 그래서 더욱 은행과 기업은 동반자적인 관계가 되어야 한다고 생각합니다. 나는 그렇게 꼭 해보고 싶으니 함께 노력해 봅시다."

그러자 동석했던 기업대표들은 박수를 치며 환호를 했다. 그것은 정말 어떠한 경우에도 은행만 살겠다는 마인드를 버리게 하는 중요한 말씀이었다. 그리고 계속 이렇게 역설하셨다.

"비가 올 것을 항상 미리 대비합시다."

그 후 그분이 말씀한 소위 '우산론'은 기업 현장과 시중에서 큰 화제가 되어 기업은행은 믿을 수 있는 은행으로 소문이 나기 시작했다.

그 뒤 은행장님은 기업은행이 기업의 주치의(主治醫)가 되자고 역설하며 기업에게 적극적인 자금지원뿐만 아니라 컨설팅, 투자, 체인지 업(Change-up), 정보제공, 사모펀드, PF 등 종합금융을 통하여 기업에 맞는 서비스를 제공하는 데까지 발전하게 되었다. 그리고 그후에는 '기업인천하지대본'(企業人天下之大本)을 내세워 기업인이 산업의 원동력임을 강조하며 기(氣)를 심어 주고 있다.

나는 이러한 경영 철학과 이념으로 은행을 이끌어가시는 은행장님을 잘 보좌해야겠다고 다짐하였다. 그래서 그것을 기업현장에서 행동으로 옮기도록 하기 위하여 지점장들을 독려하기 위해 노력하게 되었고 곧 그것은 나의 생활이 되었다.

내가 어렵고 힘들 때는 훈시와 또는 개별적으로 주신 말씀을 되새겨 보면서 새로운 힘과 도전 정신을 갖게 되었다.

어느 날 강 행장님은 '중석몰촉'(中石沒鏃)이란 말씀을 하셨다. 이 말은 중국의 이광이라는 용맹스러운 장수에 대한 이야기에서 비롯된 성어이다.

그는 주변국을 토벌하는 데 큰 공을 세워 흉노에서는 그를 가리켜 비장군(飛將軍)이라고 부르며 두려워했다고 한다. 그런데 그 사람이 어느 날 저녁에 어둠이 깔리는 시점에서 산을 쳐다보니 호랑이가 한 마리 보였다. 그는 그 호랑이를 보는 순간에 활시위를 당겨서 쐈고 그 화살은 곧바로 날아가 호랑이를 정확하게 맞혔다. 그러나 가까이 가서 보니 그 화살이 꽂힌 곳은 호랑이가 아니라 호랑이와 비슷하게 생긴 바위였다는 것이다.

그는 바위에 콱 박힌 화살을 뽑기 위해서 노력했지만 화살은 여간해선 뽑히지 않을 만큼 깊고 단단하게 바위에 박혀 있었다. 그래서 그 사람은 '도대체 나에게 바위에 화살을 꽂을 만큼의 힘이 어디서 나왔단 말인가?' 하고 생각하며 다시 멀리 떨어져 바위를 향해 화살을 쏘았지만 놀랍게도 화살은 바위에 꽂히지를 않고 모두 튕겨 나가는 것이었다. 처음 화살은 호랑이인줄 알고 최선을 다해서 쏘았기 때문에 바위에 박힌 것이고 나중에 바위인 줄 알고 쏜 화살은 더 이상 바위에 박히지 않았다는 것이다.

바로 이것이 '중석몰촉'이라는 뜻이다. 온 마음을 다하고 최선을 다할 때에는 화살이 바위를 뚫고 들어갈 만큼의 높은 집중력과 강인한 힘이 나온다는 이야기다.

그런가 하면 '붕정만리'(鵬程萬里)라는 말씀도 하셨다. 이 말의 뜻은 '한번 날갯짓에 만 리를 날아가는 힘'이라는 의미가 있다. 즉 그만큼 우리가 일을 할 때 한번의 날갯짓으로 만 리를 날아갈 수 있을 만큼 온 힘을 다해서 하자는 얘기다. 갖 행장님은 이러한 글로 우리 직원들을 하나로 모으셨던 것이다.

나와의 개별 면담시에는 충무공 이순신 장군이 오해를 받아 억울한 일도 많았지만 갖은 어려움을 이겨내면서 주어진 임무를 훌륭히 수행한 내용을 말씀해 주시면서 위로와 격려를 해주셨다. 그 이후 나는 이순신 장군의 어록이 정리된 내용을 책상 위에 적어 놓고 수시로 보면서 어려움을 극복하는데 큰 힘을 얻고 있다.

● "집안이 나쁘다고 탓하지 말라"
나는 몰락한 역적의 가문에서 태어나 가난 때문에 외갓집에서 자라났다.

● "머리가 나쁘다고 탓하지 말라"
나는 첫 시험에서 낙방하고 서른 둘의 늦은 나이에 겨우 과거에 급제했다.

● "좋은 직위가 아니라고 불평하지 말라"
나는 14년 동안 변방 오지의 말단 수비 장교로 돌았다.

● "윗사람의 지시라 어쩔 수 없다고 말하지 말라"
나는 불의한 직속 상관들과의 불화로 몇 차례의 파면과 불이익을 받았다.

● "몸이 약하다고 고민하지 말라"
나는 평생 고질적인 위장병과 전염병으로 고통을 받았다.

● 기회가 주어지지 않는다고 불평하지 말라"
나는 적군의 침입으로 나라가 위태로워진 후 마흔 일곱에 제독이 되었다.

● "조직의 지원이 없다고 실망하지 말라"
나는 임금의 끊임없는 오해와 의심으로 모든 공을 뺏긴

채 옥살이를 해야 했다.

- ●"자본이 없다고 실망하지 말라"

나는 빈손으로 돌아온 전쟁터에서 12척의 낡은 배로 133척의 적을 막았다.

- ●"옳지 못한 방법으로 가족을 사랑한다 말하지 말라"

나는 스무 살의 아들을 적의 칼날에 잃었고 남은 아들들과 전쟁터로 나섰다.

- ●"죽음이 두렵다고 말하지 말라"

나는 적들이 물러가는 마지막 전투에서 스스로 죽음을 택했다.

나는 수시로 이 글을 읽는다. 그리고 업무추진에 최선을 다할 수 있는 도전을 받는다. 나는 기업의 가장 큰 경쟁력을 윤리경영과 도덕적인 생활이라고 믿는다. 그래서 그 중요성을 나 자신과 전 직원들에게 강조하며 업무자세는 물론 나의 생활을 되돌아보며 새로운 삶을 설계하고 추진해 나가고 있다.

내 인생의 자양분

하나님은 나에게 참으로 많은 축복을 주셨다. 그중에서도 좋은 사람들을 많이 만나게 해주신 것이 가장 큰 축복이라 생각한다. 그래서 35년 동안 만난 한 사람 한 사람이 나에게는 너무나 소중한 분들이다. 만약 내가 은행 일을 하지 않았다면 만날 수 없었을지도 모를 많은 분들 중에는 정말 기업인으로서도 훌륭하고 인격적으로도 훌륭한 분들이 너무도 많았다. 그분들을 통해 많은 것을 배우게 되고 내가 미처 생각하지 못했던 부분들을 깨달았으며 그동안 잘못된 생각을 하거나 선입견을 갖고 있던 것을 바로 잡게 되었다.

이분은 책을 무척이나 열심히 읽는 다독왕이다. 사실 신문이나 인터넷 뉴스 검색하기에도 시간이 없는 사람들이 바로 기업인들이다. 심 사장도 다른 기업인과 다름없이 새벽부터 사무실에 나와 업무를 시작하고 밤늦게는 고객을 만나서 교제하면서 하루 24시간을 쪼개서 사는데 그런 상황에서 한가하게 책을 읽는다는 것은 정말 쉬운 일이 아니다. 그러나 심영섭 사장은 다르다. 늘 책을 옆에 끼고 다닌다. 신문을 읽다가 좋은 책 광고를 보게 되면 반드시 그 책을 산다. 그리고는 자신의 승용차에도 한 권, 사무실에도 한 권, 집에도 한 권씩 비치해 둔다. 그러니 눈을 돌리는 곳마다 책이 있는 것이다. 이렇게 책을 읽으니 모르는 게 없다. 물론 나이도 젊지만 그래도 그 나이에 비해 감각이 남다르다. 그런데 그것만으로 끝나는 것이 아니다. 본인이 책을 읽고 정말 재미있고 유익한 책이라고 생각되면 그 책을 다른 사람에게도 권한다. 그렇게 구입하여 직원과 주위 지인들에게 수시로 보내준 책이 무려 7천 권이 넘는다. 나 또한 심 사장으로부터 매년 몇 권씩의 책을 선물받고 있다.

심영섭 사장은 이렇게 좋은 책이 독자들의 선택을 받지 못해서 사장되는 것은 너무 아까우며, 자신은 7천 권의 책을 사줄 여유가 있으므로, 자신이 사줘서 출판사가 더 좋은 책을 또 만들어 내도록 해야 한다고 생각한다.

참으로 멋진 생각이 아닐 수 없다. 내가 읽고 감동을 받은 책을 정말 아끼고 사랑하는 사람들에게 일일이 보내주는 행복을 맛보고 있는 것이다. 물론 그런 일은 아무나 할 수 있는 일은 아니다. 반드시 그럴만한 여유가 있는 사람이라야 가능한 일이다. 그러나 여유가 있다고 모두 할 수 있는 일은 아니다. 이 점이 심 사장의 멋진 면이다. 지금도 내 책장에는 심영섭 사장이 보내 준 많은 책이 꽂혀 있다. 그리고 그 책을 볼 때마다 나는 감동의 박수를 보내고 싶다.

이렇게 기업을 경영하면서 돈도 많이 벌지만 그만큼 사회에 환원할 줄 아는 분이 (주)무등을 경영하고 있는 김국웅 회장이시다. 이분은 교회의 장로님이신데 70세가 넘은 고령임에도 불구하고 최고경영자클럽 호남지역 회장을 맡고 있는 등 활발하게 활동을 하시고 있다. 그분이 이렇게 고령에도 활발한 활동을 하시는 것은 매사에 긍정적인 생각을 갖고 또 사회를 위해서 봉사활동을 하기 때문이라고 생각한다.

김국웅 회장께서는 일 년에 한 번씩 시장과 금융기관장 전 직원들 그리고 그들의 가족들을 호텔에 초청하여 1년 동안의 경영성과를 보고하고 장기근속자와 실적이 우수한 자에게 상을 주는 등 큰 행사를 열어 직원들 사기를 높여준다.

또한 각 분야에서 다양한 봉사를 하신다. 70이 넘은 나이에도 저렇게 왕성하게 활동을 할 수 있는 것은 나이와 환경을 넘어서 본인의 건강과 의지의 문제라고 한다. 그리고 어떤 문제가 생겼을 때, 고민을 하거나 절대 피하지 않는다고 한다. 그러면 물론 한계는 있겠지만 해결 방법이 보인다고 한다. 그리고 그 문제를 헤쳐 나갈 수 있는 길을 찾게 된다고 한다. 그분은 우리가 다같이 똑같은 고민을 하는 게 아니고, 또 똑같은 것을 볼 수 있는 게 아니기 때문에, 다른 선수가 연습하는 것을 보고 다른 사람들 눈에는 안 보이는데 자신에게 보여지는 것이 있다면 그것은 하나님께서 자신에게 깨닫게 해주시는 기회라고 생각을 한다. 그래서 그분은 무엇을 보건, 누구를 만나건 눈에 띄는 것이 있다면 자신의 생각을 주저없이 말씀하시곤 한다.

예를 들어 어떤 사람을 만나시면 '하나님께서 나에게 저 사람을 왜 만나게 하셨을까? 우리의 이번 만남을 통해 하나님은 무엇을 기대하실까?' 하고 고민하다가, 뭔가 떠오르는 게 있으면 그 순간 '아, 하나님께서 이걸 원하시는구나' 하고 생각한다는 것이다. 정말 배울 점이 많은 분이다.

나영산업(주) 고정주 사장이라는 분은 500억 원의 매출을 올리며 지방에서는 크게 성공한 중소기업인으로서 중견 중소기업과 주위 기업인들로부터 존경의 대상이 되고 있다.

특히 그는 아무리 저녁 늦게까지 사람들과 만난 후에도 반드시 아침 조찬모임에 참석하여 메모하면서 경청하는 등 배움에 대한 열정이 대단하신 분이다. 좋은 조찬 강연이 있으면 서울까지 전날 상경하여 숙박하고 참석한다. 그래서 많은 정보와 인적 네트워크를 구축하고 있다.

그는 기회 있을 때마다 대기업의 단가인하와 원자재 가격의 상승, 인건비 상승, 유류대 인상, 환율불안 등 기업의 환경은 점점 악화되고 있어 수익 창출이 어려워 매출이 크게 신장되어도 신바람이 나지 않을 정도라며 대기업과 중소기업이 상생할 수 있는 협력관계가 무엇보다도 중요하다고 역설한다.

매주 화요일에서 금요일 오전 7시에는 안산, 시화 CBMC 조찬 모임이 있고, 점점 참석인원이 늘어나 목요일 점심시간까지 활용하여 같은 장소에서 여러 모임이 시간을 조절하며 성경공부와 교제시간을 갖는다. 가장 왕성하게 기업활동을 전개하면서도 전도에 심혈을 기울이고 계신 상장업체 (주)뉴프렉스 임우현 대표는 특별한 사정이 있는 경우 외에는 빠지지 않고 참석하여 안산, 시화 지역 CBMC의 중심적인 역할을 감당하고 있는데, 당 행을 주 거래로 삼음과 동시에 주위의 중소기업 거래처에게 사업에 대한 자문, 금융에 대하여 안내하여 주는 등 자신의 일같이 도와준다. 또한 항상 모든 일에 긍정적이고 적극적으로 활동하는 진실한 삶의 모습을 통해 회원들의 존경을 받고 있다.

평촌지점에서 근무할 때 만나게 된 (주)송암시스콤 이해규 사장은 저런 기업은 성공할 수밖에 없는 기업이라는 생각을 갖게 만든다. IMF외환위기로 한창 어려울 때 그분이 직원들에게 경제 특강을 해달라고 부탁해서 찾아가 강의를 한 적이 있었다. 그곳에서 강의를 끝내고 이해규 사장과 함께 회사 내에 있는 구내식당에 가서 점심식사를 같이 하게 되었는데 그때 나는 깜짝 놀라지 않을 수 없었다.

그 회사의 구내식당은 밥과 국 그리고 모든 반찬들을 자기가 먹을 만큼만 알아서 덜어가는 자율배식 형태였는데, 식사를 모두 마친 이해규 사장의 식판에는 단 한 톨의 밥알이나 반찬이 남아있지 않았다. 남은 잔반을 따로 버릴 필요 없이 그대로 식판은 설거지통으로 들어갔으며 다른 직원들도 모두 그렇게 했다. 즉 그 회사에는 음식 찌꺼기를 버리는 통이 없었다. 나는 전 직원의 그런 식사 습관이 너무도 신기하고 놀라워서 두리번거리다가 식당 한쪽 벽면에 적혀 있는 급식 메뉴 일정표를 보게 되었다. 거기에는 며칠 뒤엔 갈비탕이 나온다고 적혀 있었다.

'그렇다면 갈비탕을 먹을 때는 어떡하지? 설마 갈비뼈는 먹지 않고 버리겠지?'라고 생각한 나는 장난끼가 발동해서 그날 꼭 한번 어떻게 식사하는지 보고 싶어졌다. 그래서 이 사장께 전화를 걸어 회사 식당에서 함께 식사를 하고 싶은데 그래도 되냐고 물었다. 당연히 그분은 당장 와서 같이 식사를 하자고 대답을 했다.

그분과 함께 식사를 하면서 나는 온통 갈비탕 그릇을 어떻게 할 것인지에 신경이 쏠렸다. 그날도 역시 식판을 아주 깨끗하게 싹 비웠다. 문제는 갈비탕 그릇에서 나온 뼈였다.

'뼈는 과연 어떻게 처리할까? 버릴까? 설마 씹어 먹지는 않겠지?'

궁금해 하며 다음 행동을 지켜보는데 이 사장은 갈비탕에서 나오는 갈비뼈를 젓가락으로 집어서 조그마한 양푼에 집어넣고 전과같이 식판을 설거지 통으로 집어넣는 것이었다. 그리고는 갈비탕에서 남은 뼈는 퇴근길에 비닐 주머니에 싸서 집에 가져간다는 것이다.

"이 갈비뼈를 우리 집에 있는 개가 얼마나 좋아하는데요."

결론은 일단 식판에 담은 음식은 단 한 숟가락도 단 한 점도 버리는 일이 없었던 것이다.

하기야 우리도 어렸을 적에 부모님으로부터 절대로 음식을 남겨서도 안 되고 버려서도 안 된다는 것을 배우지 않았던가? 밥을 만들기 위해서는 모내기에서부터 시작해서 많은 수고의 손길을 거쳐야 하는데 그렇게 어렵게 만들어진 밥을 어찌 먹기 싫다고 또는 남는다고 쉽게 버릴 수가 있단 말인가?

그래서 평촌지점 근무를 시작하면서 식당 게시판에 "우리는 밥 한 알 반찬 하나도 남기지 낳는다"라는 문구를 크게 써 붙이고 남기면 벌금 3,000원으로 정하여 음식의 소중함을 알리고 홍보를 하게 된 것도 모두 이 사장 덕분이다. 이 사장께 부탁하여 평촌 지점 이업종교류회 회원들과 회사 구내식당에서 단체로 점심식사를 할 수 있도록 요청하여 자율배식으로 식사를 하고 버리는 쓰레기통이 없으니 꼭 먹을 수 있는 양을 조절하여 가져가도록 하였는데 매우 성공적이었다. 이러한 시스템을 관심있게 관찰한 평기회 회원 중 많은 분들도 자신의 회사를 이와 같이 개선하였다.

이 사장은 이렇게 음식을 아끼는 만큼 모든 분야의 생활에도 절약의 정신이 몸에 배어 있음은 물론 야근하는 직원들에게 저녁에도 청결한 음식을 먹을 수 있게 배려한다고 한다. 또한 회사 직원들이 한마음으로 뭉쳐있어 경기가 아무리 어려워도 회사는 흑자라고 한다.

우리는 정말이지 잔반을 버리는 것에 대해 심각하게 생각해 봐야 한다. 정확한 통계는 모르지만 버리는 음식 찌꺼기가 돈으로 환산하면 15조가 넘을 것이라고 하는 얘기도 들리는데 이 돈이면 북한 국민 전체를 먹여 살릴 수 있다고 한다.

IMF외환위기는 우리나라 사람 모두에게 고통을 주었지만 특히 기업을 하는 기업인들에겐 더 큰 고통이었다.

구로동에 있는 마리오라는 기업도 마찬가지로 IMF폭풍을 톡톡히 치르게 되었다. 지금이야 많은 고객이 매일 찾아오고 주말에는 발을 디딜 틈이 없을 정도로 성황을 이루는 대한민국 최고의 아울렛 매장이지만 한때 이 회사도 IMF의 거센 파도가 밀려왔었다.

2001년, 구로동 지점으로 발령 받은 지 얼마 되지 않은 때 마리오 기업의 홍성렬 회장이라는 분을 만나게 되었다. 그때 그분은 자신이 현재 대형 아울렛 매장을 만들고 있는데 이런 아울렛 매장이 제대로 그 기능을 발휘하고 사업성을 가지려면 8층으로 지어야 한다고 생각하여 계획을 세우고 설계를 했다는 것이다. 그런데 은행으로부터 IMF 때문에 국가적으로 힘든 상황이어서 시설투자에 신중을 기했으면 좋겠다는 충고와 함께 5층 규모의 건물로 공사를 축소하였으면 하고 자금대출 규모도 그 정도 선에서 하는 것이 적정하지 않겠느냐는 권고를 받게 되었다. 그래서 협의 끝에 공사를 진행하긴 하지만 아무리 생각해도 지금 구상하고 있는 사업을 제대로 하려면 아울렛의 기능을 갖기가 여러 가지로 부족하다고 생각했다.

아울렛의 규모라는 것이 매장도 있어야 하지만 홍 회장이 생각하는 대한민국 최고의 아울렛이 되기 위해서는 디자이너, 연구실 등을 갖춰야만 하는데 그러려면 최소한 8층은 되어야 한다고 생각했다.

그렇게 한번 제대로 된 아울렛을 만들고 싶은데 이렇게 사업 규모를 축소해서 그 정도 선에서 융자지원이 된다면 나중에 2차로 추가 공사를 하게 될 것이고 이중으로 일하게 되니 여간 괴로운 것이 아니라는 얘기다.

하긴 은행은 고객이 사업 때문에 은행 돈을 쓰려고 할 때는 일방적으로 사업자의 이야기만 듣고 돈을 내주는 것이 아니라 은행도 은행 나름대로 그 사업에 대한 분석을 하기 때문에 적정 대출규모 결정에 매우 신중하다.

이것은 일종의 컨설팅이다. 간혹 사업자가 자신의 사업에 너무 확신을 갖고 있는 경우가 있거나 도무지 사업 성공의 길이 보이질 않는데 엉뚱하게 잘못된 선택을 하고 그 길을 향해 매진하는 경우도 있다. 하기야 나름대로 확신을 갖고 사업에 매달릴 때는 본인도 얼마나 많은 시간을 들여 연구를 했을까? 그런데 너무 자신의 사업 구상에 푹 빠지다 보면 객관성을 잃고 잘못 판단하는 경우도 있기 때문이다. 은행은 그런 점에서 가이드를 해주는 것이다.

그런데 아마도 홍 회장은 은행의 그런 컨설팅이 이번에는 맘에 안 들었던 것이다.

홍 회장의 이야기는 나름대로 일리가 있었다. 그 설명을 차분히 들은 나는 다시 새로운 제안을 했다.

"사업은 저희가 하는 게 아닙니다. 우리는 자금을 주는 입장에서 자금이 적정한 것인지, 그리고 또 적정하다 하더라도 최악의 경우 우리가 돈을 안 떼이는 선에서 자금을 적정히 하는 것이 중요합니다. 그런데 일부 부족자금 때문에 사업자 쪽의 계획에 차질이 생겨 오히려 은행의 자금회수에 지장을 받는다면 그것은 옳지 않다고 봅니다."

그러자 홍 회장의 눈빛이 빛나기 시작했다.

"회장님, 수고스럽더라도 다시 한번 계획을 짜 보십시오. 그럼 저희가 전반적으로 검토해 보겠습니다."

그러자 그분의 얼굴색이 확 달라지면서 내 손을 잡고 고맙다는 인사를 했다. 그리고 며칠 뒤 그분은 다시 수정된 계획서를 가지고 왔고 그에 필요한 소요자금을 검토하여 지원키로 결정하였다.

그리고 원래 계획대로 8층짜리로 공사가 진행되었고 마침내 국내 최고의 아울렛 매장인 마리오가 태어난 것이다. 마리오는 몇 년 후 제2의 마리오 아울렛을 탄생시켰고 지금은 구로구의 중심 상권으로 자리 잡게 되었다.

나중에 홍 회장과 다시 마주 앉았을 때 그분은 이렇게 말했다.

"지점장님, 이제서야 사업을 제대로 펼칠 수가 있게 되었습니다. 제가 어떻게 기업은행에 보답을 할 수 있을까 생각한 끝에 이렇게 하기로 했습니다."

"뭘 어떻게 하기로 하셨는데요?"

"우리 아울렛에 들어오는 160여개의 입점 업체에 무조건 기업은행 구로동 지점에 통장을 만들라고 했습니다. 이게 내 계약 조건입니다."

"아이고 감사합니다. 회장님!"

그분의 생각은 이랬다. 각 매장에서 발생되는 입금액들을 일단 당 점에 전부 입금했다가 월말에 결산해서 매월 일정한 지정일자에 각 매출자에게 수수료를 공제하고 통장에 넣어주는 것이다. 그러다보니 매일 수금해서 모아진 돈이 자신의 수입이 될 수 있음에도 불구하고 '자기 돈이 아니다. 이것은 쓰면 안 된다'는 생각으로 일절 돈에 손대지 않는 것이다. 아울렛 매장은 일종의 판매 금액의 일정액을 수수료로 받는 곳이기 때문에 각 입점업체에서 수수료 부분만 받고 나머지 돈은 입점주에게 돌려줄 수도 있지만 홍 회장의 생각은 각 입점 업체의 모든 판매 금액을 은행에 입금하게 하는 방식을 택한 것이다.

결과적으로 그런 방식은 입점 업체에게도 안정된 운영을 할 수 있다는 점에서 큰 호응을 얻게 되었으니 이것이야말로 윈윈이며, 상생이었다.

그런 식으로 철저하게 고객에 대한 신뢰를 쌓고 자금관리를 꼼꼼히 하다보니 홍 회장에 대해서 좋은 소문이 나고 그 소문은 사업의 부흥으로 이어졌다. 그리고 마침내 제 2의 마리오 제 3의 마리오가 계속해서 탄생하게 되었으며 성공한 기업인이 된 것이다.

내가 지켜 본 결과 큰 성공 뒤에는 반드시 남다른 근면이 있었다. 그분들은 평범한 삶을 살아가는 사람들보다 두 배 세 배 아니 열 배 이상의 에너지를 쏟아 부어 상상할 수 없을 정도의 부지런한 삶을 살고 있으며, 개인뿐만 아니라 나라의 이익을 위해서 큰 역할을 담당하고 있기 때문이다. 나는 일선의 현장을 다닌 덕분에 그런 모습들을 생생히 목격했다.

"나의 성공 비결은 남의 좋은 생각과 습관을 내 것으로 만드는 것이다."
미국의 성공한 사업가 빌 게이츠의 말이다.
직업상의 특성으로 인해 만나게 되는 수많은 사람들, 그분들 중에는 나의 생각과 생활습관까지도 변하게 하는 사람들이 참 많았다. 이렇게 건강한 기업인들이 많이 생겨날수록 우리 사회는 점점 더 따뜻해지고 건강한 사회가 될 수 있을 것이라고 생각한다.

칭찬은 고래도 춤추게 한다

언젠가 읽은 책에서 이런 대목이 인상 깊었다. 절대로 담배를 피워서는 안 되는 기름 저장 탱크 앞에서 한 부하직원이 담배를 피우는 것을 그 회사 간부가 우연히 발견하였다. 아마도 다른 간부 같으면 당장 달려가서 인상을 쓰며 담배를 끄게 하고 그 직원의 신상을 알아내 징계조치를 했을 것이다. 그러나 그 간부는 자연스럽게 직원에게 다가가 "나도 담배 좀 하나 줄래?" 하면서 담배를 함께 나란히 피우는 척하다가 "아참, 여기는 담배 피우는 곳이 아니지? 나도 끌테니까 당신도 담배를 그만 *끄지?*" 했다는 것이다.

결과는 똑같다. 담배 피우는 것을 발견하고 인상을 쓰면서 "어서 담배 못 *꺼?*"해도 결국은 담배를 *끄게* 만드는 것이고 이 간부가 했던 방식으로 해도 역시 담배 불은 *끄게* 되는 것이다.

이렇게 결과는 매 한가지인데 그 결과를 도출해 내기 위해 상대방의 자존심과 기분을 상하게 하면서 결과를 *끄집어내는* 것과 굳이 인상을 쓰거나 소리를 지르지 않아도 본인 스스로 미안해하고 잘못을 인정하게 만들어 결과를 *끄집어내는* 것과는 분명히 큰 차이가 있다는 것이다.

어찌 보면 조직생활에서는 윗사람을 잘 모시는 것보다 부하직원과의 소통이 훨씬 어렵다. 물론 부하 직원이 내 뜻을 잘 알고 일을 처리하면 별 문제가 없지만 일을 하다보면 그렇지 못할 때가 훨씬 많다. 그래서 이럴 때 적절한 관리기술이 필요한 것이다.

나는 대체적으로 두 가지의 반응으로 행동을 한다. 먼저 부하직원이 너무 큰 실수를 해서 그 누구도 어쩔 수 없는 심각한 경우가 있다. 이때는 차라리 질책을 하지 않는다. 이미 엎질러진 물이니 질책을 한다고 해서 회복되는 일이 아니라면 "이왕 터진 문제인데 어쩌겠니? 내가 감수할게"라고 하면 당황했던 부하직원도 안정을 찾고, 자초지종을 파악하는 등 적극적으로 해결에 동참한다.

그러나 예방 차원에서라도 질책을 해야겠다고 판단이 되면 본격적으로 심하게 대한다. 물론 이때도 나의 감정만 내세워서 몰아붙이기 식으로 하는 것이 아니라 나름대로 전략적인 방법을 쓴다. 질책을 할 때도 가급적 사람이 없는 데서 단 둘이 마주 앉아 조목조목 따지면서 상대방의 잘못을 지적하는 것이다.

은행도 다른 회사와 마찬가지로 많은 수의 직원이 근무하는 곳이고 또 때가 되면 인사발령으로 인해 근무지를 옮기게 되는 경우가 많다. 인수인계를 하면서 직원들의 신상에 대해서 전임자가 후임자에게 이것저것 이야기를 해준다.

물론 후임자로 발령이 나서 전 지점장으로부터 직원에 대한 정보를 많이 듣게 되면 유용할 수가 있지만, 그러나 나는 누가 당신에 대해서 이러 이러한 정보를 주었다고 말하지 않는다. 다만 '내가 볼 때에 당신은 이런 점을 보완하면 큰일을 해낼 수가 있다'는 식으로 이야기를 해준다. 그러면 그 직원은 의식적으로 개선하려고 노력하며 더욱 열심히 일하고 시간이 지나면서 자신의 역량을 최대한 발휘해 좋은 성과를 보인다.

나는 직원들의 업무에 크게 간섭을 하지 않는 편이다. 일단 한 번 부여해준 업무에 대해서는 자율적으로 맡기되 권한과 책임을 확실히 한다. 작은 문제를 보고 지적을 하는 것보다는 큰 줄기를 함께 의논하는데, 그 이유는 줄기가 잘못 뻗어가고 있을 때 바로 잡아주기만 하면 되기 때문이다. 즉 문제점만 잔뜩 지적해 주는 것이 아니라 함께 대안을 고민해 주고 풀어 보려고 노력하는 모습을 보여줘야 한다.

가끔 직원이 작성해 온 문서에 문제가 있을 때가 있다.

그때는 이렇게 묻는다.

"당신이 이런 문제점을 알고 있었나? 모르고 있었는가?"

"알고 했습니다."

"좋아. 알면서 그랬다면 분명히 그 대안책을 가지고 있겠지?"

만약 직원이 문제점을 파악하지 못했을 때 상황은 달라진다.

"아니오. 그런 문제점이 있는 줄 몰랐습니다."

"그래, 이제라도 발견되었으니 지금부터 함께 해결책을 찾아보자."

　그러면 오히려 직원들은 일에 대한 스트레스를 적게 받게 되고 자신의 능력을 100%, 120% 발휘하게 된다고 믿고 있다.

　어느 책에서 본 칭찬에 대한 글이 나에게 가르침을 주었다.

　칭찬은 키 크는 약이다. 행복을 열 배로 키워준다.

　칭찬은 만병통치약이다. 칭찬으로 안 낫는 병은 없다.

　칭찬은 영혼이다. 보이지 않아도 큰 영향력을 미친다.

　칭찬은 메아리다. 간 것이 돌아온다.

　칭찬은 꽃 피우는 마술이다. 굳은 얼굴에 웃음꽃을 피우게 한다.

　칭찬은 샘물이다. 기쁨의 갈증을 깨끗이 씻어준다.

　칭찬은 별책부록이다. 돈 안 들이고 기쁨을 전해준다.

　칭찬은 씨앗이다. 무한한 가능성을 가지고 있다.

　칭찬은 비타민이다. 몸과 마음이 상큼해진다.

　칭찬은 위대한 대통령이다. 역사를 새로 쓰게 한다.

콜린 파월의 교훈

입행 당시 나는 지방의 상업고등학교를 나와 지극히 평범한 은행원으로 시작했다. 젊은 나이에 노조에 관심을 갖고 사회생활도 그다지 많이 하지 않은 나이에 노조위원장의 직책을 감당해야 했다. 하지만 노조위원장이라는 직책을 통해 많은 경험과 소중한 깨달음의 시간을 보낼 수 있었고 나이에는 어울리지 않게 여러 가지 활동을 광범위하게 할 수 있었다.

그것은 어쩌면 이 사회를 너무 만만하게 보는 계기가 될 수도 있었다. 그래서 나는 노조위원장 생활을 마치고 그런 자만을 버리고 업무를 배우기 위해 지방근무를 희망했다. 그리고 지방에서 다시 평범한 은행원으로 직장생활을 했다.

그런 과정에서 내가 한 가지 확실하게 해온 것이 있다면, 그것은 '오늘 하루에 최선을 다하고 나에게 주어진 일에 최선을 다한다' 는 것이다. 실력을 쌓고 그 결과물을 보여 주면 언젠가는 남들도 나를 알아줄 것이고 조직도 나를 품게 될 것이라고 생각했다.

그런 면에서 나는 미국의 콜린 파월이라는 사람을 존경한다. 콜린 파월은 뉴욕 빈민가 출신의 흑인이었지만 1991년 걸프 전쟁

의 영웅이 되었고 다국적군의 총사령관으로 흑인으로서는 처음
으로 미국 대통령 후보로 거론될 정도로 영향력 있는 사람이 되
었다.

그가 17세 되던 해 여름방학에 음료수 제조공장에서 아르바이
트를 하게 되었는데, 첫째 날 그에게 주어진 일은 공장의 바닥과
화장실 등을 돌아다니면서 걸레질을 하는 일이었다. 콜린 파월은
그 정도쯤의 일이야 얼마든지 할 수 있다며 열심히 걸레질을 했
다. 그런데 그날 함께 아르바이트를 하러 왔던 백인 학생들에게
는 공장의 작업라인에 앉아 콜라병에 콜라를 담는 일이 주어졌
다.

같은 날 똑같이 아르바이트를 하러 왔지만 흑인인 콜린 파월에
게는 걸레질을 시키고 백인 학생들에겐 작업 라인에 앉아서 일
을 하는 상황이었을 때, 아마도 다른 사람 같았으면 인종 차별이
라고 유쾌하지 않았을지도 모른다. 하지만 콜린 파월은 그 사실
을 알면서도 불평불만을 하지 않았다.

그때의 심정을 콜린 파월은 훗날 이렇게 얘기했다고 한다.

"나는 최고의 청소부가 되기로 맘먹었습니다. 그래서 이리 뛰
고 저리 뛰고 열심히 걸레질을 했습니다."

방학이 끝나자 감독관이 콜린 파월에게 이렇게 말했다.

"자네 일을 참 열심히 잘 하는군."

"무슨 말씀이세요. 오히려 저에게 이렇게 일을 할 수 있는 기회
를 주셔서 감사합니다."

다음 방학 때 다시 아르바이트를 하러 간 파월은 이번에는 걸레질 대신 콜라를 채우는 기계 앞에 앉을 수 있었다. 그리고는 그 다음 해에는 아르바이트생이었음에도 불구하고 그 공장의 부감독으로 일하게 되었다.

뉴욕 빈민가 출신의 한 흑인 소년이 오늘날 빛나는 자리에 오를 수 있었던 것은 불평하지 않고 감사하며 최선을 다한 삶의 태도에 있었던 것이다.

지금 이 순간에도 나는 불평하지 않고 주어진 일에 최선을 다하고 있는지 생각하고 있다. 조 쿠더트가 쓴 「일곱마리의 고양이가 들려주는 삶의 지혜」라는 책에 보면 이런 구절이 나온다.

가난하다면 일을 하라. 부자라도 일을 하라.

부당하게 느껴지는 책임들을 떠맡고 있다면 일을 하라.

지금 행복하다면 계속 일을 하라.

게으름은 의혹과 두려움을 키울 뿐이다.

슬픔이 당신의 마음을 짓누르고 있다면

사랑하는 이의 마음이 돌아섰다면 일을 하라.

실망감이 덮쳐 올 때도 일을 하라.

믿음이 흔들리고 이성이 통하지 않을 때 묵묵히 일을 하라.

꿈이 산산조각 나고 희망이 죽은 듯 스러져도 일을 하라.

그 일에 목숨이 걸려 있는 것처럼 일을 하라.

정말로 생명이 걸린 문제니까.

어떤 고민이 있던 간에 일을 하라.
충실하게 믿음을 가지고 일을 하라.
일이 최고의 특효약이다.
일함으로써 몸과 마음의 상처가 모두 치유될 것이다.

지금 나에게 어떤 상황이 처해진다 해도 불평이나 불만을 갖지 않고 나에게 주어진 현실에 감사하면서 열심히 최선을 다하려고 노력한다. 그러면 나중에 삶을 돌아볼 때 후회없는 삶을 살았노라고 자신있게 말할 수 있을 것이다.

26

민들레 영토에서 배운 마케팅 진리

어느 날 나는 아내와 함께 한 카페에 가기 위해 외출을 했다. 느닷없이 카페에 가자는 말에 아내는 처음엔 다소 의아스러워했지만 이내 아빠의 외출에 함께 따라 나서는 어린 딸처럼 옷장 앞에서 카페에 어울릴 만한 옷들을 꺼내 입어보고 있었다. 약간은 흥분 되어 있는 것 같았다.

우리는 신촌에 있는 한 카페를 물어물어 찾아갔는데 그곳은 바로 '민들레 영토'였다.

얼마 전에 나는 「민들레 영토 희망스토리」라는 책을 재미있게 읽었는데 그 책의 저자는 '민들레 영토'라는 카페를 운영하는 지승룡이라는 분이다.

지승룡 회장은 한때 목사님이었다고 한다. 그러나 10여년 전 10평의 작은 카페를 시작해서 전국에 21개 이상의 지점을 가질 정도로 성장해 뛰어난 경영능력을 인정받고 있다. 덕분에 민들레 영토는 국내 카페 브랜드 인지도 1위, 국내 외식업소 고객만족도 1위, 대학생들이 가장 일하고 싶은 카페 1위가 될 정도가 되었다. 민들레 영토의 홈페이지는 매일 1만 명이 넘는 사람들이 접속을 하고 있고 현재까지 최소한 6백만 명이 넘게 이 홈페이지를 다녀

갔다니 그 인기는 알만한 것이다.

그 책은 그분이 어떤 자세로 일을 하였기에 이렇게 작은 카페가 그렇게 유명한 카페로 성장할 수 있었는지를 자세하게 적어놓은 책이었는데 책의 내용은 한마디로 젊은이들을 대상으로 한 감성마케팅 전략 중에 하나인 마더 마케팅(mother marketing)을 정리해 놓은 것이었다.

나는 그 책을 읽으면서 단 한순간도 책에서 눈을 뗄 수 없을 만큼 흥미진진했다. 그리고는 아내와 함께 그 카페를 직접 찾아가 보기로 했던 것이다. 아내는 나의 그런 의도도 모른 채 단지 카페에 간다니까 기분이 좋았나 보다. 하긴 데이트할 때 외에는 아내와 결혼한 이후 이렇게 번듯하게 단둘이 카페에 들어가서 여유 있게 차를 마시며 아내의 얼굴을 바라본 적이 별로 없었다. 어쨌든 아내는 신이나 있었다.

젊은이들로 북적거리는 신촌의 큰 골목에 자리 잡고 있는 '민들레 영토'에 찾아갔을 때 나는 입구에서부터 놀라지 않을 수 없었다. 이미 카페 안의 자리엔 손님들로 가득 차 있었고 카페에 그렇게 손님이 많은 모습은 처음 보았다. 결국 우리는 카페의 입구에 있는 대기 의자에 앉아서 20분 정도 기다린 후에야 안으로 들어갈 수가 있었다. 입구에 들어서자마자 곱게 앞치마를 두른 여자 직원이 나와 우리를 보는 순간 양손을 어깨 높이까지 들어 가볍게 흔들며 인사를 했다. 우리를 본 적도 없는 젊은 아가씨가 반갑게 손을 흔들며 인사하는 모습에 약간 쑥스러움을 느꼈지만 그동안 가봤던 다른 커피숍이나 다방에선 전혀 경험할 수 없었던 신선한 충격으로 다가왔다. 또한 입구에는 기다리는 손님을 위해서 얼마든지 편하게 읽을 수 있도록 여러 가지 책들을 준비해 놓았으며 5천 원이라는 문화비를 내면 3시간까지 커피나 다른 음료를 얼마든지 리필해서 마실 수가 있도록 해놓았다.

지승룡 회장이 쓴 책에 의하면 '민들레 영토'는 오감 마케팅을 적용했다고 한다. 오감이란 시각, 촉각, 미각, 후각, 청각을 말하는 것인데 먼저 시각적으로는 카페의 내부 인테리어를 마치 동화 나라에 들어온 것 같은 착각이 들 정도로 아기자기하고 따뜻하게 했다는 것이다. 그리고는 촉각적인 면에서 영혼까지 편안한 소파를 선택했다는 것이다. 영혼까지 편안한 소파란, 한번 앉으면 마지 자기 집의 소파에 앉은 것처럼 편안하고 푹신한 소파를 준비해서 그 카페에 들어온 고객으로 하여금 이 세상에서 가장 편안한 장소에 앉은 것 같은 느낌이 들게 하겠다는 것이다. 그 다음에는 미각적인 면에서 고객이 입에 맞는 차와 쿠키들을 먹고 마실 수 있도록 다양한 메뉴를 준비한다는 것이다. 물론 카페니까 먹고 마시는 것이야말로 중요한 부분이 아닐 수 없겠지만 그래도 다른 커피숍이나 카페보다 메뉴에 더욱 신경을 쓴다는 것이다.

그리고 다른 곳에서는 느낄 수 없는 자연의 향기를 고객들에게 제공함으로써 후각 마케팅에도 신경을 쓴다고 한다. 그 안에 들어가면 언제든지 커피향이 가득해 아무리 커피를 싫어하는 사람일지라도 당장에 마시고 싶을 만큼 후각을 편안하게 해준다고 한다.

마지막으로 항상 잔잔한 선율의 클래식 음악을 들려주어 고객의 귀를 즐겁게 해준다는 것이다. 그러려면 아무 음악이나 틀어서는 안 된다. 고객이 편안함을 느낄 수 있도록, 그리고 대화가 즐겁게 오갈 수 있는 적당한 볼륨으로 엄선된 클래식 음악이 들려오는 그런 공간, 그곳이 민들레 영토라는 얘기다.

직접 가본 그곳은 책에 소개된 것과 하나도 다름이 없었다. 우리가 안내된 테이블에 앉자마자 여자 직원이 테이블 쪽으로 다가와 거의 바닥에 무릎을 꿇고 앉는 듯한 자세로 주문을 받았다. 나는 그런 여직원의 자세가 너무나 기특하여 슬쩍 한 달에 월급을 얼마나 받는지 물어 보았다. 그랬더니 여직원은 살짝 웃으며 자기는 정식 직원이 아니라 아르바이트생이라고 대답을 했다. 정식 직원도 아니고 아르바이트생인데 이렇게 자기가 하는 일에 자신감을 갖고 최선을 다하는 모습을 보고 나는 한번 더 지승룡 회장의 경영능력에 놀라지 않을 수 없었다.

게다가 나를 더 깜짝 놀라게 한 것은 카페의 지하에 내려가면 작은 공연장이 있다는 것이다. 그 공연장에선 영사기로 영화를 보여 주고 있었는데 그 안에도 사람들로 꽉 차 있었다. 공연장까지 갖춘 카페에서 어떤 사람들은 편하게 영화를 보고 있었고, 또 어떤 사람들은 식사를 하고 있고, 어떤 사람들은 케익을 먹고 있는 모습은 나로서는 정말 재밌는 새로운 광경이었다.

「민들레 영토 희망스토리」에는 이런 내용도 적혀 있다.

'손님이 미안해할 때까지 서비스하라, 고객은 주인공이 되고 싶어한다, 고객을 공주로 만들어라, 고객과 함께 즐겨라, 자존심이 아니라 자존감을 주어라, 고객의 아이디어를 적극 반영하라, 고객에게 즐거움을 주면 이익으로 돌아온다.'

정말 놀라운 서비스 정신이 아닐 수 없다. 그러니 추운 한 겨울에도 손님들이 이곳에 들어오기 위해 한 시간씩 밖에서 기다리고 서 있을 정도가 되는 것이다.

그러기 위해선 먼저 경영자가 자기 직원을 사랑해야 한다. 아무리 경영자가 서비스 정신이 투철하다 하더라도 일선에서 고객을 상대해야 하는 직원들이 경영자의 그런 서비스 정신을 표현하지 못한다면 무슨 소용이 있겠는가? 정식직원도 아닌 아르바이트생들이 저렇게 열심히 일을 하게 하기 위해선 뭔가 특별한 경영 마인드가 있어야 한다. 더군다나 아르바이트생들은 사정상 오랫동안 일을 하지 못하는 경우가 많으므로 근무 기간이 상대적으로 짧아져 자주 교체되어야 하는데 그때마다 그들에게 서비스 정신을 가르치는 데는 분명 한계가 있기 마련이다.

그런 문제점을 지승룡 회장은 이런 마인드로 해결했다고 한다.

경영자는 먼저 직원에게 죽을 각오로 서비스를 해야 한다. 그리고 직원들에게 최고의 대우를 해주면서 경영에 직접 참여하게 한다. 뿐만 아니라 직원의 가족들과도 유대감을 가져야 한다. 모든 직원들이 비전을 공유해야 한다. 그러다 보면 자연히 직원들은 자기가 일하고 있는 직장에 최선을 다하게 되고 단순히 고용주와 고용인의 관계가 아닌 파트너가 되는 것이다.

직원들이 그런 자세로 일을 하게 되니 심지어는 어떤 직원들에게는 고객들이 만들어 준 팬클럽까지 생긴다는 것이다. 감성 사원을 만들어 감성 마케팅을 하고 있는 지 회장은 여러가지 면에서 나를 감동하게 했다. 그리고 그 현장을 직접 목격한 나는 참으로 많은 생각을 하게 되었다.

매일 매일 고객들을 만나야 하는 은행일, 지난 수십 년간 영업 현장을 이리저리 뛰어다니면서 나름대로 고객의 입장을 이해하고 도와주려고 많이 노력해 왔다고 자부해 왔던 나이지만 민들레 영토 안에서 배웠던 서비스 정신은 신선한 충격으로 다가왔다.

카페에서 커피를 마시고 나오던 아내는 내게 이런 말을 했다.

"커피를 마시고 나온 것이 아니라 편히 쉬다 나온 거 같아요. 내가 마치 공주가 된 것 같은 그런 느낌 있죠."

27

가정에서 에너지를 충전하라

사람들은 내게 묻는다. 언제 봐도 넘치는 에너지와 열정은 도대체 어디서 나오며 끊임없이 솟아나는 아이디어와 나이를 가늠할 수 없는 체력의 비결은 무엇이냐는 것이다. 게다가 특별히 먹는 보약이 있는지, 밤마다 스포츠 센터에 가서 따로 하는 운동이 있냐는 등 그 비결이 뭐냐고 묻는다. 하지만 그럴 때마다 내가 할 수 있는 대답은 신앙의 힘과 아내의 사랑이라고 밖에 말할 수 없다.

내 아내는 내가 아침에 출근할 때 문밖까지 나와서 1분 이상 손을 흔들며 인사를 해준다.

"여보, 잘 다녀오세요. 오늘도 힘차게 살다가 서녁에 봐요."

우리가 새로 입양한 쌍둥이 딸들까지 합쳐서 3명이 문밖에 서서 나를 향해 손을 흔드는 모습을 보면 나는 아침마다 산삼을 한 뿌리씩 먹고 출근하는 기분이다. 아침에 아내의 흔드는 손을 보고도 힘이 축쳐져서 출근할 남자가 세상에 어디 있겠는가?

만약에 내가 아침에 출근을 하는데 아내가 그때까지 이불 속에서 나오지 않고 남편이 출근을 하던말던 관심조차 없다면 내가 아무리 노력하려고 해도 힘이 지금처럼 넘치지는 못할 것이다.

남자는 철저하게 아내의 기도와 후원으로 살아가는 존재이다.

그런 면에서 보면 이 세상에서 가장 불쌍한 남자는 아내의 무관심 속에서 살아가는 남자다.

아내는 내가 저녁에 퇴근하면서 초인종을 누르면 현관문까지 뛰어 나와 반갑게 맞이해 준다. 아무리 바쁜 일이 있어도 밝은 표정으로 아침과 같이 손을 흔들며 맞이해 주는 아내를 보는 순간, 하루 종일 내 어깨를 짓누르고 있었던 온갖 스트레스들은 흔적도 없이 사라져 버린다. 집에서 이렇게 반갑게 기다리는 아내와 가족들이 있기에 나는 삶을 대충 살 수도 없으며 늦은 시간에 집이 아닌 다른 곳에서 방황할 이유도 없다.

나와 아내는 하루에도 여러 번 문자 메시지를 주고받는다. 사람들과 식사를 하다가 갑자기 아내의 얼굴이 떠오를 때가 있다. 만약 아침에 아내의 얼굴에 돈 때문에 걱정하는 기색이 느껴졌다고 생각되면 나는 그 자리에서 아내에게 문자 메시지를 보낸다.

"당신을 이 세상에서 가장 행복하게 해주고 싶은데 돈 문제는 나에게 맡기고 스트레스 받지 않길 빔."

어느 날 아내가 얼마 전에 봉사 활동을 갔다가 너무도 불쌍한 새터민(탈북자)을 조금 더 도와주고 싶다고 하면서 그것 때문에 마음을 많이 쓰는 눈치였다.

'내가 이렇게 건강하게 살아있는데 그까짓 돈 때문에 인생을 우울하게 보낸다면 그거야말로 억울한 일 아닐까?' 하고 생각하고 아내에게 걱정하지 말라고 그런 문자 메시지를 보냈던 것이다.

그것뿐만이 아니다. 갑자기 누군가가 좋은 글을 나에게 메시지로 보내면 그것을 바로 아내에게 문자 메시지를 보내는데 10초도 걸리지 않는다.

"나는 행복하다. 행복은 이상이나 목표의 가치를 깨달아가는 과정이다."라고 아내에게 문자 메시지를 보내면 또 아내는 "행복하고, 행복하고 또 행복합니다. 사랑하는 이들과 당신이 있기에…"라고 대답을 한다.

그럼 나도 "나도 당신을 만나서 행복해요."라고 또 답장을 보낸다.

언젠가 아내에게 보낸 문자 메시지 중에 이런 내용이 있었다.

"나는 창조적이다. 미래를 예견하는 가장 좋은 방법은 직접 창조하는 것이다."

그러자 아내의 답장은 이러했다.

"당신의 끊임없는 도전과 노력을 존경하고 사랑합니다."

한번은 아침에 출근하면서 아이들에게 싫은 소리를 하고 나온 것이 맘에 걸려서 일이 손에 잡히지 않았던 적이 있었다. 그래서 나는 바로 아내에게 문자를 보냈다.

"아침에 화낸 것 후회하고 있어요. 미안해요. 사랑해요."

이렇게 문자 메시지를 보내야 비로소 맘이 편하다. 물론 전화를 걸어서 말을 해도 되는 얘기들이지만 문자는 문자 나름대로의 맛이 있기 마련이다. 그런 면에서 나와 아내는 문자로 대화를 주고 받는 데 참 익숙해져 있는 편이다.

휴대폰 덕분에 분명히 사람들은 참으로 편리한 삶을 살고 있다. 그런데도 어떤 사람들은 휴대폰이 마치 감시하는 족쇄와 같은 괴물이라고 이야기 한다. 그러나 나는 휴대폰의 문자 메시지처럼 나와 아내 사이를 행복하게 가꿔 나가는 것도 없다고 생각한다. 내가 짧게 보낸 문자 메시지 하나에 이렇게 상대방이 크게 감동을 받게 된다는 것은 분명히 놀라운 일이다.

"인내의 수고 없이 열매를 거둘 수 없겠지요. 제가 부족한 것이 많은 것을 압니다. 기도해주세요. 사랑해요."

"오늘도 행복하고 좋으신 하나님이 함께 하신 날 되길 바래요. 사랑해요."

내가 힘들 때 아내의 문자 메시지를 통해 나는 엄청난 에너지를 얻는다. 그리고 그 에너지는 그 어떤 것보다도 위력이 크고, 그 어떤 비타민보다도 훨씬 나를 힘나게 한다. 나의 문자 메시지에 아내는 이 세상에서 가장 좋은 화장품보다 더 얼굴이 밝아지게 된다. 나는 그래서 가끔 아내와 사이가 안 좋은 사람에게 문자 메시지를 잘 활용해 보라고 권한다. 그런데 간혹 그런 이야기를 들은 상대방이 내게 이런 말을 한다.

"문자 메시지 보내는 게 얼마나 귀찮은 일인데요."

만약 이런 마음 자세라면 계속 그렇게 사는 수밖에 달리 방법이 없다. 이렇게 돈도 많이 안 들고 간단하게 부부간의 사랑이 쌓여가고 가정의 행복이 피어날 수 있는 방법이 있는데 말이다.

제5부

아름다운 삶을 위해
도전하라!

강의 중

1억의 축복

은행에 들어가서 일하기 시작했지만 너무나 돈에 쪼들리다 보니 교회에 가서 엎드려 이런 기도를 한 적이 있다.

"하나님, 저에게 1억만 주신다면 제가 무슨 일이든지 하겠습니다. 30살까지 1억을 모으게 해주십시오."

지금도 1억은 결코 작은 돈이 아니지만 그때만 해도 1억이란 돈은 정말 어마어마하게 큰돈이었다. 그때 당시의 집 한 채 값이 3, 4백만 원 할 때였으니 1억이라는 돈은 웬만한 사람은 감히 꿈도 꾸지 못할 만큼의 큰돈이었다. 그런데도 나는 하나님한테 겁노 없이 1억만 달라고 기도했던 것이다. 이왕 하나님께 돈을 달라고 떼를 쓰는데 돈 백만 원을 달라고 하기엔 너무 하나님을 우습게 보는 것 같고 또 천만 원을 달라고 하면 얼마 안 있어서 또다시 천만 원을 달라고 할 것 같으니 아예 한꺼번에 1억을 달라고 하기로 마음 먹은 것이다.

하나님은 그냥 "잘 살게 해주세요"라는 추상적인 개념의 기도보다는 구체적인 기도를 더 잘 들어주신다는 이야기를 들은 터라 확실한 액수를 정해서 기도해야겠다고 마음먹은 것이다.

집 한 채는커녕 손에 돈 한 푼 쥔 것도 없는데 어떻게 1억을 모을 수 있을지, 하나님께서 과연 어떤 방법으로 주실 것인지에 대한 의문이 순간 들긴 했지만 내 중심에는 하나님께 기도하면 반드시 이뤄주실 것이란 믿음이 있었다. 그렇다면 이제 어떻게 그 기도가 이뤄질 것인지를 살아가면서 지켜보는 일만 남은 것이다. 그런데 하나님은 정말 놀랍게도 내 기도를 정확하게 들어주셨다.

하루는 친구와 저녁에 만나 이런저런 이야기를 하다가 우연히 집 이야기가 나왔다.

"집을 하나 장만해야겠는데 집값은 너무 비싸고 손에 쥔 돈은 없고 어떻게 해야 좋을지 모르겠다."

"야, 너도 그러냐? 나도 그런데…."

그 당시 내 월급으로는 도저히 집을 사기는커녕 꿈도 꿀 수가 없었다. 그런데 가만히 생각해 보니 내가 갖고 있는 돈과 그 친구가 갖고 있는 돈을 서로 합치고 일부는 융자를 안고 한쪽에 전세를 놓는다면 집 한 채는 살 수 있을 것 같았다. 그래서 결국 우리는 돈을 합쳐서 집을 사기로 의기투합을 했다.

그런 이야기가 나온 며칠 뒤 드디어 나는 그 친구와 돈을 합쳐서 서울시 독산동 쪽에 500만 원짜리 집을 한 채 구입했다. 안방은 전세를 놓고 일부는 융자로 했으며 방 한 칸만 사용하는 방식으로 말이다. 내가 집을 사다니 정말 꿈만 같았다.

집을 산 것이 바로 하나님의 놀라운 역사가 시작되는 순간이었는지 집을 구입한 이후 집값이 뛰기 시작했다. 5백만 원짜리 집이 7백만 원, 천만 원, 천오백만 원을 웃돌며 계속 오르고 있었다.

때마침 부동산을 하는 친구가 어느 날 나를 찾아와서는 집을 팔라고 했다. 당시 서울시는 전체적으로 개발붐이 한창 일어나면서 여기 저기 집값이 막 뛰고 있었는데 특히 내가 살고 있던 독산동 쪽은 더욱 빠른 속도로 개발 붐을 타고 있었기 때문에 부동산을 경영하는 사람의 입장에서는 인근 지역의 집을 한 채라도 더 확보해야 하는 상황이었다.

나는 좀 더 오르면 팔려는 생각에 아직은 생각이 없다고 하자 그 친구는 더욱 바짝 매달려서 값을 후하게 쳐줄테니 제발 팔라며 조르는 것이었다. 그러면서 단돈 5백만 원에 산 집을 2천만 원에 매매하는 것이 어떠냐고 내게 물었다. 그래서 나도 이번에는 밑져야 본전이라는 생각으로 시세보다 5백만 원을 더 붙여서 가격을 얘기하고는 그 가격에 산다면 팔아도 그렇지 않으면 안 팔겠다고 하자 그 친구는 너무도 쉽게 그 가격에 사겠다고 했다.

그렇게 집이 이천오백만 원에 팔려서 함께 투자했던 친구와 정확히 반으로 나눠 천이백오십만 원씩 나눠가졌다. 그리고는 그 돈으로 17평짜리 작은 아파트를 구입했고 조금 있다가 다시 좀 더 큰 아파트로 늘려갔다.

결국 서른 살 무렵 내 재산은 나의 기도처럼 1억이 되어 있었던 것이다. 하나님은 정말 나의 기도를 잊지 않고 들으시고 내가 생각지도 못한 방법으로 1억을 채워 주셨다. 이런 경험을 통해 나는 하나님께 기도한다는 것은 스스로 인생을 설계하는 것이며 그 계획을 이뤄나가기 위해 가지는 자기 훈련의 시간이나 다름없다는 것을 깨달았다.

그 후 나는 다시 하나님께 기도했다.

"하나님 1억을 주셔서 감사합니다. 그런데 이젠 10억을 주시기를 기도드립니다."

10억도 물론 절대로 작은 돈이 아니다. 어찌 보면 전혀 실현가능성이 없는 액수일 수도 있다. 더군다나 큰 사업을 하는 것도 아니고 단순히 월급쟁이 생활을 하는 나에게는 불가능한 일일지도 모른다. 그러나 나는 1억의 약속을 지켜 주신 하나님이 10억이라고 그 약속을 지키지 않으시는 분이 아닐 것이라고 생각했다. 그리고 내가 할 수 없는 일이니까 하나님한테 부탁하고 기도를 하는 것이지 내가 노력해서도 될 수 있는 것이라면 굳이 하나님한테 기도할 필요가 없을 것이라는 믿음을 가지고 간구하기로 마음먹었다.

'이번에는 하나님께 10억을 달라고 하면 틀림없이 주실 거야.'

이렇게 확신 가운데 기도했던 나는 또 다시 감사하지 않을 수 없었다. 어느덧 내 재산이 10억이 넘었기 때문이다.

그리고 배짱이 늘어서 하나님께 다시 이런 기도를 했다. 아니 그것은 분명한 증거로 보여주시며 나와 함께 하신 하나님께 대한 완전한 신뢰를 바탕으로 한 기도였다.

"하나님 이젠 100억을 주실 것이라 믿습니다."

그러나 나의 연약한 마음은 믿음을 넘어뜨리려 소곤거리고 있었다.

'아무리 하나님한테 기도한다고는 하지만 100억이 가능할까? 하나님이 날 너무 욕심이 많다고 책망하시지는 않을까?'

나는 보람 있는 복지재단을 하나 만들어서 불우한 노인들을 위한 요양시설을 만들 계획을 갖고 있다. 비록 쓸데없는 의구심이 잠시 스쳐갔지만, 하나님은 나의 그런 계획을 이미 알고 계시므로 벌써 100억을 만들기 위한 작업에 들어가셨을 것이 분명하다고 믿고 기도하고 있다.

이미 서른 살 젊은 나이에 1억을 만들어 주셨던 하나님, 그리고 약속대로 10억을 주신 하나님, 이제 남은 인생을 이웃과 사회를 위해 그리고 불우한 노인들을 위해 봉사를 하겠다는 나의 계획을 잘 아시는 하나님은 분명히 100억도 만들어 주시리라 확신한다.

'하나님은 나의 든든한 주인이시기 때문이다.'

나의 재테크 비법

– 삼분법(三分法)

　나는 기도만 하고 입만 벌리고 감이 떨어지기를 기다리는 어리석은 신앙인이 되고 싶지 않다. 할 수 있는 최선을 다할 때 하나님께서 도우셔서 더 넓고 풍성하게 채워주실 것을 믿기 때문이다.

　사람들은 내게 재테크 비법에 대해 묻곤 한다. 나는 재테크를 현금과 부동산과 파생상품 등 세 가지로 나눠 삼분법으로 한다.

　3분법은 은행 예금과 부동산 그리고 파생상품이라면 주식을 포함한 것인데 이 세 가지 비율을 어떻게 맞추느냐가 중요하다. 가령 예금이 2라고 했을 때, 우리나라에서는 부동산을 선호하니까 부동산을 한 3정도 그리고 파생상품은 펀드, 증권, 보험, 주식 다 포함해서 5이다. 그럼 비율이 2:3:5가 된다.

　그런데 2:3:5로 맞춰 놓아도 경제에 따라서 변동이 생기게 마련이다. 갑자기 주식이 올라서 5가 8이 된다거나 하면 이것을 잘라서 은행 쪽으로 넣거나 부동산 쪽으로 몰아서 다시 비율을 맞추어 나가는 방식이다. 또한 어느 날 부동산이 올라서 밸런스가 깨지면 또 부동산 쪽에서 떼어서 은행예금으로 간다거나 해서 다시 맞춘다. 난 이런 식으로 게임을 하며 경기에 변동이 생기거나 주식이 큰돈이 될 것 같더라도 그 비율을 맞추는 데만 신경을 쓴다.

그 안에서 다시 3분법을 한다면 주식을 사더라도 가령 내가 3천만 원어치를 사기로 마음먹었다면 주식을 한 번에 다 사지 않는다. 종목이 아무리 좋아도 첫 번째에는 1천만 원, 그 다음에 다시 1천만 원을 사고 다시 또 1천만 원을 사는 식으로 나눠서 사는 것이다. 대신 오를 때는 절대 안 산다. 샀는데 마침 샀던게 떨어지면 1천만 원 사고, 또 떨어지면 다시 1천만 원을 사는 식이다. 주식은 3번까지 떨어지기 전에 반등하게 된다. 그래서 조금만 올라가도 본전이 된다. 남들은 오르기를 바라지만 오히려 나는 사는 순간에 떨어지기를 바란다. 왜냐하면 더 사기 위해서다. 그런데 어떤 경우엔 예상을 뒤엎고 확 올라가기도 한다. 하지만 올라가면 이제 더 이상은 확실하지 않다고 생각하고 툭 털어서 다른 것을 한다.

우리가 투자할 때 냉정히 생각할 문제가 있다. 일본이나 한국은 부동산에 굉장한 애정을 가지고 있지만 미국은 펀드를 많이 한다. 아이들에게 초등학교, 중학교 때부터 펀드를 가르친다. 어려서 용돈 받은 것을 가지고 펀드에 가입해서 그것으로 코카콜라 주식 같은 우량 주식을 사도록 유도하는 것이다.

이런 식의 간접 투자에 대해서 회사는 학생들한테 소개를 해준다. 그러면 회사에서는 아이들에게 수익이 난 배당금이 얼마인지 결산 내용을 알려주고 아이들은 부모님이 주신 용돈으로 투자하는 법을 배우는 식의 훈련을 시키는 것이다.

그러나 우리나라 사람들은 일확천금을 노린다. 주식만 해도 보통 사람들은 떨어질 때는 한없이 떨어질 것 같고 오를 때는 한없이 오를 것 같다는 생각을 하지만 바로 이것이 문제다.

그리고 자신이 돈을 벌려면 다른 사람도 함께 벌게 해 주어야 한다는 것이다. 만약에 내가 30%의 수익을 목표로 삼았으면 정확히 30% 올랐을 때 과감하게 정리하고 다시 숨을 고른 다음 다음번 기회를 노려야 한다. 하지만 욕심이 지나치게 되면 이미 목표했던 30%의 수익률이 넘었는데도 조금만 더 조금만 더 하다가 결국엔 큰 손해를 보게 되는 것이다.

결국 주식에서 손해만 보는 사람들은 적당히 욕심을 내는 것이 아니라 뭔가 왕창 더 수익을 내려다가 정리할 시점을 놓치게 되는 것이다. 주식은 오르면 언젠가는 반드시 떨어지게 마련이다. 그래서 느닷없이 주식이 떨어지면 언젠가 다시 오르겠지 하는 미련을 갖고 정리하지 못한 채 손에 쥐고 있다가는 결국 원금마저도 까먹게 되고 그제서야 겁이 나니까 정리하게 되는데 그 순간 다시 또 주식은 오르게 된다. 결론적으로 말하면 주식은 살아 움직이는 물고기 같아 철저한 심리전이 필요하다.

나는 주식이 떨어져서 큰 손해를 본 적은 거의 없다. 정부에서 부양책을 써야할 정도로 문제가 되면 그때 주식을 산다. 만약에 내가 산 주식이 떨어져서 원금이 조금씩 손해가 나고 있어도 '이

건 올라갈 수 있다'는 생각으로 그냥 내버려 둔다.

또한 나는 주식이 과열이다 싶거나 급상승하면 반드시 곧이어 급락하게 되기 때문에 주식은 매우 위험하다고 생각하여 간접 투자 형식인 펀드 등을 활용토록 권장한다. 그리고 전문가도 손해를 보게 되는 주식으로 시간을 낭비하지 말고 자기 업무에 전념하고 전문가에게 맡기라고 한다. 만약 주식투자를 직접 하려면 성장 기업이나 올바른 경영철학을 가진 회사에 투자하는 것이 매우 중요하다고 생각한다.

주식 시장은 전망이 좋다. 단지 그것을 전문가도 아닌 사람이 그냥 주식 종목을 사서 투자한다는 것은 바람직하지 않다. 그래서 그럴 바에는 차라리 간접적인 투자인 주식형 펀드를 사는 편이 낫다.

주식형 펀드에는 60%주식을 사고 40%를 채권으로 하는 펀드도 있고, 안전형인 재권형 펀느와 원금 보상형인 펀드 또는 해외 펀드와 ELS펀드도 있고 여러 가지 다양한 펀드가 있다. 그러나 이것들은 잘 알아보고 해야 한다. 그것도 한쪽에 치우치지 않게 포트폴리오를 적절히 안배하여 조정하는 방법을 마련하는 것은 장기적인 면에서 매우 유익하리라 생각한다.

우리나라 사람들은 한 번에 가진 돈을 모두 투자하는 것을 좋아하는 것 같다. 좋으면 전 재산을 몰아서 하는 식이다. 그러나 일본사람들은 자금이 3억이 있다면 처음에 1억을 투자한다. 실패하면 또 1억을 투자해서 안 되면 세 번째는 모든 것을 다 걸고 투자할 정도로 침착하고 나름대로 계획성이 있다. 그러나 우리나라 사람들은 돈이 3억이 있으면 1억부터 하는 게 아니라 우선 3억부터 투자하고 친척도 끌어들이고 은행에서 차입도 하고 모든 것을 다 한방에 건다. 인생은 긴데 한 번에 모든 것을 올인하는 것이다. 성공할 수도 있지만 실패한다면 재기하기가 쉽지 않다.

따라서 최소한 1단계, 2단계, 3단계로 나눠서 투자할 필요가 있다. 실패하는 데는 자기 능력이 부족하다거나 경영 능력이 부족하든가 환경에 잘못 대응한다거나 하는 등의 이유가 있기 마련이다. 실패했다고 해서 재수없다고 할 것이 아니라 무엇 때문에 실패했는지에 대한 원인분석을 해야 답이 나온다. 그래서 실패를 극소화시키는 것이 중요하다.

다행히 나는 실패보다 성공이 많은 편이다. 아마도 한번 실패하면 철저히 그 원인을 분석해서 다음에 실패할 가능성을 최소화시키기 때문일 것이다. 그리고 그런 방법은 성공 가능성을 더욱 높여준다.

주식 투자는 일종의 자기와의 싸움이다. 이성적으로 잘한 부분과 잘못 생각했던 부분을 스스로 평가해서 다음에는 똑같은 실수를 반복하지 않는 침착한 자세가 필요하다.

30

'실수'와 '실패'의 차이

내가 아는 대부분의 사람들은 내가 실패한 적이 없다고 생각한다. 그러나 나도 실패한 적이 있다.

지방에서 대리로 있을 때 잘 아는 사람 중에 상장회사인 제지회사 사장이 있었다. 그 사람과 자주 만나 대화도 하며 가깝게 지냈었는데 그는 매사에 노력하는 성실한 삶을 살았고 또 절대로 양주는 안 마시고 소주만 마시는 사람이었다. 왜 양주를 안 마시냐고 물었더니, 자신이 양주를 마시면 임원들도 양주를 마시게 되고 자기가 소주를 마시면 임원들도 소주를 마시기 때문에 자기는 절대로 양주는 안 마신다고 내답했나.

나는 그 사람의 그런 자세가 맘에 들었고 '저 정도면 사업도 잘 되겠다' 싶은 생각도 했었다. 그리고 본인이 스스로 자신이 운영하는 회사가 전망 있다고 거창하게 소개하기에 아무 거리낌 없이 그 회사의 주식을 샀다. 그런데 얼마 지나지 않아 그 회사가 부도가 나서 내가 산 주식이 모두 휴지조각이 된 것이다. 물론 큰 돈은 아니었지만 나는 그때 주식으로 돈을 까먹고 말았다.

그때 배운 것 중에 하나는 앞으로 아는 사람의 주식은 더 조사를 철저하게 해야겠다는 것과 아는 사람보다는 시장에서 검증

되고 긍정적인 평가를 받은 회사를 선택해야 한다는 것이었다. 내가 보기에 단지 열심히 사는 사람이라고 판단하는 것은 2차적인 문제라는 얘기다.

시장에서 경쟁력을 갖는다는 것은 중요한 의미를 갖는다. 모든 회사는 나름대로 다들 열심히 하지만 열심히만 한다고 해서 모두 잘 되는 것은 아니다. 시장에서 경쟁력을 갖춘 회사는 열심히 하는 과정에서 남들이 갖지 못한 또 하나의 노하우를 지니게 된다는 사실을 내가 실수한 과정을 통해서 깨닫게 되었다.

이와 비슷한 실수가 또 있었다. 지점에 있을 때 2층에 증권회사가 있어서 서로 미팅을 자주 갖곤 했었다. 그런데 증권회사 직원이 "이 주식을 사면 무조건 배가 남으니 꼭 사세요" 하는 것이 아닌가? 그때 나는 속으로 '돈 벌려고 마음먹으니 일이 쉽게 풀리는구나' 하는 생각이 들었다. 그런데 막상 주식을 사고 보니 한두 번 오르다가 나중에 또 휴지조각이 된 것이다. 나는 그 상황을 통해서 증권회사 사람들은 매일같이 변화무쌍한 상황을 보기 때문에 단기적인 것은 잘 볼지 몰라도 장기적인 것은 못 본다는 것을 알게 되었다. 그래서 지금도 증권회사에 있는 사람에게는 전체적인 흐름만 참고할 뿐 상담은 거의 안 한다. 그리고 주식에 투자를 생각할 때 단기적인 것보다는 장기적인 면에서 이 회사가 앞으로 3년, 5년 후에는 어떻게 될 것인가 하는 전체적인 그림을 머릿속에 그린다.

돈이란 하나를 벌어서 하나를 저축해봤자 결국은 하나다. 그러나 10을 벌어서 9개를 쓰고 1을 저축한다고 하더라도 저축은 똑같지만 나머지 9개는 뿌려졌을 때 그 돈이 어떤 모양으로든 간에 플러스로 작용한다. 그래서 많이 써야 한다. 자기가 능력이 있다면 주위에 좋은 일을 많이 하는 것이 결론적으로 자신을 위한 길이고 사회가 잘되는 길이다. 돈은 사회에 유익하고 내 자신에게도 도움이 돼야 한다. 그리고 돈을 벌더라도 정도, 윤리, 도덕적으로 정당한 돈을 버는 것이 중요하다.

다시 말하지만 액수에 관계없이 자신에게 주어진 돈을 가지고 삼분법을 하는 것이 위험부담을 줄이고 자산을 늘리는 가장 빠른 방법이다. 연초에 이 비율을 맞춰 놓고 균형이 깨지면 1년에 한두 번만 조정하면 된다. 물론 정확히는 할 수 없고 대충 큰 흐름에서 하되 무엇보다 비율의 룰을 지키려고 노력하는 것이 중요하다.

나도 나름대로 경제를 바라보는 눈이 있지만 때론 동물적인 감각이 필요하다. 주식에 대해서 보는 것이 아니라 전체시장이 침체이면 나한테 좋은 기회이고 과열되면 다음에 후유증이 오기 때문에 빠져나갈 궁리를 하는 식이다. 자주 움직이면 오늘 변화가 내일 어떻게 될지 모르니까 주식을 사는 것도 1년에 몇 번 안 산다.

악재가 없고 호재만 있으면 그러다가 분명히 악재가 온다는 사실을 알아야 한다. 예를 들어 9.11테러가 터진다거나 북한에서 핵폭탄 실험을 하는 등의 예측치 못한 일들이 터져 나오는 것이다.

그런 면에서 나는 세상이 조용할 때가 더 불안하다. 뭔가 조그만 사건들이 있을 때에는 그 사건들을 수습하고 신경 쓰다 보면 큰 문제가 없지만 너무 좋은 일만 있으면 긴장을 늦추게 되고 그럴 때 터진 악재를 수습하는 데는 많은 어려움이 따르기 때문이다. 호사다마라는 말처럼 좋은 일만 있는 건 아니니까 예기치 못한 일이 생길지도 모른다며 긴장하고 그것을 찾는다.

그러나 어떤 안 좋은 일이 생기게 되면 나는 반대로 걱정을 덜한다. 그리고 먼저 '돈으로 해결할 수 있느냐, 없느냐'를 따진다. 돈으로 해결할 수 있는 문제는 별 문제가 아니다. 하지만 돈으로 해결할 수 없는 문제도 있다. 교통사고가 나서 사람이 죽는다거나 재해가 나서 잘못된다거나 하는 일은 돈으로 해결할 수 있는 일이 아니지 않은가?

사람이 돈을 잃는 것은 적게 잃는 것이고, 명예를 잃는 것은 많이 잃는 것이고, 건강을 잃는 것은 전부 잃는 것이라는 말이 있다. 그것을 생각하면 돈은 그 중에서 제일 하찮은 것일 게다.

한번 잘못하면 '실수'지만, 두 번 실수는 '실패'다. 중요한 건 잘못한 자체가 아니라 그 한 번의 실수를 분석하여 다시 같은 잘못을 반복하지 않도록 하는 데 있다. 성공의 여부는 실수를 저질렀을 때 뼈아프게 잘못을 시인하고 분석한 뒤 다음에는 성공으로 연결시킬 수 있느냐에 달려있다.

31

모든 거래는 3분에서 시작된다

나는 강의 요청을 자주 받는 편이다. 그런데 강의 요청이 들어오면 반드시 한 가지 조건을 내세웠다. 그것은 잠시 동안이라도 기업은 행에 대해서 소개할 수 있도록 해달라는 것이다. 주어진 시간동안 나는 기업은행의 필요성과 역할, 그리고 왜 기업은행과 거래를 해야 하는지를 먼저 간략하게 소개한 뒤에 강의를 한다.

교회에 갈 때에도 반드시 기업은행의 뱃지가 달린 양복을 입고 간다. 그러면 나는 가만히 있어도 은행에 관심이 있는 사람이 나가와 사신이 느낀 은행에 대한 애로사항을 이야기한다. 그러면 나는 언제든지 찾아오라고 이야기를 하고 시간약속을 한다. 이런 식으로 기회만 생기면 나는 기업은행에 대해서 소개를 하려고 한다. 남들이 내게 기회를 주던 아니면 내가 굳이 기회를 만들던 아주 짧은 시간 동안이라도 기업은행에 대해서 소개하는 것이 나의 삶의 원칙이 되었다.

상대가 바쁠 때는 엘리베이터를 타고 내려가는 시간을 이용해 영업을 한다. 아무리 바쁜 사람이라도 화장실 가는 시간이나 엘리베이터 타는 시간은 있기 마련이기 때문이다. 그런 분들에게는

3분만 내달라고 부탁을 한다. 그러면 상대방은 도대체 3분 동안 무슨 얘기를 하려고 하느냐고 되묻지만 나는 자신있게 3분이면 충분하다고 대답을 한다.

예를 들어 상대방에게 몇 시에 무슨 일정이 있냐고 물어봤을 때 10시 30분에는 사무실에서 나가야 한다고 대답을 하는 경우가 있다. 그럼 나는 최소한 10시 20분에는 그 사무실의 엘리베이터 앞에서 기다렸다가 상대방을 만난다. 그래서 엘리베이터를 기다리는 시간과 엘리베이터를 타고 내려가는 짧은 시간에 상대방과 대화를 나누고 다음 약속을 잡는 것이다. 그 모든 일이 3분 안에 결정 난다. 이 정도 되면 상대방은 미안해서라도 다음 약속을 반드시 해주게 된다.

그런 식의 3분 영업은 골프장 캐디에게도 적용한다. 예를 들면, 캐디에게 슬쩍 이런 말을 던진다.

"혹시 1억짜리 요구르트를 마셔 본 적이 있어요?"

이렇게 말하면 백이면 백 전부 놀라서 내 얘기에 관심을 갖기 마련이고 굳이 주변에 사람들을 모아서 들어달라고 부탁을 하지 않아도 자연스럽게 사람들이 모여든다. 그러면 나는 어떤 회장이 나이가 80이 넘었지만 요구르트 하나 때문에 감동을 받아서 1억을 주었다는 이야기를 해준다.

그 내용은 이렇다.

어느 날 어떤 사장이 나를 찾아와 어제 골프 치다가 있었던 일이라고 하며 해준 이야기다.

80세가 넘은 회장님과 함께 라운딩을 하였는데 무더운 날씨에 골프를 하다가 힘이 들어 그늘진 나무 밑에서 잠시 쉬고 있을 때, 부탁도 하지 않았는데 도우미가 전동차를 끌고 요구르트를 가져다가 드렸더니 너무 감동을 받은 회장님은 동반자인 그 사장에게 부탁을 하여 저 친절한 도우미에게 식사를 사주고 싶다고 여러 번 말씀하셨다고 한다. 운동이 끝난 노 회장과 도우미가 식당에서 식사를 하는 중에 노 회장이 왜 도우미를 하느냐고 묻자 그 아가씨는 어머니가 병중에 있고 동생 2명에게 학비를 도와주고 있다고 했다.

도우미의 사정을 딱하게 생각한 노 회장은 아가씨의 꿈이 무엇이냐고 물었고 그 아가씨는 2-3년 동안 열심히 노력하여 의류가게를 하나 하는 것이 꿈이라고 하였다. 다시 회장은 가게를 운영하려면 얼마나 돈이 소요되냐고 묻자 그 아가씨는 막연히 7-8천만 원은 있어야 할 것이라고 말했더니 갑자기 그 노 회장이 자리에서 일어나 양복주머니에서 지갑을 꺼내어 1억짜리 수표를 주면서 이 돈으로 가게를 하라고 했다는 것이다. 동반자 세 명이 말리고 도우미도 사양하였지만 좋은 일 한번 하고 싶으니 꼭 가게를 해서 성공하라고 하여 그 날은 어쩔 수 없이 받았다고 한다. 그러나 다음 날 동반자와 함께 회장님 집으로 찾아가 돌려주려고 했는데도 한사코 좋은 일 한번 하고 싶다고 하며 돈 많이 벌어 가족들이 함께 모여 살라고 당부하더라고 한다.

　이렇게 얘기를 끝내고는 곧바로 캐디들에게 신용카드가 있는지를 묻는다. 그리고는 그들에게 'I am Green Card'에 대해서 소개를 해서 성공한 일이 많다. 그래서 그후도 나는 만나야 할 필요가 있는 분들께 3분만 시간을 달라고 부탁을 한다. 짜투리 시간이라도 좋으니 단지 3분만 내게 허락한다면 언제 어디서든 반드시 기업은행에 대해서 소개를 하고 다음 약속을 받아낼 수가 있었다.

　모든 거래의 시작은 3분에서 시작된다.
　나는 이것을 180초의 기적이라고 부른다.

만남의 중요성을 인식하라

내가 즐겨 참석하는 모임이 두 곳이 있는데 그중에 하나는 이업종 교류회이다. 이업종 교류회란 업종이 서로 다른 사람끼리 모임을 갖는 것으로 요즘은 각 점포마다 있지만 내가 노동조합 위원장을 마치고 난 직후였던 1985년도 당시에는 이업종 교류회라는 게 없었다. 그런데 영업을 하다 보니 많은 거래선을 확보하기 위해서는 업종을 달리한 사람들끼리 모여서 서로 정보를 공유하는 것이 좋겠다는 생각이 들어서 '이업종 교류회'를 만들었다. 그 당시 일본에서는 '이업종 교류회'가 활발하다는 이야기를 들었지만 그 이야기를 듣기 선에 이미 나의 영업 업무 파일이 모체가 되어 '이업종 교류회'가 탄생한 것이다.

85년도 10월 달에 노조위원장 임기를 마치고 익산 영업 지점에 대리로 갔는데 그곳에는 아는 사람이라고는 한사람도 없었다. 그럼에도도 불구하고 나는 그곳에서 아는 사람을 한 명씩 만들어 갔고 나중에 내가 그곳을 떠나 다른 곳으로 발령받아 간다 하더라도 후임자들에게 내가 어렵게 개척해서 알게 된 사람들을 넘겨주고 싶었다. 그래서 사람들과 만나서 나눈 대화 내용 등을 파일 카드로 만들어서 정리하였는데, 나중에 그것이 '섭외 기록부'라는 명칭으로 기업은행에서 제도화되기도 했다. 이런 과정을 거쳐 만들어진 모임이 바로 이업종 교류회다.

서로 다른 업종의 비슷한 나이 또래의 사람들이 모여서 서로 정보를 주고받는 이 모임의 활성화는 결국 기업은행에 대한 좋은 이미지를 그들에게 심어줄 수 있게 되었고, 많은 분들이 기업은행과 거래를 시작하게 되는 계기가 되기도 했다.

그리고 또 내가 즐겨 찾는 모임은 CBMC다.

CBMC란 'Christian Business Member Club'인데 매주 화요일 이른 아침 7시에 크리스천 사업가들이 모여서 함께 한 시간 동안 예배를 드리고 8시 반까지 식사를 하며 교제하는 모임이다.

이 CBMC는 전국적으로 모임이 이루어지는데 호남본부장을 끝마치고 경기중앙지역 본부장으로 부임을 하게 되었을 때 내가 크리스천이라는 것을 어떻게 알았는지 그 지역의 CBMC 멤버들이 찾아와 임원 세 분을 포함하여 150여명과 함께 취임예배를 나의 사무실에서 드리게 되었다.

전혀 알지도 못하는 분들이 나의 경기중앙지역 본부장으로의 취임을 축하해 주기 위해 바쁘고 빡빡한 스케줄 가운데서도 축하 예배를 드리러 와 주었다는 사실이 얼마나 고맙고 감격스러웠는지 모른다. 그것이 인연이 되어 나는 반월 시화 CBMC에 참석을 하게 되었다.

가서 보니까 꼭 교회를 다니는 사람만 모임에 나오는 것은 아니었다. 교회를 다니지 않던 사람이라도 그 모임에 꾸준히 참석해서 함께 예배를 드리다 보면 서서히 기독교에 관심을 갖고 교회로 나가게 되니 그 모임은 일종의 경영자를 대상으로 하는 전도 모임과도 같은 성격이 되었다.

나는 월요일 아침 6시30분부터 시작되는 전주 기드온 캠프와 화요일 6시30분에 시작하는 CBMC 모임에 나가는데, CBMC 모임은 영동에서 시작하여, 지금은 완산 CBMC로 나가고 있다. 이 모임들 만큼은 특별한 일이 없는 한 꼭 참석 하는 편이다. 오늘날 나를 있게 해주신 하나님께 감사하기 위해, 그리고 다른 기업인들에게도 하나님의 축복이 함께 있기를 바라는 마음으로 이 모임에 참석한다.

기억력, 영업의 영원한 비법

내가 가진 오랜 습관 중 하나는 바로 '메모'하는 습관이다. 메모가 좋아서 자주 하는 것이 아니라 하루에도 수많은 사람들을 만나고 명함을 주고받게 되는데 일일이 기억을 할 수가 없기 때문에 메모를 한다.

명함의 숫자가 너무 많아서 며칠만 지나면 이 명함속의 이름이 누군지 가물가물하다가 나중엔 내가 언제 받았는지 누구한테 받은 건지 전혀 머리에 떠오르지 않을 때도 있다. 그래서 나는 하루에도 몇 번씩 메모를 한다. 무슨 일을 하는 사람이고 무슨 대화를 나눴고 다음에 또 언제 만나기로 했는지 메모한 다음 저녁이면 그날 받은 명함을 정리하면서 이 명함의 주인이 어떤 분인가를 다시 한번 떠올리며 얼굴을 그려본다.

이렇게 사람의 이름과 얼굴을 기억하려는 노력은 가끔 놀라운 능력을 발휘할 때가 있다. 정말 오랜만에 만나는 사람인데도 나는 그 사람의 직함을 정확히 알고 인사를 한다. 상대방이 나를 전혀 기억하지 못하고서 도대체 자신을 어떻게 아느냐고 묻게 되는 경우가 있는데, 나는 그때 언제 어디서 만나 무슨 대화를 나누지 않았었냐고 자세히 이야기를 해주면 상대방은 깜짝 놀라며 나의 그런 관심을 고마워한다.

책상에 쌓인 명함이 너무 많은 날은 헷갈리는 경우도 있고 메모하는 시간이 너무 오래 걸릴 때가 많다. 그래서 구입한 것이 명함스캐너이다. 명함을 스캔해서 컴퓨터에 입력하면 알아서 정리해주는 프로그램을 사용하는데 그렇게 정리된 명함으로 연말이면 고객들에게 감사의 인사장을 보낸다. 단순히 형식적인 인사의 글만 쓰는 것이 아니라 그 인사말에도 '기업은행을 어떻게 간접적으로 소개를 할 것인가?' 그리고 '상대방에게 힘과 용기를 줄 방법은 무엇일까?'를 나름대로 고민해서 쓴 다음 보낸다.

나는 하루에 전화와 휴대폰으로 평균 30여통 이상 통화를 한다. 그 전화 통화 역시 메모를 해놓아야 한다. 누구랑 무슨 내용으로 통화를 했는지 기록을 하지 않으면 도무지 기억을 해낼 수가 없다. 그런네 문제는 회의를 한다거나 숭요한 미팅 때문에 전화를 못 받게 되는 경우이다. 회의가 끝나고 나서 휴대폰을 확인해 보면 여러 군데서 전화가 와있을 때가 많다. 그래서 요즘은 2,000명 이내에서 입력되고 있는 휴대폰을 활용해 가끔 모르는 전화번호가 남아있는 경우에도 전화를 걸어온 상대가 나에게 도움이 되는 사람이건 아니건 간에 밤 10시 이전에는 반드시 전화를 해준다.

내가 이렇게 사람에 대해서 부지런히 기억하고 또 반드시 전화를 걸어주는 이유는 관계의 중요성을 잘 알기 때문이다. 나는 살아가는 과정에서 얼마나 많이 좋은 사람과 만나 관계를 갖느냐가 그 사람의 성공을 좌우하고, 좋은 관계를 이루는 것은 삶의 중요한 부분이며 재산이라 생각한다. 그리고 사람은 누구나 다 소중하기 때문에 그 마음을 잊어버리지 않으려고 노력한다. 또 상대방이 누구든 상관하지 않고 내가 할 수 있는 데까지 최선을 다하려고 하며 항상 상대의 입장에서 생각을 해보려고 노력한다.

사실 나의 이런 메모 습관은 은행원 초창기 때부터 시작된 것이나 다름없다. 특히 대리 시절 거래처를 방문하거나 섭외하게 되면 별도로 '섭외관리 기록부'를 만들어서 이름을 적고 나누었던 대화의 내용을 간략히 적어 놓았다가 내가 다른 곳으로 발령이 나면 후임자에게 정리된 파일을 전달해 주는 것을 계속해 왔다.

이런 섭외관리기록부가 큰 역할을 한 적이 많았다. 그 중에서 94년도에 '연금저축'이라는 캠페인이 있었는데 전 직원을 대상으로 해서 실적에 따라 상을 주는 캠페인이었다. 차장, 대리, 행원 등 직급에 따라 차등을 두어서 일반 행원보다는 대리가 더 많은 실적을 그리고 차장은 대리보다 더 많은 실적을 올려야 하는 가중치를 두어 전 직원이 경쟁하도록 하였다.

나는 거기서 대상을 받았다. 물론 섭외관리기록부 덕분이었다. 고객과의 대화 내용을 메모해서 정리를 해놓고 그분을 만나기 전에 섭외관리기록부를 넘겨보면서 고객관리에 대한 철저한 준비를 했고 많은 실적을 올릴 수가 있었던 것이다. 결국 대상 수상으로 인해 나는 이듬해 1월 특별 승급을 하게 되었다.

메모를 중요하게 생각하는 것은 사람과의 관계를 소중하게 여긴다는 것과 일맥상통하며 그것은 또 일의 성과와도 직결된다. 그러나 꼭 일의 성과만을 위해서 관계를 유지하는 것은 아니다. 나로 인해서 누군가 적으나마 도움이된다면 그게 바로 사람 사는 맛 아니겠는가? 그러다 보니 항상 바쁘다. '누구 소개로 전화합니다'라는 전화가 꼬리에 꼬리를 물고 계속 온다. 나는 가까운 지점에 또는 관계되는 직원에게 친절히 연결해주고 결과를 다시 간단히 전달함으로써 계속적인 관계를 돈독히 해나간다. 그 결과 두 가지 이야기를 듣게 되었다. 하나는 "유희태와 대화를 하면 힘이 난다"였고 다른 하나는 "유희태와 손을 잡으면 기를 받는다"이다.

'유희태는 중소기업의 주치의다.'

이 말은 내 이름이 동의보감을 쓴 허준 선생님의 스승인 유의태와 이름이 비슷해서 하는 이야기이다. 유의태 선생님은 사람의 건강을 치료하는 명의라면 나는 내가 할 수 있는 능력의 한도 내에서 어려움에 빠져있는 중소기업을 도와주고 그 회사가 다시 건강한 회사로 살아날 수 있게 하는 중소기업의 주치의가 되었으면 하는 간절한 소망이 있다.

언젠가 내가 특강을 하러 가서 강의를 끝낸 후 참석한 사람들의 손을 일일이 잡고 악수를 하며 이렇게 말한 적이 있다.

"내 손을 잡으면 성공한다는 소문이 있습니다. 그리고 특히 요즘에 내가 상당히 기가 강하니 기를 드립니다."

그랬더니 전부 내 손을 잡으려고 하였다. 나는 사람들과 일일이 악수를 하는 것도 일종의 기업은행을 홍보하는 것이라고 생각한 것이다.

영업 현장에서 뛰던 시절에는 하루에 될 수 있으면 많은 사람을 만나려고 노력하였다. 용산 지점에서 근무할 때는 '하루에 50명을 만나야겠다'고 목표를 정하여 30군데 이상의 업체를 방문한 적도 있다.

고객과의 만남을 소중하게 여기고 중요한 관계로 여기는 것만큼 요즘은 함께 일을 하고 있는 직원들과의 관계를 소중하게 여기고 잘 만들어 가려고 노력을 했다. 그래서 직원들이 나에게 문자 메시지를 보내거나 이메일을 보내오면 반드시 답장을 보내줬다. 물론 받지 못한 전화도 반드시 확인해서 리콜을 해준다. 그리고 직원들하고 회의를 하거나 업무지도가 끝나면 직원들 전체에게 일일이 손에 힘을 주면서 악수를 한다. 이것은 사실 직장의 상사로서 별 것 아닐 수도 있겠지만 직원 당사자 입장에선 직장의 상사가 그리고 부행장이 손 한번 잡아주고 격려해줄 때 큰 힘이 될 수가 있기 때문이다. 그래서 회의가 끝나고 잠시 시간을 내서 모든 사람들의 손을 잡으며 반드시 악수를 해주는 것을 잊지 않는다.

　이런 악수 인사법은 영업점인 지점에 갔을 때도 절대 빠뜨리지 않는다. 영업점에 들어가면 지점장실로 곧장 직행하는 것이 아니라 창구에서 고생하고 있는 여직원에서부터 한 사람 한 사람 전부 악수를 하고 있으면 지점장이나 팀장이 나온다. 그럼 그때 지점장실로 들어가는 것이다. 굳이 이렇게 창구 직원부터 찾는 이유는 사실 은행은 창구에서 많은 거래가 이루어지고 있기 때문이다. 이들이 투철한 직업 정신과 서비스 정신으로 고객을 상대하기 때문에 은행의 이미지는 이들에 의해서 결정되어질 정도로 매우 중요한 일을 하고 있는 사람들이 바로 창구직원이다. 더군다나 나도 예전에 행원 시절을 보내는 동안 회사의 임원이나 사장님이 영업점을 찾아와 지점장실로 곧장 들어가는 것을 보고 여간 섭섭했던 게 아니었기 때문이다.

　하루에도 수없이 만나게 되는 고객을 소중하게 여기고 그들의 얼굴과 이름을 기억해주는 것이야말로 고객 중심의 은행을 만드는 것이다. 그리고 나 혼자 만이 아니라 은행직원 모두가 가슴에서 우러나오는 서비스를 하기 위해서는 역시 회사의 임원부터 내 직원을 소중하게 여기는 마음이 있어야 하는 것이다.

거절도 영업 기술이다

"그 지점장말이야, 그 사람 못쓰겠군. 내 부탁을 무조건 안 된다고 하는데 말하는 투가 예의가 없어. 그럴 수가 있는 거요?"

얼마 전 점심시간에 고객 중의 한사람인 기업 대표가 전화를 걸어왔다. 그 대표는 뭔가 기분이 잔뜩 상했는지 씩씩거리면서 투덜거렸다. 나는 우리 고객이 어쩌다가 지점장과 이렇게 감정이 상할 정도로 마음이 언짢아졌는지 궁금했고 그 전화를 받으니 나도 영 기분이 찜찜했다. 그래서 잠시 후 상담했던 지점장에게 내용을 알아보았다.

"어떻게 된 건가?"

"좀 얘기하다가 부딪혔습니다."

"어쨌든 그분은 상처를 크게 받았습니다. 안 된다고 하더라도 '앞으로 시간을 가지고 해결합시다.' 이런 식으로 얘기를 해야지. 그분은 힘들게 기업하는 사람인데 얼마나 큰 상처를 받겠습니까? 그분 입장에서 생각해봤습니까? 그 사람은 2시간이 지났는데도 분을 삭이지 못하고 있는데, 그럼 어떻게 해야 되겠습니까?"

"제가 실수한 것 같습니다. 다시 전화해서 잘 얘기해 보겠습니다.”

“그래요. 그럼 전화를 다시 해서 본의 아니게 실수했다고 하고 진지한 대화를 나눠 보세요.”

한 시간이 지난 뒤에 지점장으로부터 다시 전화가 걸려왔다

“제가 다 풀었습니다. 오해가 풀렸습니다. 걱정하지 마세요.”

내가 볼 때는 감정이 나쁘게 오고갈 일이 아닌데도 말 한마디 잘못해서 오해를 불러 일으킨 것이다. 쉽게 그리고 좋은 관계로 끝낼 수 있는 일을 긁어 부스럼을 만든 경우였다.

은행에서 일을 하다보면 때로는 상담과 도움을 요청하는 식의 부탁 전화를 많이 받게 된다. 그런데 나는 이런 식의 전화 부탁을 받는 것을 절대로 귀찮게 생각하지 않고 감사하게 생각한다. 새로운 사람을 알게 된다는 것은 바로 섭외 대상을 많이 가지게 되는 것이나. 그리고 남들이 나에게 누군가를 도와줄 수 있는 부분을 알고 부탁한다는 것은 여간 고마운 일이 아닐 수 없다. 그래서 일단 전화 부탁을 받으면 해줄 수 있는 부분이라면 신속하게 해준다. 그렇다고 해서 내가 모든 부탁을 다 해결해줄 수 있는 것이 아니기 때문에 충분히 검토해 본 다음 안 되겠다 싶으면 상대방에게 연락을 하여 어려운 사정임을 상대방이 충분히 납득할 수 있도록 분명히 얘기를 해준다.

그러면 중간에서 부탁을 하는 분이나 당사자들도 충분히 이해를 하고 오히려 나에게 더 고마움을 갖고 부담 없이 다시 부탁할

일이 있으면 연락을 한다. 부탁을 들어주지 못할 때는 부탁을 들어줄 수 있을 때보다도 먼저 전화를 해야 한다. 어차피 안 되는 것을 괜히 거절하는 대답을 하기가 힘들다고 끌어안고 있으면 부탁을 한 입장에서도 대답을 기다리느라 힘들고, 부탁을 들어줄 수 없는 입장에서도 난처하기 때문이다.

나는 그런 상황을 오래 지속시킬 필요가 없다고 생각한다. 그래서 될 수 있으면 빨리 전화를 해서 이해를 시켜준다. 말을 할 때도 "선생님의 부탁은 들어드리기가 좀 어렵습니다"보다는 "제가 볼 때 참 열심히 하고 정말 어려운 사업을 하십니다만 지금은 우리 기준에 조금 부족합니다. 조금만 더 노력해서 좀 더 나은 여건을 만들어서 상담하면 어떨까요? 그때는 더 신경 써 드리겠습니다"라고 정중히 거절한다. 이런 전화 한 통으로 관계는 부드러워진다. 언젠가는 그 사람을 다시 만날 수 있는 일이고 또 상대방도 말 한마디에 더 힘이 나서 열심히 자신에게 주어진 삶을 살 수 있다.

사람과의 관계에서 어떤 사람이 불만이 생기면 한 명에 국한되는 것이 아니라 주위 사람 14명에게 파급이 된다는 통계가 있다. 그만큼 한 사람 한 사람이 소중한 고객이기에 거절할 때는 더욱 정성과 신중을 기하여야 한다. 그래서 나는 거절할 때 최대한 조심스럽게 그리고 성의와 예의를 갖춰 거절을 한다. 그러면 상대방이 먼저 '내가 조건이 부족해서 안 되겠구나' 하고 인정을 하게 된다.

내가 이제까지 만나 본 기업인들은 정말로 몸과 마음을 다 바치고 집과 공장까지 담보로 내놓으면서 종업원들을 생각하는 그런 애국자들이었다. 이런 분들에게 존경과 대우를 해주지는 못할망정 말 한마디로 상처받게 하는 일이 없도록 세심한 배려가 있어야겠다.

우리는 더욱 겸손하고 친절해야 하며 같은 말을 해도 절대로 남에게 상처를 주는 말은 해서는 안 된다. 상대방은 아주 어렵게 부탁을 하는데 그걸 딱 잘라 안 된다고만 할 것이 아니라 여러 가지 상황을 잘 안내해주고 설명해줌으로써 자신이 아직 여건이 안 되는 것을 스스로 느끼도록 할뿐만 아니라 함께 방법을 모색해주며 그 사람 입장에 서봐야 한다는 것이다.

35

목숨은 하늘에 달려있다

"사람이 떨어진다! 막아! 막아!"

구조대 반장의 긴급한 외침이 수락산에 울려 퍼졌다. 맨 앞에서 길을 안내하고 가던 2명의 구조대원은 황급히 가던 방향을 돌려 굴러 떨어지는 내게로 몸을 던졌다.

구조대원들은 몸을 던져 나를 붙잡았고 굴러 떨어지던 나는 멈추었으나 몸을 전혀 움직일 수가 없었고 머리에선 피가 흘러나왔다. 정신이 희미해졌다. 만약 구조대원이 나를 막아 세우지 않았다면 아마 지금 나는 이 세상 사람이 아니었을지도 모르겠다.

사람이 태어나서 단 한 번도 목숨의 위협을 느낄 정도로 위험한 일을 겪어 보지 않고 산다는 것은 큰 행운이다. 그러나 워낙 위험한 요소가 많은 현대 사회 속에서 살다보면 나도 모르는 사이에 목숨이 왔다 갔다 하는 경우가 생기게 마련이다.

어제 저녁에 기분 좋게 저녁식사를 같이 하고 헤어졌는데 아침에 그 사람이 죽었다는 소식을 듣게 되는 경우가 있다. 그럴 때마다 사람 목숨은 하늘에 달려 있다는 것이 새삼 가슴에 와 닿는다.

나 역시 이제까지 살아오면서 몇 번의 죽을 고비가 있었다. 아주 까마득히 오래된 얘기지만 어렸을 적에 물에 빠져 죽을 뻔했고 또 성인이 되어서도 몇 번의 큰 사고로 죽을 뻔했던 적도 있었다. 그럴 때마다 '하나님께서 나를 살려 주셨구나' 하는 생각을 하게 되었는데 그런 생각을 하게 된 일이 얼마 전에 또 있었다.

내가 부행장이 된 뒤 얼마 후 회사의 등산모임으로 현직 직원들 40-50여명과 함께 수락산으로 등산을 간 적이 있었다. 등반 중에 때마침 태풍이 불어서 산행하기엔 상황이 좋지 않았다.

일행 중에는 본부의 오숙희 팀장이 함께 참가했는데 평소에 일을 너무나 열정적으로 하여 과로하였던 탓인지 몸의 상태가 매우 좋지 않았다. 대부분의 직원들은 뒷모습이 보이지 않을 정도로 먼 발치 앞서서 열심히 올라갔고 오 팀장은 뒤쪽으로 많이 뒤쳐져 있었는데 나는 유심히 그 직원의 상태를 보았기 때문에 여차하면 도와주기 위해 일부러 속도를 늦춰서 올라가고 있었다. 그날의 날씨는 눈보라와 비가 몰아쳐서 등산하기에는 최악의 상태였다.

결국엔 오 팀장의 발에 쥐가 나기 시작해서 꼼짝할 수가 없게 되었고 게다가 저체온증까지 와서 건강한 체격의 직원이 등에 업고 산을 올라가는 수밖에 없는 지경까지 이르게 되었다. 그 상황에선 밑으로 내려가는 것보다 차라리 200-300미터 더 올라가면 목표지점이 있기 때문에 그곳을 통과하는 것이 왔던 길을 돌아가는 것보다 쉽다는 결론에 이르자 모두들 서두르기 시작했다.

사실 우리는 저체온증이라는 것이 그렇게 위험한 줄 몰랐다. 수락산 정상에 올라갔더니 그곳엔 비닐하우스를 치고 라면 같은 것을 파는 분이 있었는데 그분이 저체온증으로 정신을 잃고 있는 여직원을 보고 당장 응급처치를 안 하면 생명까지 위험할 수 있다는 얘기를 하는 것이었다.

그분이 오 팀장을 비닐하우스 안으로 데리고 들어가서 판초로 덮어씌우고 라면을 끓이기 위해 불을 피웠던 버너 불로 몸을 녹이자 그제서야 오 팀장은 정신을 차리고 눈을 떴다. 그리고는 휴대폰으로 119 구조대에 연락했지만 워낙 날씨가 좋지 않아서 구조헬기가 뜰 수가 없고 구조대원이 뛰어 올라오겠다는 것이었다. 정말 앞이 캄캄했다. 아니 우리도 3시간이나 걸려서 겨우 올라온 정상을 도대체 언제 구조대원이 뛰어 올라온단 말인가? 그래서 우리는 언제 도착할지도 모르는 구조대원을 기다리면서 아직도 혼미한 직원의 손을 마사지해주고 버너 난로를 보강해서 체온을 올리기 위해 노력했다.

그러나 놀랍게도 정말 한 시간 반 만에 온몸이 땀에 흠뻑 젖은 채로 구조대원 7명이 뛰어 올라온 것이다. 우리는 그 순간 그들을 보면서 얼마나 고맙고 위대해 보였는지 모른다. 구조대원은 팀장의 일사 분란한 지휘 속에서 앞쪽에서 2명이 안내하고 2명이 환자를 들것에 실은 다음 양 어깨에 고정시킨 채 내려갔고 또 2명은 뒤를 따라갔다. 그렇게 조심스럽게 내려가다가 30분 정도 되면 들것을 메고 가는 사람을 교대하곤 했다. 나 역시 그들의 뒤를 따라 내려가면서 간간이 오 팀장이 의식이 있는지를 확인했다.

정말 한시가 급한 상황이었다. 119 구조대원은 역시 평소 훈련을 많이 한 덕분인지 어깨에 들것을 맨 상태에서 경사가 급한 산길을 단 한 번도 미끄러지지 않고 잘 내려갔다. 아무것도 손에 들지 않은 내가 오히려 이리 미끄러지고 저리 미끄러지고를 몇 번이나 반복했는지 모른다. 그렇게 한참 내려와서 앰블런스가 대기하고 있는 곳까지 약 20분만 더 가면 되는 상황이었다.

저만치 밑에 대기하고 있는 앰블런스를 보이는 순간 나는 '아, 이젠 살았구나' 하는 생각이 들었고 그동안 잔뜩 긴장했던 몸과 마음이 풀렸던 것 같다. 그 순간 발을 헛디뎌 10미터 아래로 굴러 떨어지고 말았다. 나는 떨어지면서 몸을 콘트롤할 수가 없어 두 손으로 머리를 감싸고 나둥그러졌다. 구조대원에 의해 간신히 구르던 몸은 멈춰졌지만 상황은 긴박했다.

"중환자 빌생, 생명 위독!"

구조대 반장은 무전을 치며 헬리콥터 출동을 요청했고 구조대원들은 내 머리를 고정시키고 출혈을 지혈시키는 등 응급조치를 취했다. 상황은 바뀌었고 급박했다. 결국 들것에 실려 누워 있던 오 팀장은 들것에서 내려 졸지에 경상자가 되어 구조대원의 부축을 받게 되었고, 나는 중환자가 되어 앰블런스에 실려 상계동 백병원으로 호송되었다.

병원의 응급실로 옮겨진 나는 전체 검사가 시작되었고 찢어진 머리를 꿰매는 작업이 이어졌다. 내 머리엔 잔뜩 붕대가 감겨지고 목에는 고정틀이 장착되었다. 나는 눈을 감고 생각에 잠겼다.

'어쩌다가 이렇게 되었지? 자연이 이렇게 무서운 것일까? 자연의 위대함에 겸손해야지.'

이런저런 생각을 하는 동안 전신 촬영이 시작되었다.

점점 머리에 심한 통증이 느껴졌다. 아직도 눈을 뜨지 못하는 상태였지만 귓가에는 여러 사람이 내 주위에 서서 주고받는 이야기가 들려왔다. 굴러 떨어지면서 충격을 받은 엉덩이가 잔뜩 부어올라서 옷을 벗길 수가 없을 정도인데도 뼈가 하나도 이상이 없는 환자는 처음이라면서 천만다행이라고 의사가 이야기했다. 나는 속으로 하나님께 감사의 기도를 드렸다.

"아 하나님, 제가 아직도 이 세상에서 할 일이 많이 남아 있는 거군요. 그래서 저를 살려 주셨죠? 감사합니다."

나는 굴러 떨어지는 순간에 나도 모르게 손으로 머리를 감쌌는데 그렇게 했기 때문에 그나마 머리가 덜 다쳤으며, 또 그런 상황이 119 구조대 눈앞에서 벌어진 것이기 때문에 곧바로 응급 대처해서 이 정도였다는 것이다.

나중에 정신을 차린 뒤에 구조대원들이 그때 당시의 상황을 설명해 주면서 이것은 어디까지나 기적이며 천운이고 하나님의 특별한 보호하심이 있는 것 같다며 너무나 큰 사고라 생명의 위험을 느끼는 찰나여서 십년 감수했다는 말을 해주었다.

토요일에 일어난 일이라 나는 병원에서 곧바로 퇴원해 월요일에 출근해서 근무를 했는데 남들에게 그런 사실을 전혀 말하지 않고 태연하게 일을 했다. 물론 엉덩이 쪽은 새까맣게 멍이 들어 걸음걸이가 몹시 불편했지만 내가 산에 가서 굴러 떨어져 다쳤다는 이야기를 굳이 알리고 싶지 않았다.

요즘은 워낙 상처 부위를 꿰매는 의료기술이 뛰어나서 그런지 상처 부분을 밴드로 덮고 머리카락으로 가리는 방법으로 하고 사무실에서 근무를 하며 통원 치료를 했다. 그 당시 아내는 미국에 있는 딸의 출산을 보살피러 가 있었기 때문에 집에서 나는 혼자 엉덩이에 찜질을 해야 했다.

내가 병원에서 응급처치를 받으며 머리를 꿰매고 있을 때 아내는 내게 전화를 걸어왔었다. 내가 침대에 누워 있어서 전화를 못 받자 아내는 계속해서 전화를 걸어왔고 휴대폰에 이상한 전화번호가 길게 뜨자 간호사가 이상한 전화가 자꾸 걸려온다며 내게 건네주었다. 내가 휴대폰을 봤을 때 금방 미국에서 걸려온 전화라는 것을 알았지만 지금 이 상황에서 전화를 받을지 말지 한참이나 망설였다.

결국 전화를 받았는데 대뜸 아내는 캐묻기부터 했다.

"혹시 당신 무슨 일 있는거 아니예요!"

나는 엉겁결에 둘러댔다.

"아냐, 무슨 일은… 아무 일 없으니 걱정하지 말아요."

그리고 서둘러 전화를 끊었다. 그랬더니 조금 있다가 다시 전화가 걸려왔다.

"조금 전 당신 목소리가 분명히 무슨 일이 있는 사람의 목소린데, 도대체 무슨 일이에요?"

아내는 자꾸만 캐묻는 것이었다. 애써 태연한 척 전화를 받았지만 부부는 이렇게 서로 텔레파시가 통하는가 보다. 그 당시엔 그렇게 대충 얼버무리고 넘겼는데 나중에 3주 정도 뒤에 한국에 돌아와서 나의 머리와 엉덩이 상태를 보더니 아내는 눈물을 흘리며 솔직히 얘기하지 않은 나를 나무랐다.

사람은 확실히 1초 앞을 내다보지 못하는 아주 나약한 존재임이 틀림없다. 내가 아무리 열정적으로 일을 하고 최선을 다하면서 살아간다 해도 바로 1초 뒤에 내게 어떤 일이 닥칠지 모르는 것이며 내일 아침 어떤 일을 당하게 될지 모른다. 그게 인간이다.

나는 그때의 일을 겪은 후 다시 한번 내 인생의 모든 계획과 운명을 주관하시는 분은 하나님이심을 깨닫고 겸허한 마음으로 감사를 드렸다. 그래서 오늘 하루 지금 이 순간에도 최선을 다하려고 노력한다. 후회하지 않는 삶을 위해서 말이다.

그리고, 오숙희 팀장은 2014년에 기업은행 강북지역 본부장으로 승진해 새롭게 열심히 삶을 발전시키고 있다.

36

고객을 홍보군으로 만들라

광주에 '명선헌'이라는 한정식 식당이 있는데 워낙 유명한 곳이라 서울이나 다른 지방에서도 많은 분들이 이곳을 찾는다. 무등관광호텔 바로 밑에 있어서 경치도 좋지만 무엇보다 이 집의 명품은 역시 김치이다. 나이도 이제 50대 전후로 밖에 보이지 않은 이 식당의 주인 최 사장은 직접 김치를 담근다고 한다. 보쌈김치를 포함해서 여러 가지의 김치로 손님의 입맛을 사로잡았는데 김치 부문에서 명장이라고 소문이 날 정도로 김치에 조예가 깊으며 아마도 광주지역에선 카드 매출로 가장 높은 순위를 차지하지 않을까 싶을 정도로 높은 매출을 올리고 있는 곳이다.

매출이 높다는 것은 손님이 많이 찾는다는 것이고 손님이 많이 찾는다는 것은 그만큼 음식 맛이 일품이라는 증거다. 그래서 나는 혹시 서울에서 오시는 손님 중 식사를 대접해야 할 때는 명선헌에서 해야겠다는 생각을 하고 있었다. 그런데 이 식당은 다른 은행과 거래를 하고 있었다. 그래서 이 명선헌의 주거래 은행을 기업은행으로 돌리도록 해야겠다는 생각을 갖고 있었다.

어느 날 광주지역 지점장들과 함께 식사하러 명선헌으로 찾아갔다.

"죄송하지만 사장님 좀 뵙자고 할 수 있을까요?"

일하는 종업원에게 사장을 불러달라고 부탁을 했다.

잠시 후 방으로 단아한 느낌의 여사장이 들어왔다.

"다름이 아니고 여기 음식이 맛있다고 해서 왔습니다."

기업은행 거래를 부탁하고 같이 모인 지점장 중에서 누가 섭외를 하면 확실히 거래를 할 수 있을지 선발경쟁이 있었다. 가장 가깝다는 금남로의 나형남 지점장이 하겠다고 하여 선정이 되었다. 적극적이고 책임감이 강한 나 지점장은 얼마 후 타 은행의 거래내역을 파악하고 좋은 상품을 구성하여 제안을 하였고 모든 거래를 기업은행으로 바꿀 수 있도록 안내하였다.

그런데 우리가 손님이 많으니 수익도 많을 것 같다고 하자 최 사장은 이렇게 손님이 많은데도 별로 이익이 없다는 이야기를 했다. 무엇인가 운영에 허점이 있지 않나 하는 생각에 나는 그 자리에서 한 가지 제의를 했다.

"자금관리를 사장님이 직접 하는 것이 어떻습니까?"

그 말은 은행관계 업무를 다른 사람에게 맡기지 말고 직접 자금관리를 하라는 것이었다. 놀랍게도 그분은 쉽게 약속했고 매주 3-4회 금남로 지점 은행에 가는 것이 즐거움이 되었다고 한다.

전에는 다른 직원에게 돈 관리를 맡겼는데 이제는 본인이 직접 통장관리를 하면서 카드매출로 자동으로 입금되어 오는 것과 매일 들어오는 현금을 입금하여 돈이 늘어나는 것을 직접 확인할 수 있었고 그 맛이 그렇게 좋더라고 했다.

그 후부터는 명선헌의 최 사장은 손님들이 장사가 잘 된다고 격려를 해주면 이런 말을 한다.

"내가 기업은행하고 거래하면서 이렇게 장사가 잘됩니다. 돈이 쌓여요. 기업은행하고 거래하면 성공합니다."

그 후, 한국은행의 안내로 금융통화위원 여섯 분이 지방기업체 실태 조사차 광주지역에 오셔서 명선헌에서 저녁식사를 하는 중에 은행이야기가 나왔던 모양이다. 그랬더니 최 사장은 다른 은행 거래하다가 기업은행으로 거래를 옮긴 후부터 장사가 잘되고 경영컨설팅도 해주어서 돈이 쌓인다고 많은 자랑을 하자 그곳에 금융통화위원으로 참석하셨던 김종창 전 행장께서 무척이나 기분이 좋아 다음 날 행사장에서 말씀을 하시며 흐뭇해하셨다.

단순히 거래선만 끌어 온다고 끝나는 것이 아니다. 고객이 우리 회사를 감사하게 느낄 수 있도록 감동의 서비스를 해주어야 하고 기업이 잘될 수 있도록 기업 입장에서 함께 생각해 보며 경영컨설팅과 같이 타 기업의 성공과 실패 사례들을 소개하여 주는 것이 매우 중요하다. 그래서 고객이 거래 은행에 자부심을 가지고 자신 있게 자랑할 수 있게 해야 한다. 고객들 덕분에 살아가는 우리는 늘 감사하는 마음을 갖고 있어야 한다.

37

금연 전도사

담배가 몸에 안 좋다는 것은 이미 누구나 다 아는 사실이다. 그렇지만 아직도 많은 사람들이 금연을 시도했다가 실패한다. 나는 금연을 위해서라면 적극적으로 앞장서는 사람이다.

금연에 대한 얘기를 하자면 안국약품의 어준선 회장 이야기를 빼놓을 수 없다. 어준선 회장은 60년대에 안국약품을 인수한 뒤 '건강의 등불, 안국약품'이라는 슬로건 아래 의약품 사업을 성공적으로 해오신 분이다. 그런 분에게도 나름대로 고민거리가 있었는데 그것은 바로 사장인 아들이 줄담배를 피우고 있고 직원들 중에 상당수가 담배를 피운다는 것이다. 그래서 생각해낸 것이 금연 포상금이었다.

당시 안국약품 직원들을 조사 해보니 담배를 피우고 있는 사람이 전 직원 320여명 중 100여명이 되었는데 담배를 끊는 사람에게는 100만 원씩의 금연 포상금을 주겠다고 약속을 한 것이다. 그것은 1억이 넘는 결코 적지 않은 돈이었다. 전 직원을 상대로 담배를 끊겠다는 각서를 모두 받았고 물론 아들에게서도 각서를 받았다. 담배를 끊는데 성공하면 100만 원씩의 포상금을 주지만 만약에 다시 담배를 피우다가 적발이 되면 150만 원씩의 벌금을 내기로 한다는 내용이었다. 그 각서를 한 부씩 복사를 해서 한 부는 회사가 보관하고 또 한 부는 돈 백만 원과 함께 각 가정으로 보냈는데 가정의 주부들은 이 각서의 내용을 보고 너무 좋아했다.

편지 내용에 가급적 이 돈으로 김치냉장고 등 생활필수품을 사라는 당부와 남편이 담배를 피우면 신고해달라는 내용을 각서에 포함시켜 가족까지 감시병이 되어 합동으로 금연 퇴치운동에 총력을 기울였던 것이다. 회사에도 담배 피운 것을 확인하는 흡연테스터기를 준비해서 수시로 직원들에게 테스트를 하게 했는데 이렇게 담배를 끊게 되니 회사주변에 늘 보이던 담배꽁초가 보이지 않고 여기저기서 피어오르던 담배연기도 사라졌다. 그리고 가장 중요한 변화는 직원들의 얼굴 색깔이 모두 바뀌었다는 것이다.

이런 식의 금연운동으로 인해 전 직원뿐만 아니라 어준선 회장의 아들 역시 금연에 성공했다고 한다. 어 회장은 기쁨에 넘쳐 "우리 아들 하나 담배 끊는데 1억 원이 들었다고 하더라도 전혀 아까운 것이 없습니다."라고 자랑했다.

구로동 지점장으로 근무할 때 일어난 안국약품의 금연 운동 당시에 안국약품을 담당하던 박종선 차장이 있었다. 그의 담배를 끊기 위하여 어 회장의 방법을 도입하여 금연식을 갖게 되었다.

"박 차장, 담배 끊지."

"끊고 싶어도 마음대로 되지 않는데요."

"좋아! 내기하지. 안국약품에서 나오는 토비콤 한 박스를 줄

테니 담배를 못 끊으면 세 박스 벌금으로 내어 놓기다.”

이렇게 전 직원들 앞에서 한 박스를 전달하고 전 직원이 감시자가 되었다. 결국 박 차장은 본인의 결단으로 드디어 담배를 끊게 되었고 나중엔 마라톤을 완주하는 마라토너가 될 정도로 현재 건강한 지점장으로 성실히 근무하고 있다.

나는 내가 담배를 안 피우니 주변 사람들의 담배 피우는 것을 너무도 안타깝게 생각하여 금연할 수 있는 분위기가 되도록 신경을 쓴다. 물론 담배를 피우는 것은 개인의 문제이겠지만 나는 이것을 개인의 권리나 자유의 관점에서 생각하기 보다는 모든 사람들의 건강과 직결된다고 생각한다. 그래서 내 주변에 있는 사람들에게는 강하게 금연할 것을 권한다.

본부장으로 있을 때 정 차장이라는 직원이 있었다. 건강문제로 영업점에서 근무가 어려워 후선업무를 본부에서 맡게 되었는데 계속 기침을 하고 건강이 안 좋은데도 담배를 끊지 못하고 있었다. 병원에서도 당장 담배를 끊지 않으면 위험하다고 했다는데도 그 직원은 담배를 못 끊었다. 결국 내가 그 직원을 불러서 개별면담을 하게 되었다. 기침을 하면 사무실이 울려 주위 동료들의 업무에 지장을 주는 것은 물론 본인도 매우 괴로운 듯했다. 나는 담배 하나 끊지 못하는 의지로 무슨 일을 하겠느냐며 노력해 보라고 했다. 그 후로 단단히 각오를 하였던지 금연을 시작하였고, 3일쯤 후부터 기침이 가라앉게 되었다.

이경준 수석부행장님 역시 내가 가장 존경하는 분이며 어려울 때 맏형님같이 상담해주시던 분인데 이분도 평소 담배를 즐겨하셨다. 내가 지점장시절에 본부장님으로 모셨는데 그분이 담배를 피우려 하시면 너무도 안타까워 담배를 감추기도 하고 방해를 많이 했었다. 그런데 언젠가 드디어 담배를 끊었다고 말씀하셨다. 집에 들어가면 가족들이 담배를 못 피우게 하고 회사에 나와서는 내가 조르니 도무지 담배 피울 공간이 없다는 것이다. 일부러 시간을 내서 담배를 피우러 밖으로 나갈 수도 없는 노릇이어서 결국 담배를 끊었다는 것이다.

나는 누가 담배 피우는 것을 보면 도저히 참지 못하고 반드시 못 피우게 한다. 담배를 피우는 직원이 새로 들어오면 조용히 불러서 "담배 끊었으면 좋겠다. 한번 노력해 봐라"하고 말하면 거의 다 끊게 된다. 심지어는 주식에 대한 이야기로 설득하기도 한다. 하루에 한 갑씩 담배를 피우는 사람들의 담뱃값은 2,500원이라고 한다. 그런데 주식 중에는 한 주에 2,500원이 안 되는 주식도 있지 않은가? 만약에 하루에 두 갑씩 피운다면 일 년이면 730주를 살 수가 있는 돈이다. 주식에서 730주면 꽤나 큰 돈이 아닌가? 그래서 나는 담배를 끊고 생활습관만 바꾸어도 그 돈을 저축하고 늘릴 수 있다고 생각한다.

아무리 생각해도 백해무익한 담배로부터 해방되기를 바라는 마음에서 나는 스스로 금연전도사가 되었다.

목사님의 애국

어느 날 안계재 제휴팀장이 나를 찾아왔다. 안 팀장은 교회를 다니는 사람이었는데 그가 하는 말이 자기 부인이 어느 부흥집회에서 장경동 목사님의 설교를 듣게 되었다는 것이다. 장경동 목사님이야 워낙 유명해 기독교 텔레비전뿐만 아니라 일반 TV 방송에도 많이 출연해서 재미있고 쉬운 말씀으로 대중의 인기를 많이 얻고 있는 분이라 나도 익히 알고 있었다. 그런데 그분이 설교 중에 우리나라의 은행에 대한 이런저런 이야기를 하게 되었는데, 우리나라 은행 중에 말로는 우리나라 은행이라고 하지만 주주 구성이 대부분 외국 지분이 훨씬 많아 국내 자본 은행이 거의 없다고 하면서 이왕 은행 거래를 할거면 농협을 거래하고 농협이 불편하면 우체국을 이용하든지 토종 은행인 모 은행을 거래하는 것이 어떠냐고 하며 설교를 하셨다는 것이다. 당연히 토종은행이라면 기업은행을 이야기할 줄 알았는데 그게 아니라 다른 은행으로 이야기하는 것을 들은 제휴팀장의 아내는 집으로 돌아와 남편에게 심각하게 이야기를 하더라는 것이다.

이런 이야기를 듣고 나는 장경동 목사님은 애국적인 입장에서 말씀을 하셨다지만 기업은행에 대하여는 잘 모르시는 것이 분명하다고 생각했다. 장 목사님은 기업은행이 중소기업을 절대적으로 지원하고 있으며 국내 토종 민족은행이라는 사실을 잘 모르고 있다는 생각이 들자 뭔가 그분에게 정확한 정보를 알려 주어야겠다는 생각에 이르렀다. 더군다나 하루에도 몇 번의 설교와 강의 일정을 소화하시는 바쁜 분이라는 사실, 그리고 여러 TV 방송에서 좋은 말씀을 많이 하시는 분이기 때문에 우리나라 은행의 현실에 대한 잘못된 정보를 바탕으로 설교를 한다면 그 파급력은 불 보듯 뻔하기 때문이다.

나는 마음이 급해졌다. 얘기를 들은 이상 가만히 있을 수는 없는 노릇이었다. 당시 기업은행이 46년의 역사를 갖고 있는데 아직도 기업은행에 대해서 모르신다면 정확한 정보를 제공해야 할 일이라고 판단하고 어떻게 설명을 드릴까를 고민하였다. 인터넷으로 자료를 보내 볼까 생각하다가 가장 빠른 방법은 직접 찾아뵙고 설명을 드리는 것이 좋겠다는 결론에 이르렀다.

우선 인터넷으로 장경동 목사님에 대하여 검색해 보았다. 대전 중문교회의 담임목사님이라는 사실을 확인한 나는 곧바로 교회에 전화를 걸어 목사님과 면담을 하고 싶다는 의사를 밝혔다. 그랬더니 역시 장 목사님은 바쁜 일정 때문에 당분간 면담약속을 잡기가 힘들겠다는 답변과 함께 스케줄 담당비서에게 연결을 해 주는 것이다. 당분간은 일정상 면담이 어렵고 시간을 협의하여 연락을 주겠다며 내용을 메모하여 전달하겠다고 한다.

하루가 급한 나로서는 쇠뿔도 단김에 뽑으려는 마음으로 언제 걸려올지 모르는 목사님의 전화를 기다리기만 할 수는 없었다. 그래서 주일이라도 대전에 내려가서 예배 끝나고 잠시 뵐 수 없 겠냐고 되묻자 역시 그것도 쉽지 않다는 대답뿐이었다. 하는 수 없이 전화를 끊고 목사님을 만날 수 있는 방법을 찾고 있을 때 목사님으로부터 전화가 걸려왔다.

"장경동 목사라고 하는데요. 저한테 연락을 하셨다면서요? 무 슨 일이시죠?"

"반갑습니다. 이렇게 귀한 분과 통화를 할 수 있게 되어서요. 다름이 아니고 목사님께서 설교하실 때 은행에 대하여 자주 말 씀을 하신다고 하셔서요."

"단골메뉴로 자주 사용하는데 무엇이 잘못되었습니까?"

"기업은행에 대하여는 잘 모르시는가 보죠?"

"기업은행은 잘 모르는데요."

"목사님께서 잠시만 시간을 내 주신다면 제가 직접 찾아뵙고 기업은행에 대해서 설명해 드리고 싶어서요."

"알겠습니다. 그럼 한번 만나지요."

며칠 후에 서울에서 2시부터 3시 30분까지 특강이 있어서 가 니까 그 이후에 잠깐 만나자는 연락이 왔다. 나는 매우 기뻤다.

드디어 약속 날, 나는 장경동 목사님을 만나기 위해 그분이 특강을 한다는 장소로 찾아가려고 준비를 하고 있는데 다시 연락이 왔다. 특강하는 장소가 기업은행 본점과 그다지 먼 곳이 아니고 다음 가는 곳이 은행을 지나가게 되어 있어 들르시겠다는 것이다.

3시 40분경 드디어 장 목사님이 내 사무실을 방문하였다. 장 목사님과 차를 마시는 동안 나는 준비했던 자료를 보여주며 기업은행의 일반현황과 중소기업지원현황 그리고 은행소유에 대한 주식현황 등에 대해서 자세히 설명을 했다. 그러자 장 목사님은 가방에서 수첩을 꺼내 메모까지 하면서 깊은 관심을 보이셨다. 그리고 그동안 기업은행에 대해서 너무 몰랐다며 호탕하게 웃으면서 앞으로 이 자료를 참고하시겠다고 하셨다. 또한 나는 카드사업을 담당하고 있다며 VIP 카드(다이아몬드카드)도 권유하였더니 쾌히 신청을 해주셨다.

역시 큰 분은 뭐가 달라도 달랐다. 텔레비전에서만 뵙던 장 목사님은 역시 언제 봐도 기분 좋은 웃음을 보이시는 분이었다. 그리고는 기업은행과의 거래를 적극 검토해 보겠다고 말씀하셨다. 나는 목사님께 감사의 인사를 드렸고 장 목사님은 내 손을 꼭 잡았다.

나는 본부에 있는 신우회 회원들에게 전화를 걸었다.

"여보세요? 시간이 있으면 빨리 내방으로 오세요. 아주 귀한 분이 오셨습니다."

그러자 잠시 후 몇 명의 신우회 회원들이 들어왔고 그들은 장 목사님을 보더니 반가워서 소리를 지르기 시작했다.

"뵙게 되어 영광입니다."

"반갑습니다!"

우리는 준비한 디지털 카메라로 장 목사님과 함께 웃으며 기념사진을 찍었다. 며칠 뒤부터 나는 장 목사님의 설교를 텔레비전을 통해서 자주 들을 수 있게 되었다. 농협과 기업은행에 대하여 소개하는 방송을 말이다.

"토종은행이 있다는 것을 아세요? 조금만 관심을 가지면 애국은 쉽습니다."

이후 이것이 계기가 되어 장경동 목사님과 꾸준히 교제를 하게 되었고, 애국을 외치시는 목사님을 회장으로 모시고 2012년 12월에 '미래를 사랑하는 모임'을 만들었다. 나라의 미래를 생각하고, 더 아름다운 나라의 미래를 만들기를 소망하는 리더들의 모임으로 서로의 결속과 사회의 아름다움을 만들어가는 시작단계로 아주 활발히 활동하고 있다.

인생을 재테크 하라!

어느 할머니와…

39

입양, 인생 이모작

"어? 저 아이는 얼마 전에도 방송에 나오더니 아직도 입양이 안 되었나 보네? 여보, 저 아이 우리가 데려다 키울까?"

아내가 어느 날 입양 얘기를 꺼냈다. 아내는 사회복지과를 졸업하고 신학까지 공부한 사람이다 보니 다른 사람보다는 노인복지나 입양에 대해서 많은 부분들을 생각하며 접하고 있었기 때문에 아내의 입양에 대한 이야기는 그다지 어색한 일이 아니었다. 그런데 그날은 아내의 표정이 좀 진지했다.

처음엔 잘 알고 있는 아파트 관리하시는 분이 신생아를 입양했는데 그다지 형편이 여유로운 분이 아님에도 불구하고 입양했다는 사실이 무척 놀라웠다고 하며 우리는 그렇게 하지 못하니 분유 값이라도 도와주는 게 어떻겠냐는 것이었다. 그거야 뭐 특별히 어려운 일이 아니니까 분유 값 정도야 얼마든지 도와줄 수 있는 일이라 그렇게 하라고 대답을 했는데 마침 그런 이야기를 거실에 앉아서 주고받고 있을 때 텔레비전에서 '박산'이라는 어린아이가 소개되고 있었다. 그 아이를 입양해 달라는 일종의 캠페인성 광고 방송이었는데 방송을 보면서 아내가 그 아이를 데려다 키우는 것이 어떻겠느냐고 슬쩍 애기를 꺼냈다.

그 순간 나는 속으로는 깜짝 놀랐지만 겉으로는 아무런 반응을 보이지 않았다. 괜히 그럴 때 잘못 대답하면 얘기가 구체적이고 본격적으로 진행될지도 모른다고 생각했기 때문이다. 나는 원래 입양에 대해서 크게 관심을 갖고 있지는 않았다. 입양이라는 말을 들을 때마다 나와 직접적으로 관련이 있는 일이라고 생각해본 적이 없었다. 만약에 혹시 누가 입양관련 기관에서 도움의 손길을 원한다면 크게 거부감 갖지 않고 도와 주겠다고 생각할 뿐이었다. 그런데 아내는 입양이야기를 그때 이후로도 몇 번에 걸쳐서 슬쩍슬쩍 꺼냈다. 한 번도 아니고 여러 번 얘기를 꺼내길래 뭔가 대답하지 않으면 자기를 무시하는 것으로 기분 나빠할 것 같아 나는 그냥 '알았어, 좀 더 생각해 보자'라는 말로 대충 얼버무렸다.

그러나 아내는 방송 도중 자막에 나오는 연락처를 보고 전화를 했는데 홀트아동복지라고 안내를 했다며 더 적극적인 자세로 이야기를 했다. 그러면서 홀트아동복지와 그 사내아이에 대하여 상담을 하던 중 그 아이에 관하여 자세한 내용을 알게 되었고 입양을 통해 사랑으로 키우는 것이 아이에게 얼마나 중요한지 그리고 사회에 가장 큰 일이라는 등 많은 대화를 나누게 되었다고 했다

결국 나와 아내는 박산이보다 더욱 불쌍한 아이를 한 명 데려와 자식으로 양육해 보겠다는 생각을 하게 되었고 그 문제에 대해서 새벽마다 교회에 나가서 기도를 시작했다. 어떠한 선택이 나중에 후회 없는 삶이 될까 하는 마음으로 입양에 대하여 나와 아내는 자주 화제 삼아 의견을 나누게 되었다.

아내는 다른 무엇보다도 예수님께서 '네 이웃을 내 몸과 같이 사랑하라'고 했지만 현실적으로 그러지 못할망정 버려진 아이를 우리 자식과 같이 키운다면 조금이나마 사랑의 실천이 되지 않겠느냐고 이야기를 했다. 물론 나 역시 아내의 그런 생각엔 전적으로 반대를 하지는 않았다. 그러나 그것은 현실적으로 볼 때 문제가 만만치 않았다. 우선 입양이 이루어진다면 내 나이가 만 54세인데 25년 후면 79세가 되고 아이들이 결혼하여 자립할 수 있을 때까지 돌보려면 쉽지 않은 문제임이 틀림없었다.

그래도 나는 일단 입양에 대하여 좀 더 자세하게 알아보기로 하고 주변 사람들의 의견을 많이 경청하였으나 찬성보다는 말리는 쪽이 더 많았다. 나의 일곱 형제들에게 의견을 물었더니 좋은 일은 좋은데 지금까지 아이들 키우느라 고생했는데 이제 좀 편히 살지 또 시작하려느냐는 등 반대가 많았다. 특히 나이가 70이 넘으신 누님도 반대하시며 이렇게 말씀하셨다.

"아서라, 애 키우는 것이 얼마나 어려운데 이제 다시 시작하겠다는 것이야. 그런 마음이 있으면 후원하면 되지."

아내는 주변에서 찬성보다 반대가 많은 것을 알게 되었음에도 자신의 뜻을 굽히려 하지 않았다.

"우리가 우리 아이들을 낳을 때 형제들과 상의해서 한 것 아니잖아요? 버려진 아이들에 대하여 누가 얼마나 알겠어요. 좀 더 알아보고 남의 이야기보다는 우리 부부가 스스로 결정했으면 해

요. 그리고 이미 입양한 사람들의 말을 들으니 주위의 반대 때문
에 더 힘들었다는 이야기를 들었어요."

그건 아내의 말이 백번 맞다. 그러면 우선 홀트아동복지에 가
서 직접 상담하면서 알아보는 것이 낫겠다고 생각하고 시간을 정
하여 방문하기로 하였다. 아내는 나의 적극적인 반응에 기분이
좋았는지 다음날 당장 약속을 잡아 함께 가자고 이야기를 했다.
그러나 나는 속으로 여전히 고민이 많았다. 말이 상담이지 당장
내일 아내와 함께 홀트아동복지에 갔다가 덜컥 아이들을 데리고
오면 어쩌나 하는 걱정이 밀려왔다. 인터넷으로 입양에 관한 정
보를 찾아보고 서적이나 사이트를 들여다보면서 내가 너무도 모
르는 세계가 있었구나 하는 것을 깨닫게 되었다.

저녁에 퇴근하여 집에 오니 아침 출근 때 그렇게 좋아하던 아
내의 모습은 안 보이고 실망스런 표정으로 기운이 없어 보였다.
내일 찾아가겠노라고 약속을 하기 위해 홀트아동복지에 전화를
했더니 '박산'이라는 그 사내아이는 일주일 전에 다른 사람이
입양하여 데려갔다는 것이다

"그러면 다른 아이를 상담하면 되지 무엇이 걱정이야. 더구나
박산이는 우리가 텔레비전에서만 본거지 실물도 보지 않았는데
우리하고는 인연이 되지 않는구면."

"쌍둥이가 있다는데 그 아이들을 입양하면 안 될까요?"

"뭐라고? 지금 무슨 말을 하는 거야. 당신 정신 있어? 지금 한 명

의 입양문제도 결정 못해서 상담이나 해보자고 하는 것이잖아."

아내는 잠시 말이 없더니 한참 후에 자세한 이야기를 했다. 홀트아동복지에 알아보니 현재 4년 7개월이 된 여자 쌍둥이가 있는데 입양이 되지 않아 얼마 안 있으면 나이가 차서 영아원에서 고아원으로 갈 수밖에 없다는 것이다. 아이가 입양이 되지 못하고 고아원에 보내질 때 아이를 키우던 영아원뿐만 아니라 보모가 가장 괴로워한다면서 좋은 일 하려고 이왕 마음 먹은 거 두 배로 좋은 일을 하면 어떻겠느냐며 설득을 하더라는 것이다. 그리고 그 아이들에게는 부모의 사랑이 다른 무엇보다 절실하다는 것이다. 또한 각자 떼어서 입양한다는 것은 세상에 태어나자마자 친부모에게 버림받은 이 아이들에게 너무나 가혹하다는 것이었다.

나는 아내의 이야기를 듣고 그 아이들이 4년 7개월 동안 양부모를 왜 못 만났을지를 생각했다. 한 아이 입양도 쉽지 않은데 쌍둥이다보니 어려웠겠다는 생각에 이르자 또한 아이들이 장애가 있는 것은 아닌지, 몸은 건강한 아이인지, 부모들이 왜 버렸을지 등 많은 것이 궁금해졌고 자꾸 기도 속에서 우리를 데려가 달라고 하는 것 같은 마음이 들어 편치가 않았다.

우리 부부는 매일 함께 김장환 목사님이 해마다 쓰신 「경건 생활 365일」(나침반출판사 발행)을 하루에 한 페이지를 읽고 5분 정도 기도하고 하루를 시작하는데 마침 그날 그 책의 내용 중에

'메다스다스'라는 병에 대한 내용이 적혀 있었다.

전쟁고아나 고아원, 영아원에서 집단생활을 하는 아이들 중에는 아무 병도 없는데도 시름시름 아프다가 죽어간다는 것이다. 아무리 조사를 해보아도 원인을 발견치 못하다가 '사랑 결핍증'이라는 사실을 발견했다고 한다. 부모의 사랑을 받고 자라는 것이 얼마나 소중한가를 다시 한번 확인하는 내용이었다. 그래서 상담약속이 잡혔다니 일단 찾아가서 얘기나 들어보고 결정하자는 생각에 나와 아내는 영아원이라는 곳을 찾아가게 되었다. 그런데 서울에서 상담을 하는 줄 알았더니 상담소가 전국에 13군데 있지만 수용되어 있는 영아원은 지방 한 곳에 있다고 했다. 나와 아내는 차를 타고 가면서 많은 이야기를 나눌 수 있었는데 그때 아내는 아기를 키우는 데는 여자가 할 일이 많으니 입양 결정이 이루어지면 본인은 기꺼이 감내하겠노라 얘기를 했다.

드디어 영아원에 도착하여 자동차를 주차장에 세우고 원장실로 들어가는데 갑자기 복도로 아이들이 우르르 몰려나와 아내에게 달려들어 "엄마, 아빠"하며 "이번에는 나 데리고 갈 기예요? 친구 데리고 갈 거예요?"하면서 매달리고 손을 잡고 늘어졌다. 깜짝 놀란 우리 부부는 아이들 사이를 지나 원장실에 들어갔다.

"저 아이들이 우리를 처음 보았는데 어떻게 저렇게 매달리면서 엄마 아빠라고 부르는 건가요?"

우리를 맞이한 원장은 이곳에선 이 아이들에게 말 잘 들으면 나중에 엄마 아빠가 데리러 올 거라고 교육을 시켰기 때문에 누구든지 낯선 사람만 들어오면 자기들의 엄마 아빠인 줄 알고 저렇게 달려온다는 설명을 해주었다. 나와 아내는 그동안 전혀 경험해 보지 못한 또 다른 세상을 대하는 것 같았다.

원장과 상담실에 마주앉아 긴장된 채로 내가 명함을 건네 드렸다. 그랬더니 원장이 내 명함을 잠시 보고는 이렇게 말했다.

"입양이 어려우시겠네요. 은행의 본부장이시면 상당히 잘 사실 것 같은데, 여기 벽에 걸린 사진들을 보면 대부분 어려운 분들과 목사님 가정이 주로 입양하는데 잘 사시는 분들은 입양하는 경우가 매우 드물거든요. 본부장이면 지점장보다 위 아닙니까?"

"아이를 키우는데 그게 무슨 상관입니까? 오히려 사랑을 베푸는 데는 여유 있는 사람이 더 앞장서야 하는 것 아닌가요?"

"그거야 그렇지만…."

나의 그런 태도가 맘에 들었는지 그제서야 원장은 입양에 대한 이런저런 이야기를 자세하게 해주셨다. 입양의 어려움과 보람, 또한 가정이라는 울타리 안에서 부모의 사랑으로 자라지 않으면 아이들은 성장하면서 문제아가 될 수 있다고 하였다. 하지만 여기 있는 아이들이 좋은 가정으로 들어가 좋은 부모 밑에서 성장을 한다면 사회의 좋은 일꾼이 될 것이라고 했다.

그러면서 이곳에 현재 쌍둥이가 하나 있는데 이 아이들을 돌보는 보모가 4년 7개월을 한 가정으로 입양되게 해달라고 간절

히 기도하고 있다는 이야기를 하면서 만일 이 쌍둥이를 한 달 동
안 키우시다가 아이들이 적응을 못하거나 양부모님께서 도저히
감당할 수 없다고 하면 다시 영아원으로 데리고 올 테니 한 달만
봉사한다는 생각으로 보살펴 달라는 것이다.

"아이들 관련 자료를 보여줄 수 있습니까?"

나는 아이들에게 관한 자세한 내막을 알고 싶었다.

원장이 자료를 가지고 오도록 연락하자 행정실 직원이 서류를
가져와 보여 주는데 서류상에는 아이들의 아버지는 없고 어머니
이름만 적혀 있을 뿐이었다. 그리고 아이들 란에는 주민등록번호
도 없이 이름만 기재되어 있었고 출생한지 6일 만에 영아원에 오
게 되었다고 한다.

"왜 아이들이 주민등록번호가 없죠?"

"아직 호적을 만들지 못했습니다. 어떻게 하실래요? 아이들을
데려와도 될까요? 만나 보실래요? 여기까지 오셨는데?"

"그러죠, 뭐."

직원이 아이들을 데리러 간 사이에 나는 '제발 건강한 아이였
으면… 이목구비가 뚜렷했으면….' 하는 기도가 저절로 나왔다.

한참 후에 보모의 양손에 이끌려 온 쌍둥이 중 한 아이는 건
강하게 보였지만 울고 있었고, 한 아이는 옆으로 지긋이 넘어지
면서 들어오는 자세가 반듯하지 못했으며 얼굴이 누렇고 한쪽
머리 밑 부분에 희끗희끗 흰 머리가 보이는 등 약하고 병색이 있
어 보였다. 그래도 아이들은 나름대로 귀엽게 생긴 것 같았다.

쌍둥이를 데리고 온 보모는 우리 부부에게 거듭 부탁을 하면서 눈시울을 붉히며 정중히 인사를 하는 것이다.

"제가 두 아이들이 한 가정에 입양되게 해달라고 날마다 기도하였습니다. 선생님, 우리 두 아이 중 하나만 데리고 가지 말고 함께 데리고 가시길 부탁드립니다."

우리 부부는 왼쪽과 오른쪽에 각각 두 아이 손을 잡고 원장과 함께 대화를 나누었는데 내가 대화를 나누면서도 슬쩍슬쩍 곁눈질로 아이들을 쳐다보니 그새 울던 아이는 눈물을 그치고 우리의 눈치를 보고 있었다. 원장도 아이들에 대하여 이야기를 진지하게 하며 우리와 마찬가지로 아이들 눈치를 보는 것 같았다.

30여 분에 걸친 대화를 마치고 원장이 이렇게 말했다.

"우리 아이들과 한 달 동안 함께 생활하면서 지켜보시고 결정하시지요. 얘들아, 너희들 엄마 아빠 오셨다."

그러자 아이들은 고사리 같은 두 손으로 내 손을 꼭 잡고 놓지 않았다. 아이들의 그런 행동은 마치 오랫동안 기다려 왔던 부모를 이제야 만난 것 같은 행동이었다. 이러한 과정이 여러 번 있었지만 아이들이 쌍둥이였던 탓에 입양에 성공하지 못한 원장으로서는 다시 한번 우리 부부에게 기대를 걸으셨던 것 같다.

나는 그 아이들의 눈을 쳐다보았다. 아이들도 역시 물끄러미 나를 바라보았다. 아무 할 말이 없어 한참 생각하다가 "너희들 우리 집에 갈래?"하였더니 쌍둥이들은 너무도 똑똑하게 "엄마, 아빠 만났으니 갈래요"하는 것이었다.

나는 단지 상담을 하러 온 것뿐인데 이렇게까지 이야기가 진전이 되어 어떻게 해야 할지 망설이지 않을 수 없었다. 그런 내 마음을 읽은 것일까? 쌍둥이는 더욱 더 내 손을 꼭 잡고 놓을 생각을 하지 않았다.

'이럴 때 어떻게 해야 하는 것인가? 한 달 동안 생활하다가 결정하면 된다니까 데리고 갈까?'

주저하고 있을 때 원장이 약간은 재촉하듯 말했다.

"여기 명함에 연락처가 있으니 지금 바로 데리고 가시지요."

다른 절차도 필요 없이 우선 한 달간 지내보라며 그 안에라도 연락할 사항이 있으면 전화로 상의를 하자는 것이었다.

"알겠습니다. 이 아이들을 데려가도록 하죠. 하지만 제가 한 달 안에 적응을 못하면 다시 데려오겠습니다."

"고맙습니다. 어쨌든 한 달만 함께 지내 보세요."

원장과 그런 약속을 하긴 했지만, 사실 한 달이라는 기간은 내게 가벼운 마음으로 아이들과 함께 생활해보다가 나중에 이게 아니다 싶으면 다시 데려오겠다는 일종의 이중장치나 다름없었다. 이렇게 쌍둥이가 우리 집으로 오게 되었다.

40

유지수, 유지현

아이들을 막상 데려오고 보니 생각했던 것과 현실의 차이는 역시 컸다. 입양이란 단어와 생각은 참으로 아름답고 고결했지만 막상 시작해보니 부딪히는 문제들이 복잡했다. 우선 쌍둥이 중에 언니가 밤마다 오줌을 싸는 것이었다. 아침에 문을 열면 방안에 냄새가 진동할 정도로 침대가 마를 날이 없었다. 아무리 조심을 시켜도 밤마다 실례를 하여 영아원에 알아보았더니 5시 이후에는 물을 먹이지 않을 정도로 조심을 시켜도 저녁에 오줌을 싼다는 것이다. 그래서 밤 11시에 한번 오줌을 싸도록 깨워야 했다고 한다. 그러면 데려올 때 그러한 사항을 알려 주어야 할 게 아니냐고 했더니 그런 이야기를 다 하면 데리고 가겠느냐며 나이가 더 들면 좋아질 테니 방법을 잘 찾았으면 한다는 것이다.

밤마다 오줌을 쌌으니 어린 아이지만 자신도 스스로 심한 스트레스를 받았을 것이 분명했다. 아침마다 침대시트를 걷어내고 아이들 옷을 벗겨내서 빨래를 해야 했고, 오줌이 마려우면 일어나서 화장실에 가라고 타이르기도 하였지만 아무런 소용이 없었다. 단 하루도 거르지 않고 밤이면 오줌을 싸니 아이들 방을 열면 온통 퀴퀴한 냄새가 사라질 날이 없었다.

아내는 한 명은 몰라도 오줌 싸는 저 애는 도저히 못 키우겠다고 하며 고민에 빠지게 되었다. 또한 언니가 오줌을 싸니 쌍둥이 둘이 싸우다가도 동생이 불리하면 언니에게 '오줌싸개'라고 놀리면 언니는 더욱 기가 죽는 것이었다.

보통 문제가 아니다 싶었지만 그렇다고 이제 와서 아이들을 어떻게 돌려보낼 수 있단 말인가? 한 달의 유예기간이라는 건 사실 아무런 의미가 없다는 것을 원장도 이미 알고 있었는가 보다. 그리고 아이가 몸이 약하고 오줌을 싼다는 이유로 다시 그곳으로 데려간다는 것도 마음이 편치를 못했다. 아이를 키우겠다면서 이 정도의 일로 두 손을 든다는 것도 도저히 아이에게 할 짓이 아니라는 생각이 들었다.

결국 우리 부부는 이 아이의 오줌 싸는 병을 고쳐보자는 생각을 했다. 또한 무슨 이유 때문에 이 어린 아이의 머리에 흰 머리카락이 생기게 되었는지 그 원인을 찾아보기로 했다.

2개월 가까이 시간이 지났다. 아내는 아이들을 찬양 율동으로 봉사하는 곳에 데리고 다니기도 하며 율동을 가르쳐 주었는데 제법 잘 따라하곤 했다. 그리고 점차 정서적으로 안정이 되는 것 같고 정이 들자 우리가 키우기로 완전히 결정을 하고 영아원에 연락을 했다. 정말 잘한 선택이라고 고마워하며 실태조사차 실무 담당 선생이 우리 집을 방문하게 되었다.

나는 이 아이들을 내 호적에 올리겠으니 입양수속 절차를 밟자고 얘기했더니 그쪽에서 하는 말이 나를 어이없게 만들었다. 정식으로 입양절차를 밟으려면 복잡한 법적 문제도 많이 있고 시간도 많이 지연되니까 자가분만으로 처리하면 일정액의 과태료만 지급하면 된다는 것으로 유도를 했다. 나는 황당하지 않을 수 없었다. 우리가 낳지 않은 아이들을 낳은 걸로 해달라는 것이 아닌가? 내 신분에 아이들이 여섯 살이 될 때까지 출생신고를 하지 않았다는 것이 말이나 되는가?

"왜 그래야 하죠? 내가 낳은 아이들이 아닌데 직접 낳은 것처럼 꾸며야 한다는 말입니까? 당신들은 분명히 입양을 해달라고 해놓고는 이제 와서 우리한테 그런 짐까지 지워줘서야 되겠습니까?"

그랬더니 나름대로 곤란한 사정을 얘기해 주었다. 이 아이들을 영아원에서 정식으로 입양 절차를 거쳐 내 호적으로 옮기려면 아이들 아버지가 없기 때문에 친어머니의 친권자 포기 각서를 받아야 하는데, 아이를 낳자마자 영아원에 맡긴 이 아이들의 친어머니가 지금 어디서 무엇을 하고 있는지 연락이 되지 않는다는 것이다.

또 설사 연락이 된다 하더라도 친어머니는 아이를 자신의 호적에 일단 올린 다음 친권자 포기 절차를 거쳐야 하는데 친어머니가 시집을 가서 가정을 가지고 있다면 일이 복잡해질 것이라며 그러지 말고 영아원에서 보증을 입보할 테니 자가분만으로 하여 벌금을 조금만 내고 간단히 처리하자고 하는 것이었다. 그러면서 현재 입양을 하는 분들 중에 많은 분들이 정상적으로 법원의 판결을 받아서 한 경우는 그다지 많지가 않다는 것이다.

불쌍한 아이들을 잘 양육하여 사회에 좋은 일꾼이 되게 하고 잘 성장한 우리 아이들이 키워준 은혜에 보답하기 위하여 이 사회에 좋은 일을 많이 하였으면 하는 기대로 입양하려는 것인데, 참으로 답답한 노릇이 아닐 수 없었다. 좋은 일 한번 해보겠다는 출발이 생각지도 않았던 문제에 부딪친 것이다. 어느 정도 이해는 되지만 나로서는 도저히 받아들일 수 없었다.

그래서 홀트아동복지와 관련된 사람과 주위에 입양한 사람에게 이 문제에 대해 알아보았더니 영아원에서 설명하는 것과 비슷하였다. 또한 대부분 수속을 진행하다가 어쩔 수 없이 자가분만 절차로 간단히 마무리하였고 아이들 학교 문제도 있으니 간단히 호적신고를 늦게 하였다고 하고 보증인을 입보하여 벌금을 내고 처리하는 것이 일반적이란다.

나의 명함집을 찾아보니 국회의원 명단 중에 보건복지부 관련 상임위 명함이 여러 명 있어 전화를 했다. 마침 김춘진 의원께 연락해서 만나 입양에 대하여 또한 공개 입양의 필요성과 행정의 간소화에 대한 문제점을 말씀드리자 메모를 하시면서 그 내용에 대하여 가지고 있는 자료로 설명을 해주셨다.

문제점에 대하여서는 이미 자세히 알고 있으며 시간이 걸려서 그렇지 개선이 될 것이라면서 주위에서 좋은 일 하겠다는 잘 아시는 분도 어쩔 수 없이 자가분만 절차로 입양을 하게 되었다고 하며 입양을 악용하는 경우도 있기 때문에 제도를 바꾸는 데에는 매우 신중해야 한다는 상세한 설명을 듣고 보니 이해가 되었다.

나는 결국 그렇다면 한번 절차를 차근차근 진행해 보자는 생각을 갖게 되었다. 물론 영아원에서도 여러 가지로 수고를 하였지만 호적서류 문제로 부딪치는 일이 많았다. 서류를 준비해서 관계기관에 보내면 반려되고 또 반려되고 그러다가 결국엔 반년 가까이 지나도록 해결될 기미가 도무지 보이질 않았다.

나는 결국 다시 영아원에 전화를 걸었다.

"이런 상태로는 더 이상 일을 진행시킬 수가 없습니다. 절차가 너무나 까다로워 진행시키기가 어렵습니다. 입양 전문기관에서 어떻게 해결을 해줘야 하지 않습니까?"

내가 아이들을 데리고 다시 영아원으로 내려가겠다고 하였더니 행정을 담당하는 선생은 "조금만 더 기다려 주세요. 우리 영아원 원장님이 직접 나서서 오늘도 법원에 갔습니다"라며 애원했다.

결국 쌍둥이는 우리 집에 온지 6개월이 지나서야 판결을 받아 호적을 만들고 주민등록을 만들 수 있었다. 물론 성은 아직도 다르지만 이제야 비로소 두 아이들이 나의 호적에 올라 정식으로 딸이 된 것이다.

정말로 지루하고 긴 시간이었다. 그런데 그것으로 끝이 아니었다. 아이들의 이름을 개명해야 하는 문제가 남아있었던 것이다. 물론 아이들은 서류상에는 정리되지 않았지만 영아원에서 쓰던 이름을 부르지 않았고 새 이름으로 불렀다. 나는 이 쌍둥이의 이름을 지수와 지현이라고 했다. 아내가 아이들의 소식을 듣고 데려오기도 전에 지어놓았던 이름이다. 내 딸의 이름이 지혜니까 돌림을 따서 지수와 지현이라는 예쁜 이름에 우리 부부가 합의를 한 터였다.

호적이 만들어진 뒤부터 동사무소, 구청에서는 서로 연락을 하면서 어떻게든 빨리 처리하여 주려고 애쓰고 있었다. 그리고 바쁘실 텐데 필요하면 전화로 연락하라고 하며 좋은 일 하신다면서 자기 일같이 처리해줄 때 고맙기도 하고 힘도 솟았다.

다시 법원에 가서 개명 절차를 모두 거치는데 또 시간이 걸려 결국엔 지수와 지현이가 우리 집에 온 지 거의 10개월이 지나서야 내 호적에 올라오게 되었다.

이제 아이들 이름이 정해졌다. 이 아이들은 단순히 지수, 지현이가 아닌 유지수와 유지현이 된 것이다.

41

꿈을 갖게 된 아이들

지수의 오줌 싸는 버릇은 시간이 지나도 고쳐질 기미가 보이지 않았다. 하루는 아내가 아이들 문제로 기도하던 중에 문득 아이디어가 떠올랐다고 한다.

'새벽예배, 바로 이것이 아이들의 문제를 해결하는 열쇠다.'

결국 우리 부부는 역할분담을 했다. 밤 8시에 아이들을 재운 뒤 11시에 내가 아이들을 깨워 오줌을 싸게 한 다음, 새벽 4시 30분에 모두 깨워서 새벽예배를 함께 가기로 했다. 아이들이 주로 새벽에 오줌을 싸기 때문에 아이들이 오줌 싸기 전에 미리 깨워서 오줌을 누게 하고 새벽 예배를 드리러 가는 것이다.

새벽에 일어나는 것이 힘들 텐데 용케도 지수와 지현이는 새벽에 일어나 우리와 함께 교회에 가는 것을 재미있어 하고 즐거워했다. 꽥꽥 오리소리를 내는 알람시계 소리를 듣고 아이들이 우습다고 잘 일어난다. 또한 지수는 자신이 밤사이에 오줌을 싸지 않은 것이 너무도 신기한 모양이었다. 안 그래도 오줌 싸는 문제 때문에 그동안 유치원에 가서도 기가 죽어 있었는데 이제는 오줌을 가리게 되었으니 유치원 생활도 잘 적응하는 것 같다. 될 수 있으면 낮에 물을 마시게 하는데 어떨 때는 "저녁에 물 한 컵 더 먹으면 안 돼요?" 한다.

매사에 자신감이 생기는 것 같고 운동장에 가서 달리기를 하면 운동장을 다섯 바퀴까지 완주할 정도가 되었다. 점점 건강이 회복되어지고 나만 보면 "아빠, 운동장 가요. 오늘은 여섯 바퀴 돌아요"라고 조르기도 한다.

그러면서 또 하나의 큰 변화가 있었다. 지수가 어느 날 흰머리가 없어졌다며 자랑을 한다.

"아빠, 제 머리에 하얀 것이 어디로 갔어요."

자세히 보니 희끗희끗하던 흰머리가 1년 만에 어느 순간엔가 없어진 것이다. 그동안 오줌 싸는 문제 때문에 늘 스트레스를 받다가 자신감이 생기면서 밥도 잘 먹고 물도 많이 마실 수 있게 되었으니 아마도 몸이 나름대로 정상적인 컨디션을 되찾으면서 흰머리가 사라진 것 같다.

특히 지수는 우리 집의 분위기 메이커로 자리를 잡았다. 우리 집으로 올 때 지수와 지현이한테 들은 이야기가 생각이 난다.

"넌 이담에 커서 뭐가 되고 싶니?"

내가 이렇게 물었더니 지수가 대답을 했다.

"난 이담에 커서 아줌마가 될 거예요."

그런데 요즘은 지수에게 뭐가 되고 싶냐고 물어보면 "난 이담에 커서 목사님이 될 거예요"라고 말한다. 그리고 지현이는 "난 이담에 커서 의학박사님이 될 거예요"라고 말한다. 이것이 바로 가정교육이며 가정환경이 아닐까?

매일 새벽마다 예배를 드리러 아파트단지 안에 있는 교회를 간다. 어린 아이들이 매일 새벽 예배에 나오니 어른들이 도전을 받아서 그런지 가끔 나오던 어른들이 예배에 빠지지 않고 참석해 교회가 꽉 찰 정도가 되었다. 그렇게 성도들이 새벽예배에 많이 참석하게 되니 가장 좋아하는 분은 목사님이시다. 목사님이 문앞에서 우리 아이들을 반갑게 맞아 주시기도 하고 또 아파트 안에서도 쌍둥이들은 어른들을 만나면 귀엽게 인사를 하니 아파트의 귀염둥이로 화제가 되었다. 뿐만 아니라 예배 순서를 잘 기억하고 있는 지수는 집에서 가정 예배를 드릴 때 자기가 모든 순서를 인도하기도 한다.

"자, 할렐루야. 예배드립시다. 찬송가 부르겠습니다. 사도신경 하겠습니다. 그 다음에 설교말씀은 엄마가 하겠습니다. 아빠가 하겠습니다. 그 다음에 주기도문 하겠습니다."

그것만이 아니다. 요즘에는 돌아가면서 기도를 하는데 아이들의 기도는 참으로 나의 가슴을 아프게도 하고 또 대견함을 느끼게도 한다.

"하나님, 우리가 엄마 아빠를 만날 수 있게 해주셔서 감사합니다. 영아원에 있는 우리 친구들도 빨리 엄마 아빠를 만나서 행복하게 살게 해주세요. 그리고 전쟁이 일어나지 않도록 해주세요."

아마도 아이들이 텔레비전의 뉴스를 보고 전쟁의 무서움을 알았나 보다. 어쨌든 아이들이 이렇게 신앙으로 훈련이 되다 보니까 성경말씀도 많이 쓰고 암송하면서 자연히 한글도 깨우치고 요즘은 또 영어를 한다고 난리다. 거기에다 아내가 가르쳐주는 찬양율동을 선보이겠다며 밤마다 공연을 한다.

지수와 지현이는 우리 집에 활력을 주는 귀한 생명이며 이제는 완벽한 가족이 되었다.

아이들에게 받은 각서

둘째 지현이에게는 분리 불안증이 있었다. 아내가 아이 둘을 집에 두고 잠시 슈퍼마켓에라도 다녀오기 위해 나서기만 하면 벌써부터 지현이의 눈에는 눈물이 가득 고이고 큰 소리를 내며 울기 시작했다. 엄마와 떨어지기 싫어서 우는 그 모습은 거의 처절함 그 자체였다. 금방이라도 숨이 넘어갈 것 같이 울부짖는 저 아이의 기억 속엔 도대체 무엇이 자리 잡고 있길래 저렇게도 떨어지는 것을 두려워하는 것일까?

자세히 설명을 해주어도 막무가내다. 물론 그 아이의 심정을 모르는 바는 아니지만 그렇다고 해서 언제까지 저 상태를 그냥 보고만 있을 수는 없었다. 병원에 가서 상의를 하니 상당기간 치료를 받아야 한다고 한다. 그렇다고 어린아이한테 몇 개월씩 신경안정제를 먹일 수도 없는 노릇이었다.

그러던 아이가 이제는 어느 정도 분리 불안증 증세가 가라앉았다. 도무지 해결할 수 없을 것 같은 심리적 불안 증세, 그 증세를 치료하기 위해 우리 부부는 큰 충격요법을 한번 써보기로 약속을 하고 시도했다. 그것은 지현이에게 그런 식으로 계속 울어대면 영아원으로 되돌려 보내겠다는 일종의 협박을 하는 것이었다. 물론 아이들에게 영아원은 엄마 아빠를 애달프게 기다렸던 곳이었다. 행여 불안증세를 가중시켜 역효과를 낼 수도 있고 상처를 주는 것은 아닐까 염려가 되기도 했지만, 우리로서는 마지막 히든카드나 다름 없었다. 또한 친구들이 엄마 아빠를 만나게 해달라고 기도하니까 그곳으로 다시 보낸다고 하면 어떤 반응을 보일까 궁금했다.

철없는 아이들이라 특별히 영아원의 생활이 불편하거나 힘들어서 그랬다기 보다는 그 어린 나이에도 아이들에게 영아원은 반드시 언젠가 벗어나야 할 곳이라는 의식이 뿌리내려져 있었던 것 같다. 영아원에서 어느 날 갑자기 가정의 울타리 속에 들어온 이 아이들에게 다시 영아원으로 돌아가라고 한다면 그것은 그 아이에게 축복과 행복을 빼앗는 절망스러운 일이며, 정말 잔인한 말일지도 모른다. 서서히 지수, 지현이의 기억 속에서 영아원에 대한 기억을 지워줘도 시원찮을 텐데 굳이 영아원 이야기를 꺼내고 돌려보낼 거라는 협박을 하는 것이 옳은 것인지 나름대로 참 많은 고민을 했다.

과연 지수와 지현이에게 영아원의 기억을 없애는 것이 좋을까? 아니면 너희는 분명 아빠 엄마가 영아원에서 데려다 키운 아이들이라는 것을 알려주는 것이 좋을까? 또 그 사실을 알려준다면 어느 시기에 알려주는 것이 좋을지에 대해서도 많은 생각을 했다.

그런데 지수와 지현이는 기도할 때마다 영아원에 있는 다른 아이들을 걱정했다. 이것은 분명 영아원의 생활을 모두 기억한다는 것이고 그 친구들의 이름과 얼굴들을 모두 기억하고 있다는 것이다. 그렇다면 지수와 지현이 기억 속에는 아직도 영아원의 모습이 그대로 남아있는데 나는 훗날 어떻게 우리의 존재에 대해서 설명해야 할 것인가? 머릿속에서 영아원의 모든 기억들이 지워지기를 기다리다가 그냥 시침 뚝 떼고 지금 생각하고 있는 것처럼 우리가 너희를 낳아준 진짜 엄마, 아버지라고 얘기를 해야 할 것인가? 아니면 예전에 길에서 잃어버렸다가 몇 년의 세월 뒤에 어렵게 되찾은 그런 부모가 될 것인가?

그것도 아니면 그냥 진짜 엄마가 영아원에 보냈는데 하나님이 우리와 만나게 해서 너희들을 영아원에서 데려다 키우도록 한 부모로 알게 할 것인가?

우리는 과감하게도 그중에 세 번째를 선택하기로 했다. 언젠가 알게 될 것이라면 굳이 애써 숨겼다가 나중에 그런 사실이 드러나서 아이들은 아이들대로 충격을 받고 잘못되는 생활을 하지 않도록 성장하며 자연스럽게 알 수 있는 방법을 택해 지금부터 굳이 감추지 않겠다고 결정한 것이다.

그래서 나는 지현이에게 각서를 받았다.

'유지현은 만일에 엄마 아빠가 외출하실 때 울거나 발을 구르거나 고집 피우고 큰소리치거나 문 열고 나오거나 하는 식으로

순종하지 않을 경우에는 영아원으로 돌아갈 것을 약속합니다.'

그러면서 이 약속을 지키지 않으면 도저히 너를 데리고 있을 수 없다고 얘기해 주었다. 그랬더니 지현이는 절대로 영아원으로는 돌아가지 않겠다고 했다. 그래서 나와 아내가 잠시라도 나갈 일이 있으면 자기 스스로 입술을 깨물며 울지 않으려고 노력했다. 그 모습을 보면 얼마나 가슴이 아픈지 모른다.

하지만 아이들에게 차근차근히 얘기해 준다.

"지금은 엄마 아빠가 잠시 나가지만 곧 들어올 테니까 언니랑 집에서 재밌게 놀면 돼. 알았지?"

그럼 벌써 눈에 커다란 눈물이 그렁그렁 맺히지만 절대로 소리 내서 울지 않으려고 애쓰는 모습이 역력하다. 아내는 그렇게 울음을 참고 있는 아이를 보며 가슴 아파서 도저히 나가지 못하겠다고 하지만 나는 분리 불안증 증세를 고쳐주기 위해서라도 혼자 있는 법을 조금씩 배워나가야 한다며 아내를 다독였다.

정말이지 이젠 거짓말처럼 그 불안증세가 사라졌다. 나와 아내가 외출한다고 해두 절대루 울거나 칭얼대지도 않는다. 오히려 현관까지 뛰어 나와 허리를 90도로 숙이며 빨리 다녀오라고 인사까지 한다. 나의 사랑하는 쌍둥이는 정말 귀여운 보배들이다.

나에게 온 변화

아침 출근시간이면 아이들은 나보다 먼저 현관 입구까지 나와서 두 손을 가지런히 모은 채 "아빠, 안녕히 다녀오세요"하고 90도로 인사를 한다. 그리고 저녁에 퇴근해서 집으로 돌아가면 아이들은 반갑게 뛰어나와 "아빠, 안녕히 다녀오셨어요?"하며 인사를 한다. 그런 지수와 지현이를 보며 나는 삶의 목표가 더 확실해짐을 느끼며 속으로 이렇게 다짐한다.

'그래, 너희들이 훌륭하게 자랄 수 있도록 내가 힘닿는 데까지 노력할게.'

사실, 나는 너무 어렸을 때 결혼을 해서 그런지 내 아이들에게 그다지 정을 준 기억이 없다. 그때에는 경제적으로도 힘들고 먹고 살기에 급급하여 각별한 신경을 쓸 겨를이 없었다. 물론 그때와 비교하면 하늘과 땅차이로 경제적으로도 마음에도 여유가 생겨서 그렇겠지만 내가 요즘 지수와 지현이에게 하는 것을 보면 아내는 깜짝 놀라지 않을 수 없다고 한다.

그러면 나는 나이가 50이 넘으니까 남자는 여성화되고 여자는 남성화가 된다는 이야기가 있듯이 호르몬이 그렇게 바뀌어서 그렇다는데 그것을 내가 어떻게 하느냐며 가끔 농담을 하기도 한다.

친 손녀딸이 있는데도 또 쌍둥이 딸이 새로 생겼으니 이제 나는 할아버지인 동시에 아이들의 아빠 노릇도 해야 한다. 그렇다면 너무 늙어 보여서도 안 된다. 전에는 머리에 검은색으로 염색을 한 뒤 귀 밑에 흰머리가 다시 나도 그냥 대충 넘겼는데 이제는 그것도 안 된다. 아이들이 나한테 달려들어 흰머리가 났다며 걱정을 하니 염색을 게을리할 수가 없다. 또 아빠 배 나오면 창피하다고 잔소리를 해대서 운동도 더 열심히 하고 있다. 쌍둥이의 그런 간섭과 징징거림이 얼마나 사랑스러운지 모른다.

아이들도 많이 변했다. 우선 얼굴이 많이 예뻐지고 건강 상태도 얼마나 좋아졌는지 모른다. 요즘은 지수도 오줌 싸는 일이 없어졌고 지현이도 분리 불안증세가 완벽하게 치료되었다. 전에는 힘이 없고 눈치만 보던 아이들이 이제는 자신감이 생겼고 목소리도 제법 커졌다. 거기에다 더욱 중요한 것은 아이들 맘속에 꿈이 생겼다는 것이다.

"목사님이 되려면 성경 말씀을 많이 외워야 해요" 했더니 지수는 성경 말씀을 외우기 위해 읽고 쓰다가 한글도 깨우쳤다.

"병을 고치는 의사 선생님이 되려면 아무거나 잘 먹어야 해" 했더니 지현이는 밥 먹는 모습도 예쁘고 맛있게 아무거나 잘 먹게 되었다.

이제 지수와 지현이는 중학생이 되었다. 우리 집에 온지 8년 만이다. 초등학교 시절에도 두 아이들은 주말이나 공휴일이면 민들레동산에 와서 밝게 손님들을 맞이하며 안내한다. 지수는 자칭 실장, 지현이는 자칭 팀장 이라면서 기쁘게 그 일을 하고 있는 모습을 보면 마음이 뿌듯해 온다.

지수도 지현이도 한문이나 컴퓨터도 잘 한다. 요즘은 민들레동산 힐링센터가 시작되면 지수는 홍보실장, 지현이는 홍보팀장이 되어 힐링센터의 지킴이가 되겠다고 한다. 인터넷을 통해 홍보하겠다는 포부가 대단하다.

꿈이 없는 아이들이 꿈이 있는 아이로 변화, 성장하고 있다는 것 자체만으로도 큰 자부심이 느껴진다. 입양은 소중한 일임이 분명하다. 아이들에게 아무리 먹을 것을 풍족하게 주고 입을 것을 넉넉하게 주어도 정작 성장과정에 반드시 필요한 부모의 따뜻한 사랑을 받지 못한다면 행복한 아이로 자랄 수 없을 것이다. 그런 따뜻한 정 한번 제대로 받아보지 못하고 살아가는 영아원의 어린아이들은 그야말로 사랑의 결핍증을 앓고 있을 것이다. 이런 아이들을 조금이나마 정신적, 경제적으로 여유 있는 사람들이 입양하여 함께 살면서 아이들에게 가정을 만들어주고 사회에 기여하는 사람이 될 수 있게 하는 것은 굉장히 바람직한 일이라 믿는다.

아이들을 만나기 전에 나는 내 인생에 대해 생각하면서 은행원 생활은 일모작이고, 퇴직을 하게 되면 인생의 또 다른 이모작을 해야 한다고 생각을 했었다. 물론 은행에서 퇴직을 하게 되면 아내와 함께 등산도 다닐 수 있고 해외여행도 다닐 수 있다. 예전에는 인생의 이모작을 막연하게나마 단순히 돈을 버는 것만으로 끝나는 것이 아니라 내가 속해 있는 이 사회를 위해서 뭔가를 하면 더 좋을 것이라 생각했었다. 하지만 이제 적어도 내가 생각하는 인생의 이모작은 쌍둥이가 성장하여 자립할 수 있을 때까지 어떤 분야의 일이든지 생산적이고 활동적인 일을 하는 것이다. 지수와 지현이가 우리 집으로 들어오면서 내 인생의 이모작이 훨씬 구체적이며 더 빨리 그 시기가 앞당겨지게 되었다.

쌍둥이를 입양하면서 생각하게 된 것은 입양 절차를 비공식적인 편법으로 하기 보다는 공식적이고 합법적인 공개 입양을 할 수 있도록 권장하고 싶다. 또한 정부 차원의 법적 체계가 재정비되었으면 하는 바람이다. 그리고 입양 사실을 숨기기보다는 아이들에게 공개해서 '양부모님이 나를 키워주셨구나. 나도 사회에 보답을 해야겠다'는 생각을 가질 수 있는 사회적인 분위기가 형성되어야 한다는 것이다.

일일사분(一日四分)

경제 재테크에서 가장 중요한 것이 '돈'이라면, 인생 재테크에 있어 가장 중요한 것은 '시간'이다. 재테크를 결심한다고 해서 수입이 늘어나는 것이 아니다. 늘 부족했던 그 살림을 쪼개고 쪼개 종자돈으로 활용할 목돈을 만들어야 '재테크 시도'가 가능해 진다.

인생 재테크도 마찬가지다 늘 짧고, 바쁜 하루 속에서 나만의 '시간'을 확보하는 것, 정확하게는 시간을 버는 습관을 개발하고 몸에 배일 때까지 실천 하는 것 이것이 가장 중요하다.

부행장으로 임명 된 후 할 일도 책임도 늘어났다. 특히 대외적인 일정들이 대폭 늘어나면서 조절할 수 없는, 불가피한 등의 이유로 반드시 참석해야 하는 자리들이 늘어났다. 그렇다고 부행장으로서 해야 하는 내부 업무들이 줄어드는 것이 아니니 늘 시간이 모자랐다. 그래서 생각해낸 해결법이 '일일사분' 습관을 철저히 실행하자였다.

'일일사분(一日四分)'은 하루를 넷으로 나누어 생각하는 시간활용법이다.

대부분의 직장인들은 하루를 오전, 오후, 저녁으로 나누어 생각한다. 출근길부터 점심시간 전까지를 오전, 점심 식사 후 퇴근까지를 오후, 퇴근 후 시간을 저녁으로 생각하는 것이다. 나 역시 사회 초년생 때는 그와 같이 생각했다. 그런데 조금씩 직위가 올라가고 업무가 늘어나면서 시간이 부족하다 느끼게 되었고, 시간 활용과 관련된 다양한 책들을 두루 읽게 되었다. 그 과정에서 이케다지에의 '새벽형 인간'을 읽게 되었고, 하루를 새벽, 오전, 오후, 저녁으로 나누어 활동하는 일일사분 습관 실천을 결심 했다.

기상 시간을 새벽 4시로 정하고, 4시부터 8시까지를 새벽, 8시부터 점심시간까지를 오전, 점심식사 후 퇴근까지를 오후, 퇴근이후를 저녁으로 생각하고 활동하기 시작했다. 단지 시간에 대한 개념을 조금 바꾼 것뿐인데 정말 신기하게 하루가 길어졌다. 그 후 오늘까지 꼬박 실천했더니 이제는 24시간 중 가장 여유 있는 때로 새벽을 꼽게 되었다.

또한 가장 소중한 때도 새벽이 되었는데, 바로 이시간이 꿈을 그리는 시간이기 때문이다. 매일 새벽 4시경 일어나 5시에 새벽예배를 드리며 계획들을 세운다. 기도하며 하루의 할 일을 정리하기도 하고, 새로 떠올린 아이디어들을 차분히 묵상하는 시간도 갖는다. 기도하는 가운데 마음에 확신이 들지 않으면 계획을 수정하기도 하고, 추가하기도 한다. 선명한 꿈을 본 사람이 하루를 알차게 보내는 것은 당연하다. 알찬 하루가 모여 꽉 찬 일주일이 되고, 벅찬 일 년, 후회 없는 일생이 된다.

매일 하루의 첫 시간, 고요한 가운데 모든 생각과 마음을 미래의 꿈에 집중 시키는 훈련은 사회인들은 물론 학생들에게도 꼭 추전하고 싶은 유익한 습관이다. 실제로 지수와 지현이도 초등학교 때부터 나와 아내를 따라 새벽예배를 드리기 시작해 중학생이 된 지금까지 꾸준히 예배를 드리고 등교 전까지 새벽시간을 여유롭게 활용한다. 나는 아이들에게 밤에 꿈을 꾸면 기억이 나지 않지만, 새벽에 꿈을 꾸고 다이어리에 적으면 분명히 현실이 되는 것을 아빠가 경험했다고 이야기 해준다.

꿈이 있을 때 그림이 그려지고, 그런 생각들이 행동이 되고, 행동이 하나의 습관이 되고, 습관이 인격이 되고 인격이 운명을 만든다는 것을 나는 사회인이 된 후 37년간 꾸준히 경험해 왔다. 이런 시간들을 활용해 토요일 새벽시간은 '가족비전' 을 그리는 시간으로 정해도 좋다. 일주일 동안 개인의 꿈과 계획을 위해 새벽을 활용 했다면, 토요일 새벽엔 가족 모두가 둘러 앉아 가족 공통으로 이루고 싶은 꿈을 나누는 것이다. 사실 처음부터 전략적으로 이런 시간을 가진 건 아니었다. 부행장으로 임명되고 2년차로 접어 들 무렵 개인적으로 중대한 결심을 앞두고 있었고, 그런 내 마음과 결심을 아내와 소통하는 과정에서 아이들이 그 대화에 참여하게 되었고 그러면서 자연스럽게 매주 토요일 새벽에는 가족과 함께 우리 가족의 미래를 그려보는 시간을 갖게 되었다.

가족비전 시간을 갖게 된 계기가 된 '중대한 결심'은 다름 아닌 부행장 퇴임 문제였다.

기업은행에 입사해 35년 만에 부행장으로 임명 되던 날, 나는 두 가지를 기도했다.

첫 번째 기도는 여기까지 오게 해주신 것에 대한 감사였고 두 번째 기도는 내가 부행장으로 가장 존경받고 사랑받을 때 사표를 낼 수 있는 용기를 달라는 기도였다. 하지만 부행장으로 임명되고 처음 1년은 그 기도를 돌이킬 겨를도 없이 바빴다. 그러는 사이 1년을 보내고 2년차가 되던 시점부터 퇴임시기를 고민하게 되었다.

보통은 3년 임기를 채운 후 계열사 사장으로 임명되어 가는 경우가 많다. 즉 부행장 퇴임 후에도 활발할 사회 활동을 할 기회가 어느 정도 보장되는 것이다. 그러나 나는 부행장 퇴임을 끝으로 더 이상 직장생활을 하지 않는 쪽으로 결심을 굳히고 있었다.

이유는 두 가지였는데, 하나는 가장 존경받고 사랑받는 시점에서 그 자리를 내려놓겠다는 결심을 실천하기 위함이고, 두 번째는 인생 이모작 중 두 번째 시기에는 봉사를 하겠다는 결심을 더 이상 미룰 수 없다는 것이었다.

그러나 이런 결정은 나 홀로 할 수 있는 것이 아니었다. 가장으로서 가족들이 원하는 생활을 지원해 줘야 하는 의무에도 충실해야 했기에 아내와 딸들이 또 어떤 계획을 갖고 있는지도 알아야 했다. 그래서 어느 토요일 새벽 먼저 아내에 시간을 내어 달라고 하고 이런 나의 생각을 밝혔다.

다행히 아내도 나의 생각에 동감했다. 아내는 내가 조금 일찍 부행장 자리를 내려놓음으로서, 그 자리를 꿈꾸는 후배들에게 조금 더 빠르게 기회를 열어주는 것이 되지 않겠냐는 내 생각이 참 좋고, 의미 있는 일 같다고 이야기를 했다. 나는 아내의 그런 지지가 힘이 된다고 이야기했고, 아내는 더불어 사는 세상을 진짜 이루려는 남자와 오래 살다보니 이제 나도 상생의 가치를 깨닫는 것 같다고 했다.

아내가 말은 그렇게 했지만 '복지'에 대한 뜻은 나 못지않게 큰 사람이라는 것을 알고 있다. 사회복지 공부를 전문적으로 한 아내는 특히 고아원에 관심이 많았다. 우리부부 둘 다 꽤 오래전부터 직장을 마친 후에는 봉사를 하며 살자는 생각을 했고, 주희 복지재단이라는 명칭으로 저축통장을 만들어 25년 간 저금을 해 왔다. 저금을 할 때 마다 이 다음에 고아원을 하자, 노인 복지시설을 만들어 보자 이야기를 했었는데 어느새 그 통장에 3억이라는 돈이 모여 있었고, 이제는 봉사를 하며 살자는 계획에 아내도 동의를 했고 나중에 얘기를 들은 쌍둥이들도 "아빠 때문에 행복해 지는 사람들이 우리 말고도 더 많아지겠네요." 라는 귀한 말에 박수까지 더해 응원해 주었다. 이제 내가 결단만 내리면 언제든 봉사를 시작 할 수 있는 시기가 되었다. 이튿날 새벽 나는 지금의 모든 것을 내려놓을 용기와 '봉사하는 미래'라는 새 그림을 그릴 열정을 달라고 기도를 시작했다.

37년간 직장생활을 하는 동안 내가 방문한 기업체만 3천여 군데이니 정말 많은 사람을 만났고, 소통했다. 그 과정에서 내가 배운 가장 큰 것은 꿈의 소중함과 습관의 위대함 이었다.

누구에게나 하루는 허락되지만 모두가 하루를 누리며 사는 것은 아니라는 것을 기억해야 한다. 같은 하루를 시작해도 미리 세워둔 계획대로 하루를 끌고 가는 사람이 있고, 미뤄 놓은 일에 떠밀려 쫓기듯 하루를 사는 사람도 있다. 하지만 다행인 것은 그 상황을 선택할 수 있는 주권은 우리들 각자에게 있다는 것이다.

"훈련은 천재를 만들고 신념은 기적을 이룬다"는 도산 안창호 선생님의 말씀이 있다.

훈련과 신념을 값이 없다. 누구든 결심하는 순간 훈련을 시작 할 수 있고 신념을 가질 수 있다. 포기만 하지 않는다면 이루어지는 순간은 반드시 온다, 나는 그것을 분명히 경험 했고, 내일도 경험하게 될 것이라 믿는다. 앞으로도 내게 포기는 없을 것이므로...

삶의 크기는 마음의 크기다

2007년 연말, 남은 한 달을 미처 채우지 못하고 내 삶의 모델로 존경하고 의지하던 한 거목이 쓰러졌다. 바로 강권석 은행장님이시다. 그분은 기업은행 역사 이래 최고의 성장을 기록하며 최초로 연임과 함께 기업은행의 브랜드 가치를 높였으며 역사를 새롭게 써 나가셨던 분이셨다.

다음은 그분의 마지막 유언이다.

"병상에서 일어나면 다른 은행장님들과 모인 자리에서 우리끼리 경쟁하지 말고 앞으로 내실을 다져 경쟁보다 수익성을 강화하는 방향으로 경영합시다."

남들은 몰라도 자신만은 몸의 상태를 아셨을 텐데 죽음을 목전에 둔 상황에서도 철저히 일신보다 은행인으로서의 자세를 잃지 않으셨던 그분에게 인간의 욕심으로 좀 더 생명의 시간이 연장되었으면 하는 아쉬움과 함께 사랑과 존경의 마음을 깊이 전한다.

부행장으로 사흘간 수천 명의 조문객을 맞으며 미처 알지 못했던 그분의 인품과 삶에 대해 들으며 더 깊은 존경과 아쉬움을 마음에 담았던 시간이었다.

고유가와 어려운 처지에서 고전하는 중소기업들에 대해 '비 올 때 우산을 뺏지 말자!'고 시작한 「雨傘論」, 「企業主治醫論」, 「企業人天下之大本論」 등은 중소기업 지원의 새로운 패러다임으로 항상 중소기업인에게 힘과 용기를 주고, '고객의 성공 날개'가 되었으며 시간이 지나면서 거칠지 않으면서도 충분히 더 공격적인, 드러나지 않으면서도 기를 살려 결과적으로는 훨씬 내실에 강한 성장을 이루는 그분의 성과들을 보면서 말 그대로 한 수 위의 금융 경영인임을 여실히 인정할 수밖에 없었다. 전형적인 외유내강 형으로 온유하지만 충분히 전략적이셨고 그 결과 처음 부임하실 때 '현장을 잘 아실까?'라고 내심 걱정하던 많은 이들의 염려를 기분 좋게 배반하며 기업은행 창립 이래 최고의 성과를 보여주셨던 거목이셨다. 그 거목은 2007년 11월 30일 이른 아침, 57세를 일기로 결코 길지 않았던 삶으로 생을 마감하셨다.

다음은 바쁜 나날 중에도 매주 주말 임직원들에게 'CEO편지'를 쓰셨던 강 행장님이 마지막으로 병원으로 옮겨지기 직전 작성돼 저 임직원들에게 쓴 편지다.

"안녕하십니까? 은행장입니다. 지난 주에 첫눈이 왔습니다. 해마다 첫눈은 많은 이의 가슴을 설레이게 하지요. 여러분도 첫눈에 대한 많은 추억이 있을 텐데 내리는 눈을 보며 잠시나마 지난날을 회상해 보는 여유를 가졌는지 모르겠습니다. 미처 못했다면 다음에 내리는 눈을 첫눈이라고 생각하고 잠깐이나마 지난 회상에 빠져보는 것도 좋을 듯합니다. 오늘은 최근에 읽던 책 중에서 미국의 어느 철도회사 정비공에 대한 이야기를 소개해볼까 합니다.

그는 평소 열심히 일하며 무척 성실한 사람이었습니다. 그러나 매사 부정적이고 비관적으로 생각하는 단점이 있었습니다. 어느 날 그는 고장 난 냉동열차를 수리하게 되었습니다. 정신없이 일을 하다 보니 그만 퇴근시간이 지나는 것도 모르고 일을 하였습니다. 일을 마치고 문을 열고 밖으로 나가려고 하는데 냉동열차의 문이 열리지 않는 것이었습니다. 마침 그날은 동료의 생일파티 때문에 다른 직원들은 1시간 일찍 퇴근한 날이었습니다. 아무리 문을 두드리고, 소리를 질러도 아무런 반응이 없었습니다. 영락없이 냉동열차 안에 그만 혼자 갇히게 되었지요. 점점 날이 어두워지고 냉동열차 안도 깜깜해졌습니다.

순간 그는 이 열차가 냉동열차였다는 것을 깨달았습니다. 그러고 보니 점점 추워지는 것 같았습니다. 이제 냉동열차 안에서 얼어 죽을 수밖에 없다고 생각했습니다. 그리고는 그는 평상시의 성실성을 발휘하여 수첩에 자신의 죽는 과정을 기록했습니다. '점점 추워진다. 영하 10일까? 20도 일까?' 등등을 말입니다. 결국 다음날 그는 출근한 동료들에 의해 동사한 시체로 발견되었습니다.

그런데 이게 어찌된 일입니까? 그 정비공은 얼어 죽었는데 냉동열차의 냉동기능은 작동하지 않았습니다. 그 냉동열차는 냉동기능이 고장나서 작동이 되지 않는 상태였던 것입니다.

매사를 부정적으로 생각하던 그 정비공은 현실을 직시하지 못하고, 자기 자신을 공포의 늪으로 점점 더 밀어 넣어 결국 죽음에 이르게 된 것입니다. 긍정적 사고는 사람을 활기차고 의욕적으로 만들지만 부정적 사고는 자기 자신을 쇠약하게 하고 매사를 어렵게 만듭니다.

긍정적인 생각을 하고 있는 사람과 부정적인 생각을 갖는 사람은 생과 사를 갈라놓을 정도로 차이가 많이 있는 것을 우리는 종종 발견할 수 있습니다.

IBK 직원 여러분!

우리 모두 긍정적인 사고를 갖고 긍정적인 행동을 해나갑시다. 커다란 목표를 세우고 이를 향하여 열심히 노력하면 어느새 여러분은 그 목표에 근접해 있을 것입니다. 금년 겨울 날씨도 춥고, 경제도 나빠지고, 우리의 영업여건도 점점 어려워져 가고 있지만 푸른 하늘에 '성공날개'를 활짝 펴고 날아가는 우리의 모습을 상상합시다. 월말이 끼어 있어서 바쁠 것 같은 한 주지만 그래도 주변 사람에 대해 한번 더 생각해보는 시간이 되었으면 합니다."

그분은 늘 주변 사람에 대해 배려하는 분이었다.

"비올 때 우산을 뺏지 말자!"

오늘도 그 말을 기억하며, 항상 마지막처럼 상대를 살리며 사는 인생을 다짐해 본다.

제7부

부를 축적하지 말고 순환 시키라!

특집 방송 출연

46

마음에 민들레를 그리다

부행장으로 임명되고 만 2년이 되어 가던 어느 날, 나는 은행장님을 찾아가 사직을 하고자하니 후임자를 선정해 달라고 말씀드렸다.

내 이야기를 들은 은행장님은 깜짝 놀라시며 극구 말렸다.

하지만 나는 인사를 앞두고 조금이라도 업무 공백을 주어서는 안 된다는 생각을 확고히 했고, 조속한 후임자 정리를 요청한 후 전 직원에게 새로운 길에 도전하기위해 떠나게 되었음을 알리고, 모두에게 더 큰 발전을 있기를 기원한다는 내용으로 이메일을 쓰기로 했다.

이메일을 적는 동안, 기업은행인으로 살아온 37년간이 정말 주마등처럼 스쳐지나갔다. 은행에 처음 입사 하던 날, 동전을 가득 담아 무거워진 가방을 들고 을지로 골목골목을 다니며 고객들을 만났던 일, 밤늦도록 섭외 기록부를 정리하다 졸아 버린 일… 그때 마다 나를 세워주고, 이끌어 준 것은 지점장이 되고 싶고 본부장이 되고 싶다는 꿈이었다.

내가 메일을 쓰는 그 순간에도 후배직원들은 지점장을, 부행장을 꿈꾸며 그렇게 애를 쓰고 있을 것이었다. 나는 내가 서둘러 물러나는 그 1년이 그들에게 새로운 기회로 돌아갔으면 좋겠다는 생각을 하며 지금 이 시점에 자리를 내려놓는 이유와 그동안 함께한 시간들에 대한 감사를 적었다.

그리고 이튿날 아침 직원들에게 메일을 보내고, 개인의 짐을 챙겨 점심이 되기 전 은행을 나섰다. 은행 입구에 다다르니 이메일을 보고 놀라 달려온 직원들이 서 있었다. 그 중 몇몇 직원은 송별회도 퇴임식도 없이 이렇게 가서서 어쩌냐고 서운해 했다. 나는 그 직원의 어깨를 두드리며 송별회야 조만간 다 같이 식사 한번 하면 되고, 퇴임식 보단 퇴근이 훨씬 자연스럽고 좋으니 괜찮다고 대답하고 은행을 나섰다. 날씨도 좋고 마음도 가벼워 어느 퇴근 때 보다 기분 좋게 집에 돌아왔다.

모처럼 일찍 들어온 나를 아내와 아이들이 반겨 주었다. 조금 늦은 점심을 함께 먹고 그날 오후엔 다 같이 근처에 산책을 했다. 그 사이 아내는 몇 달 동안 알아본 복지시설 설립 정보등을 나에게 이야기 해주었고, 나는 내가 최근 더욱 관심을 갖게 된 '민들레'에 대해 이야기를 했다.

"내 다음 그림의 밑그림은 민들레가 될 것 같아요."

내 말을 들은 아내는 '민들레'는 당신 별명이 아니냐며 웃었다. 고등학교 재학시절 같은 교회에 다니던 아내에게 첫 눈에 반하고, 사회인이 된 후 아내와 처음으로 데이트라는 걸 했고,스물 한 살의 나이에 결혼에 골인했으니 나의 일평생에 사랑은 오직 아내 한 사람이었다.

아내는 그런 나를 두고 '민들레'라고 종종 불렀고, 그걸 우연히 들은 지수, 지현이도 '일편단심 민들레 아빠'라고 나를 부른다. 그런 인연이 있어서 인지 '민들레'라는 꽃이 내겐 유독 친근했다.

그러던 중 마케팅 정보를 배울 계획으로 읽었던 '민들레 영토의 희망스토리'라는 책을 통해 지승룡 회장님을 알게 되었고, 훗날 인연이 닿아 교제하게 되면서 '민들레'라는 식물이 가진 의미와 정신에 주목하게 되었다.

그리고 사십 후반 경 잠시 지방간을 앓게 되었는데 그때 로터리 클럽에 특강차 오셨던 윤 박사님께서 지방간에 좋은 약재로 민들레를 추천해주셨고 꾸준히 먹으며 크게 효험을 보게 되었다. 그 뒤로 나는 자칭 민들레 아저씨가 되어 지인들에게 민들레차 등을 적극 선물하고 민들레를 알렸다.

좋은 것은 당연히 공유해야 한다는 생각이 워낙 강하고, 그때가 한참 지점장으로 본부장으로 활동 할 때라 참 많은 사람을 만났는데, 그렇게 꼬박 10년 동안 만나는 분들에게 민들레를 선물하고, 장점을 이야기 했다.

민들레를 화제로 사람들과 소통하게 되면서 '민들레 포럼'이라는 봉사 커뮤니티까지 만들게 되었다. 그 커뮤니티를 계기로 민들레에 대해 더욱 많은 관심을 갖게 되었고 크게 두 가지 장점을 확신하게 되었다.

첫 번째는 민들레의 약효이다.

많은 사람들에게 두루 추천했는데 많은 분들이 효과를 보았다고 한다. 실제로 민들레의 효능은 본초강목과 동의보감에도 두루 기록되어 있는데, 그 효과가 다양하다. 민들레의 잎과 뿌리, 줄기 등에는 실리마린과 콜린이 함유되어 있어 해독작용을 통한 간 기능 개선에 효과적이며, 쌀에 부족하기 쉬운 리신, 류신등 필수 아미노산과 무기질, 비타민B1,B2가 많아 현대 식생활과 조화를 이룬다. 그밖에 위염, 관절염, 갑상선염과 같은 질환에도 효능이 있고, 최근 연구에 의하면 발암물질을 억제해 암 예방에도 유효 하다하여 암환자 치료프로그램에도 사용된다.

두 번째는 민들레가 우리에게 시사하는 긍정적인 정신이다.

실제로 옛 선현들을 민들레가 가진 장점을 들어 인내, 강함, 예의, 쓸모, 온정, 가족애, 효, 어질음, 용기 아홉가지 인간의 덕을 강론했다고 한다. 나는 그중 낮고 척박한 땅에서도 강하게 살아나는 강한 생명과, 잎과 줄기 뿌리까지 모두 유익한 성분으로 늘 민초 가까이에 있어 요긴한 상비약이 되는 모습에서 감사와 봉사 정신을 느꼈다. 민들레처럼 낮은 자리에서, 끊임없이 타인의 생명력을 북 돋는 봉사를 하고 싶다는 결심이 민들레를 바라보며 더욱 확고하게 일어났다.

아내에게 민들레에 대한 설명을 마친 나는 현재 커뮤니티 형태로만 존재하는 '민들레 포럼'을 좀 더 규모 있는 봉사 단체로 발전시키고, 고향집이 있는 완주군 비봉면에 민들레동산을 일구고 싶다는 계획을 이야기 했다. 내 이야기를 들은 아내는 뜻밖이라는 표정을 지었다. 그도 그럴 것이 아내는 이전부터 고아원을 운영하고 싶다는 얘기를 늘 해왔기 때문이다.

"저는 당신도 저와 같이 고아원을 생각하시는 줄 알았어요."

아내의 말에 나는 이렇게 대답했다.

"나는 봉사에 있어 가장 중요한 것을 '지속성'으로 봤어요."

나는 진심으로 그렇게 생각했다. 고아원도 좋고, 노인 복지 시설도 좋다. 우리나라 실정상 아직 복지시설이 모자라는 형편이다. 그러다보니 좋은 뜻을 가지고 사설복지 시설을 만드시는 분들이 많은데, 문제는 그것 역시 '운영'이 관건이라는 점이다. 대개 재산을 투자하거나, 기금을 모아 시설을 여는데 그 다음 운영은 다시 정부 지원금에 기대거나, 고정적이지 않은 후원금에 의지하게 되는 것이다. 그러다보니 지속성이 떨어졌다.

나는 그것과는 전혀 다른 시스템을 가진 복지 시설이 필요하다는 생각을 하게 되었다. 그 과정에서 자연스럽게 민들레에 주목하게 되었고, 민들레가 가진 효능과 좋은 정신을 봉사에 접목시키는 방법에 대해 생각하게 되었다. 그러던 중 아주 의외의 일을 경험하게 되는데, 우연히 내가 종종 구매했던 민들레차 상품의 원산지를 찾아가게 된 일이 바로 그것이었다.

민들레 포럼 대표로 활동하던 어느 날 TV에서 중국산 약재가 국산으로 둔갑해 팔리고 있다는 보도를 보게 되었다. 원산지를 속인 것도 문제이지만 중국산 약재는 원산지관리 및 유통관리가 허술해 중금속이 다량 함유된 경우도 있어 인체에 매우 위험 할 수 있으니 주의를 요한다는 보도였다.

그 보도를 본 나는 문득 내가 구매한 민들레의 원산지들이 궁금해졌다. 그동안 자주 구매했던 제품을 가져와 제품 포장에 표기된 원산지 주소를 확인했다. 다행히 국내 주소였다. 나는 내친 김에 원산지로 향했다. 나도 나지만 그동안 업무차 알았던 사람들과 많은 지인들에게 적극 권했던 제품이라 책임감이 느껴졌기 때문이다. 그런데 주소지에 도착한 나는 뜻밖의 광경을 보게 되었다. 분명 포장에 표기된 원산지 주소에 도착했는데, 그냥 휑한 도로가였다. 그래서 좀 더 알아보니 당시 국내에 유통되는 민들레는 재배된 민들레가 아닌, 채집된 민들레로 유통되고 있었다. 즉, 어떤 환경에서 자란건지, 어느 나라에서 자란건지 파악을 할 수 없는 구조였던 것이다.

집으로 돌아오는 길 지금까지 내가 선물했던 차가 안전을 보장할 수 없는 환경에서 자랐을 수도 있다고 생각하니 자책감까지 들었다. 농산물로 재배 된 것이 아닌 이상 도로가나 야산에 자란 민들레를 무작위로 채집했다는 얘긴데, 도로가라면 하루 종일 오가는 차의 매연에 중금속 오염이 있었을 것이며, 혹시 관상용 꽃

들 사이에 자란 민들레라면 주기적으로 뿌리는 농약을 피하지 못했을 것이라는 생각이 드니 답답한 마음이 더 했다.

내일 당장 민들레차를 마시지 않는 것이 해결이 아니라는 생각이 들었다. 이렇게 잠재력이 많고, 좋은 천연의 약초를 정식으로 유통시키는 시스템이 없어 제대로 활용을 하지 못한 다는 것이 잠재적 손실로 느껴진 것이다. 결국 그날부터 나는 '민들레 재배'에 대한 연구를 하게 되었다. 처음엔 큰 욕심을 내지 않았다. 사업 아이템에 대한 연구라기보다는 내 가족과 그간 내 추천으로 민들레를 알게 되고, 장복하고 있는 친지와 지인들에게 책임을 지는 마음으로 신선하고 깨끗한 재배 민들레를 공급하고 싶다는 생각에서 시작 한 연구였다.

마침 고향땅이 청정지역이니 그곳에 텃밭을 가꾸는 마음으로 시작하면 되겠구나 생각했는데, 생각보다 민들레의 활용과 잠재력이 많았고, 신기하게도 민들레와 관련된 다양한 상품들이 구상되었다. 알면 알수록 쓰임새도 많고, 효과도 좋은 식물이었다.

한 동안 내가 봉사를 하겠다고 퇴임까지 했는데 왜 자꾸 수익 아이디어가 떠오르나 의아했다. 그런데 장차 소망하는 복지시설 설립을 위해 다양한 기관들을 조사해보고, 롤모델들을 찾다보니 '지속성'이라는 과제를 발견하게 되었고, 그 지속성이 '고정수입'에 좌우 된다는 사실에 이르자 민들레의 수익성이라는 단어가 정말 불이 켜지는 것처럼 반짝 떠올랐다.

'그래! 자급자족이 가능한 봉사단체를 만들자!'

그날부터 나는 수익과 배분이 순환될 수 있는 새로운 구조의 봉사단체를 만들어 보자는 생각을 하게 됐고, 민들레동산의 구체적인 청사진을 그리게 되었다.

"우선 얼마 전 되찾은 고향 토지를 민들레 밭으로 일궈 봅시다. 그리고 지금 전문가 몇 분께 민들레로 만들 수 있는 상품 연구를 부탁드려놨어요. 우선은 우리가 늘 마시던 차, 집에서 만들었던 즙은 상품화 시키는 데 큰 문제가 없을 거라는 답을 받았으니 그걸 기초로 합니다. 처음 밭을 꾸리고, 인부를 사고, 유통라인을 만드는 건 우리가 복지시설을 소망하며 모아둔 그 통장을 사용합시다. 처음 생각했던 것처럼 우리가 그 돈으로 고아원을 지으면 그 고아원은 순수하게 운영비용만을 필요로 하는 단체가 되요, 하지만 민들레동산을 만들어 수익을 내는 기반을 확보하면 거기서 나오는 수익으로 장학사업, 복지사업을 영구적으로 할 수 있을거라고 생각해요. 당신 생각은 어떤가요?"

그러자 아내는 좋은 생각 같은데, 정말 그렇게 여러 사람을 도울 수 있는 수익이 나겠냐고 물었다. 나는 그런 아내의 질문에 자신 있게 대답했다. 최선을 다할 것이니 가능할 것이라고 얘기했다. 아내는 그런 내말에 그럼 됐네요 라고 대답하며 내 손을 잡았다. 내 아내의 마음에도 민들레동산이라는 꿈이 선명하게 그려지는 기쁜 순간이었다.

47

민들레동산

　민들레동산을 함께 할 운영진을 꾸미고, 활발하게 일을 추진했다. 가장 다행인 것은 농사에 가장 중요한 토지가 확보 되어 있었다는 것이다. 마치 오늘을 위해 예비 된 듯 청정지역에 토양도 앞에 물이 흐르는 환경도 민들레를 재배하기에 안성맞춤이었다. 그래서 과감히 농지 재배를 감행했다. 농약도 비닐하우스도 없으니 재배량은 당연히 적었다. 하지만 순수한 자연그대로 풍상이 불면 풍상에 시달리며 자란 덕에 자연의 기운이 고스란히 담긴 상품의 민들레를 수확하게 되었다.

　또 하나 자랑할 것은 농사를 짓는 인력이다.

　동산을 계획하고 일하시는 분들은 모았는데 지역 어르신들이 앞 다투어 지원을 하셨다. 농사일에 베테랑이시니 스카웃을 하면 몰라도 마다 할 이유가 없었다. 그렇게 일자리가 생기니 동네 분위기가 덩달아 좋아졌다. 동네 분들 누구나 민들레동산 일이라면 응원해 주시는 분위기가 되면서 순식간에 지역 명소가 되었다.

　민들레를 재배 한다는 것 자체가 신기해 찾아오시는 분, 민들레동산에 가면 은행일도 잘 알고 봉사 단체 대표도 하는 유희태라는 양반이 있다더라는 소문을 듣고 각종 은행일이며, 생활에 어려움을 물으러 오시는 분들로 점점 동산이 붐볐다. 그중에는 먼 데서 오시는 분들도 꽤 계셨는데 다음에는 고민이나, 어려움 말고 여행으로 이곳을 다시 찾고 싶다고 하셨다.

그런 분들의 의견을 적극 반영해 쉼터로 활용할 수 있는 '수련관' 건물을 지게 되었다. 1층에는 작은 카페를 만들어 그동안 개발한 민들레 차와 음식을 맛볼 수 있게 하였고, 2층에는 사무실과 다섯 개의 방을 만들어 민들레, 사랑, 봉사, 감사, 겸손의 이름을 달았다.

민들레 포럼 장학금이 전달되는 날에는 이 공간에 작은 잔치가 열린다.

장학금을 수혜하는 학생과 가족들, 봉사단들이 모두 한 마음으로 어우러져 서로를 격려하는 시간을 갖는다. 지금 이 순간에도 2010년 8월에 있었던 1기 수여식이 생생하게 떠오른다. 서른 명의 학생들과 가족들, 자원봉사자도 장학생들도, 나도 모두 처음 갖는 행사라 다들 수줍었지만, 설레고 즐거운 시간을 보냈다. 얼마 후 몇몇 학생이 주소를 기억했다 감사편지를 보내왔는데 정말 그때의 감동은 이루 말 할 수 없었다.

이제 민들레동산은 안정된 완전체의 모습으로 운영되고 있다. 민들레포럼 위원들과 더불어 장학금을 지원하고, 4번의 행사 때마다 화환을 쌀로 받아 현재까지 3,170포대를 어려운 이웃들에게 전달하였다.

이런 사례들이 알려지면서 자발적인 후원자 분들도 늘어났다. 그분들은 금전적인 후원을 하시기도 하고, 노인 복지관 배식활동과 같은 봉사 활동에 인력을 후원해 주시기도 한다. 어떤 형태든 상관없다. 마음을 나누고, 조금씩 모자란 자리를 서로 메워 줄 수 있다면 그 이상 필요한 것이 없다.

민들레동산에서 벌이는 봉사들이 많아질수록 나는 점점 더 바빠졌다. 은행에 다닐 때 보다 훨씬 더 바빠졌다. 오래간만에 만난 친구들은 부행장에서 은퇴하고 여행이나 다니는 줄 알았는데 왜 얼굴은 더 까맣게 타고, 전화벨은 연신 울리냐고 의아해 했다. 나는 "이제 이모작 초기라서 밭도 고르고, 물도 대고 하느라고 바쁘다"고 말한다 그러면 알쏭달쏭한 표정으로 나를 다시 본다. 나는 한 번 웃고 오랫동안 소망했던 봉사에 전념하고 있다고 말한다. 그러면 봉사 활동을 무슨 회사 다닌 것 보다 더 바쁘게 하냐고 한다. 그럼 나는 당연한 일이라고 대답한다. 회사 일에는 끝이 있지만, 봉사에는 끝이 없다.

나는 민들레 장학금을 처음 공모했을 때를 잊을 수가 없다. 총 30명을 뽑아야 하는데 그 숫자에 몇 배에 해당하는 학생들이 사연을 보내왔다. 어느 하나 절박하지 않은 학생이 없었고, 정말 눈물로 30명을 추려야 했다. 그런 상황인데 어떻게 쉴 수 있단 말인가, 더 부지런히 해 50명을 100명을 지원해 줘야 한다는 생각 외엔 다른 생각이 없다. 그래서인지 민들레동산을 시작하고 나서는 자발적으로 버스 지하철을 타게 된다.

은행에 근무 할 때는 초기엔 아버지의 빚 때문에, 중반을 지나서는 재테크의 원리를 알아서, 후반에는 본이 되고 싶은 마음에 나름 검소한 생활을 하려 노력했는데 민들레동산을 하고 나서는 저절로 아끼게 된다.

지금도 서울에 일을 하러가면 고속버스를 탄다. 서울 안에서도 아주 부득이하게 약속에 늦을까 택시를 타야 하는 경우 외에는 전철을 탄다. 그래서 전주에 내려 산지 꽤 됐지만 서울 지하철 노선을 누구 못지않게 잘 안다.

이것은 나의 결심도 아니고, 자랑도 아니다. 그냥 진실로 누구든 혼자 사는 할머니께 보내드린 쌀 한포대가 어떤 의미인지를 눈으로 보고, 그 쌀 한 포대를 껴안고 우는 그분을 보면 감히 2만원 3만원주고 택시 못 탄다. 식사도 그렇다. 좀 비싼 식사를 할라치면 이거 한 그릇이면 쌀 한 포대 어느 집 한 달 식량인데 싶어 목에 걸린다.

정말 친한 몇몇 사람들은 "솔직히 너무 사서 고생한다는 생각이 들지 않느냐, 그래도 잘나가는 은행원일 때가 좋지 않았냐?"고 묻는다.

물론 그때도 나는 행복했다. 성취의 기쁨을 알았고, 치열하게 일하며 열정을 배워가던 시기였다. 하지만 지금은 그때와 또 다른 감사가 있다. 나눌수록 커지는 봉사의 기쁨은 참 특별하기 때문이다. 비단 돈을 나누는 것만을 말하는 것이 아니다.

내가 부행장 2년차에 자리에서 물러남으로 기회를 나누는 봉사를 하고, 이후 본격적으로 봉사를 하고 싶다는 생각에 고민을 하고 있을 때 오래 전 알았던 지인 한분이 연락을 주셨다. 그분은 나에게 무조건 밥을 사야겠다고 말씀하셨다. 영문도 모르고 부랴부랴 나가 그분과 식사를 했다. 그런데 그분이 하시는 말씀이 얼마 전 미국에서 유학하던 그분의 딸이 유학생활에 어려움을 느껴 공부를 중단하고 한국에 돌아왔다고 했다. 어서 돌아가 학업을 마치라고 이야기해도 너무 힘들고, 어렵다며 좀처럼 다시 결심을 하지 못했다고 했다.

그런데 어느 날 그 딸이 아버지가 없는 사이에 빈 서재에 들어왔다가 '마음에 꿈을 그려라'라는 내가 쓴 책을 읽게 되었고, 다 읽은 후 다시 도전 해보겠다며 미국으로 떠나 학업을 이어가게 되었다. 그 지인분은 이 모든 게 내 덕분이라며 감사하다고 했다.

그렇게 얼떨결에 인사까지 받고 집으로 돌아오는 길에 나는 조금 더 확신을 갖게 되었다. 그게 내 부끄러운 시절의 이야기든, 부족한 노력의 기록이든, 당장 내일이라는 시간이든 좀 더 많은 사람을 돕기 위해 나의 모든 걸 사용하고 싶다는 결심이 든 것이다.

개인적으로는 인생 이모작 중 첫 번째 였던 사회생활에서 내가 가진 것 이상의 성공을 경험했고 누렸으니 두 번째에는 나누는 삶을 사는 게 맞다고 생각했다.

불황이 계속되면서 정말 딱하고, 정말 가난 한 사람들이 많아졌다. 들여다보면 볼수록 도울 곳이 많고, 메워야 하는 복지의 사각지대가 많다. 물론 복지는 많은 부분 정부의 몫이다. 그러나 많은 선진 자본주의 국가들도 이상적인 복지를 실현하고 있지 못하며 많은 부분 부자들의 기부로 그것을 충당하고 있는 것이 현실이다. 우리나라도 현재의 상황, 시스템 안에서는 완벽한 복지가 어려운 게 사실이다. 인정할 부분은 인정하고, 우선 내가 실천할 수 있는 부분을 실천하며 가까운 이웃부터 돕는 것이 하나의 방법이 될 수도 있다고 생각했고, 과감히 실천을 했다. 그리고 내가 기대한 것 이상의 순기능과 희망을 보게 되었다.

비록 아직은 한 해 서른 명에게 지급되는 장학금이지만 그 안에서 빌 게이츠나 스티브 잡스같은 인재가 나온다면 우리나라 산업이 크게 발전할 것이다. 장한나, 조수미씨와 같은 예술가가 나온다면 그것 또한 나라와 국가에 이바지 하는 일일 것이다. 만야 내가 계속 회사 인으로 일했다면 한 해에 서른 명의 학생에게 장학금을 지급하는 것은 사실상 불가능 했을 것이다. 그러나 지금은 할 수 있으니 지금의 행보에 어떤 후회도 없으며, 이 사실 하나만으로도 충분한 감사를 느낀다.

48

삶의 나침반을 가져라

나는 삶의 방향성을 매우 중요하게 생각한다. 우리는 모두 24시간의 하루와 총 7일로 이루어진 일주일, 365일의 일 년을 공평하게 갖는다. 그러나 같은 시간을 살아도 방향이 있느냐 없느냐에 따라 그 결과는 판이하게 달라진다. 나는 늘 이것을 염두에 두고 모든 일에 명확한 방향과 슬로건을 정한다.

특히 '슬로건'은 나침반의 바늘과 같은 역할을 한다. 나아갈 방향을 명확하게 해주고, 혼란이 올 때마다 초심을 굳건하게 해준다. 나는 매번 새로운 프로젝트가 생길 때마다 그에 걸 맞는 슬로건을 정하고, 성공에 도달할 때까지 끊임없이 상기하며 스스로 의지를 북돋았다.

크고 힘센 엔진이 있어도, 나침반이 없으면 길을 찾을 수 없다. 반대로 노를 저어 가더라도 방향이 확실하면 목적지에 도착할 수 있다. 나침반이 될 수 있는 '슬로건'을 세우기 위해서는 할 일의 특성을 파악하고, 그 과정에서 겪게 될 어려움까지 충분히 시뮬레이션 하는 노력이 필요하다. 하지만 분명히 가치 있는 과정이므로 매번 새로운 일을 도모할 때 마다 빠뜨리지 않고 슬로건을 세워왔는데, 최근 열 전략 부럽지 않은 슬로건의 힘을 다시 한 번 확인하는 일이 생겼다.

　민들레 포럼과 민들레동산 운영에 한창이던 어느 날 나는 뜻밖의 제안을 받게 되었다. '전북바둑협회'의 회장직을 맡아달라는 제안이었다. 처음엔 바둑을 잘 모른다는 생각에 고사했었다. 어깨너머로 배워 취미로 남들 두는 만큼 두는 정도인데 선수들까지 아우르는 바둑협회의 회장을 맡으라니 부담이 되었다. 내가 그런 이유로 회장직을 고사하자 '지금 협회가 많이 어려우니 상황 파악이라도 한 번 해보시고, 답을 달라'고 하시며 이런 얘기를 덧붙였다.

　"대표님, 대표님께서 하실 일은 대국이 아니라, 운영입니다."

　듣고 보니 맞는 얘기였다. 늘 해왔던 대로 거절 대신 상황을 파악하는 절차를 거치고 내가 할 수 있는 일이라면 할 결심을, 만약 내 역량과 맞지 않는 일이라면 그런 이유를 들어 정중히 고사를 드릴 생각으로 협회 상황에 대해 알아보기로 했다.

　바둑협회에 정식으로 자료를 요청하고, 바둑계 인사 분들을 수소문해 만나보니, 내가 생각한 것보다 전북 바둑계가 많이 침체되어 있었다. 가장 큰 행사였던 교육감배 바둑대회도 7회를 끝으로 3년 간 개최되지 못하고 있었고, 회관이라 불릴만한 곳도 없어 이렇다 할 교류나 행사도 없었다. 한때는 전국 바둑의 초석으로 불리며 지역사회의 자랑이었던 '전북바둑협회'가 후퇴하고 있던 시점이었다.

그리고 이것은 비단 '전북바둑협회'만의 문제가 아니었다. 과거엔 정서함양과 두뇌개발을 동시에 할 수 있다는 장점을 인정받아 최고의 두뇌스포츠로 각광받았지만, 컴퓨터와 네트워크로 대결하는 e-스포츠등이 빠르게 보급되면서 '바둑'에 대한 대중의 관심도 자체가 떨어지고 있는 실정이었다. 그러나 그저 흥미로 필요성을 논하기에 바둑이 갖는 의미와 가치는 아주 크다.

바둑을 주제로 무려 삼십 편 이상의 시를 남긴 다산 정약용 선생도 젊은 시절엔 바둑의 이치와 심오함을 인정하지 않은 채 그저 놀이로 여겨 가까이 하지 않다가, 16년을 유배지에서 생활하며 수많은 저서를 집필하던 즈음에 바둑의 효용성을 인정하고 말년에는 바둑을 유일한 낙으로 삼아 지내셨다. 그리고 목민심서에 투전놀음으로 밤을 새우는 현령들을 꾸짖는 내용을 서술하시며, '바둑을 두는 것은 오히려 우아한 구석이 있다'는 내용을 포함하는데, 이 내용만 보아도 정약용 선생께서 바둑을 당시의 일반 놀이문화와 격이 다른 취미로 인정했음을 알 수 있다. 그리고 훗날 바둑에 대해 한 번 더 언급을 하는데, 무더운 여름을 보내는 한 가지 방법으로 '깨끗한 대자리에서 바둑을 두는 것'을 꼽은 것이다.

참으로 선비다운 운치이다. 여름의 무더위를 부채나, 냉수로 식히는 것이 아니라 푸른 대자리 위에 앉아, 한 수 한 수에 집중하여 무아의 경지로 더위를 초월하는 선비의 모습은 참으로 단정하고, 고결하기까지 하다. 실제로 바둑을 둠으로서 향상되는 능력 중 으뜸으로 꼽히는 것이 집중력과 인내심이다. 한 순간도 방심하지 않고 내 수를 생각해야 하니 집중력이 향상되고, 상대가 수를 두는 동안 예의를 갖추고 침묵으로 기다려야 하니 인내심이 훈련된다. 그리고 이런 바둑의 가치는 수천 년부터 인정되어 역사 속에 그 기록을 명징하게 남기고 있다.

바둑이 누구에 의해 어떻게 개발되었는지가 기록된 문헌이 없어 그 유래는 알 길이 없으나, 최초 기록이 중국의 고서에 등장한 것을 근거로 그 기원지를 중국으로 본다. 중국 고서의 내용을 살펴보면 주로 왕이 자녀들에게 가르쳤다는 기록이 많다.

'요(堯)나라 임금이 바둑을 만들어 아들 단주(丹朱)를 가르쳤다'. '순(舜)나라 임금이 아들 상균(商均)의 어리석음을 깨치기 위하여 바둑을 가르쳤다'. 또 '그 법이 지혜 있는 자가 아니면 잘 할 수가 없다' 등의 기록이 전해지며, 한국에는 삼국시대에 전래 된 것으로 본다. 비록 그 유래가 우리나라는 아니나 삼국시대부터 시작됐으니 한국바둑도 그 역사와 전통이 깊다.

나는 바둑 본래의 가치가 당대에 시사하는 바가 크다는 생각을 하게 됐다. 요즘처럼 인스턴트적 사고가 만연하고 역사관이 미약한 시기에 '바둑'을 통해 인(仁), 의(義), 예(禮), 지(智)를 다질 기회가 많아진다면, 특히 자라나는 청소년들에게 큰 유익이 되리라 판단했다. 나는 조금 더 적극적으로 바둑계 인사 분들과 교류하며 바둑계의 현황과 잠재 가치에 대해 연구하기 시작했다.

조사를 해보니 현재 도내 방과 후 학교에서 바둑강좌를 여는 곳은 7~8곳에 불과했다. 그러나 교사만 확보된다면 약 300여 곳으로 확대할 수 있는 가능성을 보았다. 한국바둑협회에서 적정한 과정을 이수한 인재를 생활체육바둑교사 자격으로 방과 후 학교에 투입한다면, 학생들에게는 양질의 바둑교육을 받을 기회가 열리는 동시에, 바둑계에는 약 300여 개의 일자리가 창출되는 결과가 기대됐다. 나는 이런 계획 등을 가지고 관련인들과 적극적으로 소통했다.

그런데 그런 과정에서 아주 안타까운 현상을 보게 됐다. 지금 바둑과 관련된 일들을 하고 계신 분들마저 "전북바둑… 이제 예전 같지가 않습니다."라고 입을 모았다. 스스로 포기했다는 생각이 들었고, 이것부터 바꿔야겠다는 생각이 들었다. 과거의 영광은 분명 무언가 특별한 것이 있었기 때문에 최고에 오를 수 있었던 것이다. 그 특별함을 회복하고, 할 수 있다는 확신만 갖는다면 다시 정상에 설 수 있다는 생각이 들었다.

'그래, 일반 학생들에게 '바둑'을 보급할 활로를 열려면 우선 침체된 '전북바둑협회'부터 부흥시켜야 한다.'

결심을 세운 나는 협회에 짧은 연락을 했다.

"전북바둑 다시 한 번 일으켜 봅시다."

그리고 곧장 협회 일을 시작했다.

우선 전북교육청에 교육감배 바둑대회를 다시 열 수 있게 해

달라는 내용의 공문을 작성하는 한편, 이 모든 상황을 위해 '끝까지 버티는 사람이 이긴다.'라는 슬로건을 정했다. 그리고 그날부터 협회는 물론 훈련하는 선수들에게도 끈기의 가치를 이야기하기 시작했다.

"다른 무엇보다도 끝까지 인내하십시오. 연습을 할 때도, 실전을 치를 때도 '마지막까지 최선을 다한다' 이 생각만 하십시오."

결과가 나오기 시작했다. 우선 교육감배 바둑대회가 3년 만에 부활되었다. 2013년 내셔널바둑리그에 '전북팀'으로 첫 출전을 하게 되었고, 주니어 우동하군이 다승상을 수상하는 이변을 일으키며 최종 4위에 오름으로서 다크호스로 주목을 받았다. 그러자 지역사회의 관심도 높아졌다, 전북바둑협회의 위상을 다시 살리자는 노력이 협회 차원을 넘어 지역사회 차원으로 확장되었다. 그리고 마침내 전북 바둑인들의 숙원이었던 전북바둑회관이 문을 열게 되었다.

새롭게 문을 연 바둑회관은 총 80평 규모에 다목적 훈련장과 상비군 연구실, 회의실, 휴게 공간을 갖추게 되었다 접근이 용이한 위치에 바둑에 최적화된 공간이라고 입소문이 난 덕에, 공식 개관 전부터 교육가족 바둑대회를 비롯해 초등연맹의 승단급 심사대회 등 각종 행사가 줄을 이었다.

전국체전 출전을 앞두고 훈련도 한층 활발하게 진행됐다. 전국체전은 이전의 대회들과 비교할 수 없이 큰 규모의 대회였다. 남

자 일반부, 여자 일반부, 학생부, 어린이부, 남녀 페어부 등 총 5
개 부문에 선수 250여 명, 임원 50명을 더해 모두 300여 명의 대
표들이 지역의 명예를 걸고 출전 각축을 벌이는 자리이며, 전북
팀은 체전 11년 역사상 단 한 번도 순위 안에 들어 본 적이 없었
다. 회장이 되어 협회를 이끈지 불과 10개월. 아직 일 년도 되지
않은 시점임을 감안하면 그 사이 팀을 조직하고, 체계적인 프로
그램과 인력을 확보해 훈련을 진행하고, 전국대회를 바라볼 만큼
성장시킨 것만으로도 매우 고무적인 일이었다. 그러나 나는 가능
성에 한계를 두지 않기로 했다. 이 여세를 몰아 끝까지 도전할 것
을 독려하기로 했다.

대회 전날 나는 선수들에게 오직 한 가지만 전달했다.

"끝까지 인내하십시오. 오직 그것 하나만 생각하십시오."

선수들은 결의에 찬 표정으로 고개를 끄덕였고, 우리는 다함
께 파이팅을 외쳤다.

이틀에 걸친 대회가 시작됐다. 접전의 접전, 역전의 역전이 이
어지며 메달 소식이 들려오기 시작했다. 은메달 2개, 동메달 1개.
안타깝게도 금메달은 획득하지 못했다. 그런데 마지막 날 놀라운
소식이 들려왔다. 전북팀이 총 5개 부분 중 3개 부분에서 4강 진
출을 이루며 최종 점수 24.5로 종합우승을 차지한 것이다.

대회를 마치고 전북으로 돌아온 선수들을 환영하는 자리에서
선수들은 하나같이 이렇게 얘기했다.

"먼저 일어서지 않겠다. 끝까지 남는다. 오직 이 생각으로 버텼

습니다."

"맞습니다. 끝까지 물고 늘어진다! 이거 하나만 생각하니 어려울 게 없었습니다!"

결국 모두를 승리로 이끈 신의 한수는 명확한 목표, 확실한 슬로건이었다. 마치 나침반 바늘처럼 가야할 곳을 정확하게 가리키는 슬로건 덕에 모두가 한 방향을 향해 나아갈 수 있었고, 마침내 전체가 승리에 도달하게 된 것이다. 뿐만 아니라 이후 2013년 (사)대한바둑협회 종합평가 결과 전라북도바둑협회가 최우수로 선정되어 2013년 12월 19일 영예로운 수상까지 하게 되었다.

그 뒤로도 나는 새로운 계획을 세울 때마다 그에 맞는 슬로건을 찾기 위해 공부를 한다. 나와 유사한 상황에 놓인 위인들의 책을 찾아 읽기도 하고, 삶에 지침이 될만한 글들을 일부러 찾아 읽기도 한다. 때로는 그 프로젝트를 함께 추진하는 후배들과 허심탄회하게 소통을 해 답을 찾기도 한다. 그리고 그런 과정 자체가 앞으로 할 일에 대한 결의를 다지고, 그 일이 얼마나 중요한 일인지를 스스로에게 인식시키는 계기가 된다. 실천도 물론 중요하다. 그러나 늘 숙고하는 노력도 필요하다.

'다리는 가볍게, 머리는 빠르게, 마음은 뜨겁게 하라, 그리고 삶의 나침반을 가져라.' 이것이 성공을 이루는 나만의 노하우, 모두와 공유하고 싶은 성공 나침반 비법이다.

49

마중물이 되어

민들레동산을 일구는 동안 나는 내 인생에 다시 한 번 '초심'이 일어났음에 감사했다.

은행에 처음 입사했던 스무 살 그때처럼 새로운 기대와, 비전이 벅차게 그려지는 날들이었다. 물론 모든 일이 일사천리로 진행된 것은 아니었다. 37년간 쉼 없이 직장생활을 한 내가 고향에 내려와 흙을 일구고, 새로운 사람들과 커뮤니티를 이루는 것이 쉬울 수는 없었다. 거기에 무농약, 무비료, 노지재배를 고집하는 바람에 수확량이 예상보다 훨씬 적어 계획에 차질을 빚은 적도 있다.

나는 그때마다, 내가 전혀 새로운 일을 처음 시작하고 있다는 것을 상기하려고 노력했다. 그런데 처음이라는 말과 시작이라는 말에는 특별한 에너지가 있어서 작은 실패 정도는 금방 극복하고 다시 도전할 수 있게 한다. 나는 그 덕을 톡톡히 보아 인생 이모작 초반을 신나게 시작할 수 있었다.

결국엔 마음먹고 결심하기에 따라가는 것이 삶인 것 같다.

내가 내 인생을 70세나 80세로 보고 60 이후의 삶에 화두를 은퇴나 노년으로 두었다면, 내 생각도 덩달아 빠르게 노화되었을 것이다. 그러나 어느 날 성경을 읽다가 창세가 6장 3절에 "여호와께서 이르시되 나의 영이 영원히 사람과 함께 하지 아니하리니 이는 그들의 육신이 됨이라 그러나 그들의 날은 백이십 년이 되리라 하시니라."라는 내용을 읽고, '그래! 인간의 수명이 120세라면 60살인 나는 이제 절반을 산 것이다.' 라고 마음먹게 됐다.

지금은 사회에서도 100세 시대라고 말하지만 머잖아 120세 시대가 될 것이다.

그렇게 생각하니 이제야 비로소 이모작의 두 번째 시기구나라는 생각을 하게 되었고, 또 하나의 인생을 살고 있다는 확신이 다시 들었다. 그리고는 다시 청년이 된 듯 마음과 생활에 활력이 넘쳤다.

나는 지금도 여전히 일일사분 습관을 실천하고 있다. 심지어는 은행에 근무할 때보다 더 바쁘게 움직인다. 왜냐하면 직장에 다닐 때에는 퇴근시간이라는게 있었는데 지금은 퇴근시간도 없다. 하지만 이건 전보다 일을 많이 한다는 것 보다는 새로운 삶이 시작되면서 새로운 라이프스타일에 적응하고 있는 것이라고 생각한다. 모든 것은 어떻게 생각하느냐에 따라 달렸다. 그리고 나는 보다 긍정적이고, 좋은 방향으로 생각하려고 늘 노력한다.

이모작 이제 1년 차이니 앞으로 59년의 계획을 세워야 하는 시기다. 그러니 바쁜게 당연하고 지금부터 시간을 어떻게 보내느냐에 따라 다음 시기의 성공여부가 정해진다고 볼 수 있다. 민들레 동산이 다행이 잘 정착해 시작은 아주 좋았다.

그래서 나는 다음 그림을 마음에 다시 그린다.

민들레동산이 봉사활동을 위한 본부라면, 이젠 보다 더 적극적으로 복지를 위한 공간을 만들어야겠다는 결심을 하게 되었다.

우연히 민들레동산에 들렀다가 준비된 숙소에서 하루 정도 쉬시며 기뻐하시는 분들을 보고, 이 각박한 세상에 마음 편히 쉴 수 있는 고향집 같은 쉼터가 하나 있었으면 좋겠다고 생각한 것이다.

그래서 '민들레동산 힐링센터'라는 비전을 놓고 기도하게 되었다.

내가 그런 계획을 얘기하자 아내를 제외한 주변 모두가 놀랐다. 이대로 민들레동산만 잘 운영해도 봉사며, 장학 사업을 충분히 할 수 있었기 때문이다. 최근에야 안정기에 접어들어서 여유가 생긴 것이고 초반에는 잠 잘 시간도 없이 민들레동산 운영을 위해 발 벗고 뛴 것을 알기 때문이다. 하지만 그건 나도 어쩔 수 없는 일이다 일을 하다보니 점점 더 큰 그림이 그려지고, 기도를 하니 그 일들을 할 수 있는 환경이 열렸다. 이번 힐링센터 건축계획도 정말 뜻밖의 시점에서 기회가 열렸다.

앞서도 말했지만 민들레동산에 찾아 오시는 분들 중 나를 만나기 위해 오시는 분들이 많다. 대부분 "마음에 꿈을 그려라"라는 책을 읽고, 나에게 조언을 구하러 오는 분이었다.

내가 은행에서도 오래 근무했고 재테크 경험도 있다는 점, 그리고 무엇보다 평범한 사람들이 겪는 고통을 나도 함께 겪었다는 점이 작용해 나라면 자신들의 심정을 이해하고 알아 줄거라는 생각에서 찾아오는 분이다.

나는 그런 분들 한 분 한 분을 진심으로 소중하게 대한다. 왜냐하면 그분들의 생각처럼 나는 그분들이 겪는 어려움을 이미 충분히 겪었고, 다행이 그 어려움들을 먼저 해결해 본 경험이 있기 때문이다.

고등학교 재학시절 학비가 없어 400원이라는 돈을 장학금으로 받아 겨우 공부를 이어간 적이 있고, 직장에 입사할 때도 신원보증을 해 줄 재산있는 친척 한 분이 없어 지역 국회의원님의 도움을 받아 겨우 입사할 수 있었다. 입사한 이후에도 아버지의 빚을 갚느라 여러 해 허리띠를 졸라매고 아껴야 했다 그러다 보니 자연스럽게 형편이 어려운 분들의 고통을 알게 되었고, 틈이 날 때마다 봉사를 하고 기부할 곳을 찾아가 기부하고 함께 일을 했다. 그리고 지금은 아예 봉사활동을 업으로 삼게 되었고, 이렇게 신나게 일을 하고 있는 것이다. 나는 찾아오시는 분들께 시간이 허락하는 한 최선을 다해 금융상담을 해드리고, 금융기관에 제출할 서류를 봐드리는 일 등을 마다하지 않는다

그러다보니 소문이 나 다급한 사정을 가지고 나를 찾아오시는 분들이 많아졌다.

이번에 만나게 된 농원사장님도 그런 케이스였다. 17년간 자신의 모든 걸 바쳐 열심히 농원을 만들었는데 수익이 좋지 않아 자

금이 부족하면 땅을 부분부분 팔았다. 마지막으로 생강농사를 계획했는데 필요한 자금이 여의치 않다고 하셨다.

나는 우선 돈 자체를 빌려드리는 일은 하지 않는다고 말씀드렸다. 대신 대출을 받을 수 있는 방법을 알아봐 드리겠다고 말씀드렸다. 많은 분들이 금융상담을 청해 오시고, 듣다 보면 딱한 경우가 많아 마음 같아선 나라도 빌려드리고 싶다는 생각을 하게 된다. 하지만 이미 내가 어렸을 적에 아버지가 보증을 잘못 서시는 바람에 청년 시절 대부분을 그 빚을 갚느라 보낸 터 어느 때에도 보증이나 대납은 해선 안된다는 아버님의 당부를 내내 들으면서 왔기 때문이다. 그리고 나 역시도 그런 방법은 일이 잘못되는 순간, 돈이야 어쩔 수 없지만, 귀한 사람마저 잃게 되는 결과가 정해진 터라 특히 조심하는 부분이었다.

그분께 그런 내 사정을 잘 말씀드리고 함께 대출받을 방법을 찾는데, 국가 경제가 어려운 때라 땅값도 떨어져 있는 상태였다. 그래서 어떻게 하면 해결할 수 있을까 여러 방법을 찾고 있는데, 마침 민들레동산 사무실 책임자이신 최동선 원장님께서 그 사정을 듣고 얼마간의 돈을 빌려주시겠다고 나서셨다.

구두로 빌려주는 것보다는 확실한게 좋을 것 같아서 땅을 담보로 하고 돈을 빌려줄 수 있도록 주선해 드렸다. 그리고 다음 주 월요일 돈과 문서를 교환하기로 하고 헤어졌는데, 주말사이에 문제가 생겼다.

원장님이 빌려주시려 했던 돈이 민들레동산으로 오기 전 일했던 학교에서 받은 퇴직금 전액이었고, 그 금액은 원장님의 노후 자금이나 마찬가지였다. 그런 이유로 집안에서 의견조율이 어려워 결국 원장님도 방법이 없으셔서 월요일 빈손으로 오신 것이다.

그 얘기를 들은 사장님은 가슴을 치며 이미 생강씨앗이며 전부를 주문했고, 인부들도 불렀는데 그 손해를 무엇으로 배상하냐며 답답해 하셨다. 그 모습을 보니 중간에서 일을 중개한 나도 미안한 마음이 들었다. 그래서 계속 "어떻게 도와드려야 할까요.. 어떻게 도와 드리면 될까요..."를 반복하는데, 농원사장님께서 "그럼 유대표님께서 이 땅을 좀 사주십시오." 라고 말씀하셨다.

사장님은 사진이 있다며 휴대폰을 열어 땅을 보여 주셨다.

산도 있고, 물도 있고 농원도 잘 가꾸어져 있었다. 무엇보다도 담보 서류를 작성할 때 알게 된 것인데, 그 농원의 위치가 지금은 돌아가신 어머니의 고향마을이었다. 인근에 외가 친척들이 살고 있어 나도 오며가며 보았던 위치였다.

사장님은 무조건 오늘 돈이 필요하다고 한 번 더 간곡히 말씀하셨다. 어떻게든 도와드리긴 도와드려야 하겠고 난감했다. 그래서 얼마냐고 물었더니 액수를 말씀하셨다.

잠시 고민을 하게 되었는데 환경이 좋았던 것 등이 기억에 남고 아까운 땅이라는 생각이 들었었다. 이미 여러 조각으로 나뉜 것도 안타까운데, 그나마 은행에 넘어 가거나 하면 더 안 좋은 상황이 될 것 같았다. 고민하는 내 표정을 본 사장님은 "정말 좋은 땅인데... 개발을 하다 하다 여기까지 왔습니다. 하지만 좋은 땅임에는 분명하니 대표님께서 좋은 용도로 개발해 주셨으면 좋겠습니다"라고 했다.

그런데 좋은 용도라는 말을 듣자마자 신기하게 평소 기도해 오던 '민들레동산 힐링센터'가 떠올랐다. 그리고 예전에 해외를 가 보니 어느 정도 부를 이룬 사업가들이 사회에 환원하는 의미로 작은 공원을 만들어 무료로 개방하는 사례 등이 떠올랐다.

'그래! 계획이 없던 것도 아니고 그 지역 환경이 좋은 거야 내가 익히 알고 있으니 한번 추진해보자!'

나는 그 자리에서 사진만 보고 그 땅을 계약했다. 결국 나는 땅을 산 것을 계기로 하나님께 기도해 오던 민들레동산 힐링센터를 적극 추진하게 되었다.

민들레동산 힐링센터의 용도는 가족단위 여행객이 아주 저렴한 가격에 캠프와 야영을 할 수 있는 자연 휴양지로 만드는 것이다. 각박해지는 세상 속에서 경제와 입시에 쫓겨 많은 가족들이 드러나지 않는 갈등을 겪고 있다. 하지만 가족의 화합까지 복지가 책임져 주지 않는다. 지금 우리 복지는 최소한의 것들을 소화하는 것조차 힘들다. 그러나 사람이 사는 것은 경제적인 논리로만 해결되는 것이 아니다.

예전에 TV에서 다큐멘터리프로그램을 시청한 적이 있는데, 미국의 빈민가를 찾아가 그 지역 아이들에게 '신선한 야채, 과일'을 공급하는 자원봉사 단체의 이야기였다. 정부에서 가난한 가정에 보조금을 지원해주긴 하지만 부모들은 그 보조금으로 가격이 싼 밀가루나, 시리얼 등을 산다. 그러다 보니 아이들은 늘 정제된 곡물과, 질이 떨어지는 탄수화물만 먹게 되는 것이다. 그 결과 영양 상태가 좋지 않고, 아이들이 느끼는 행복감도 적어 문제행동을 하는 아이들이 점점 늘어나는 결과가 초래된 것이다.

그런데 한 민간 봉사단체에서 성장기 아이들에게 신선한 채소와 과일이 영양은 물론 행복감을 충족시켜 줄 수 있다는 확신을 가지고 매 주 시간을 정해 신선한 채소와 과일을 나눠주는 캠페인을 벌였다.

결과는 놀라웠다. 아이들은 매주 그 시간마다 한 걸음에 달려나와 신선한 사과며 야채를 즐겼고, 그 지역 학교들도 아이들이 전보다 온순해지고, 긍정적이 되었다며 기뻐했다. 비록 사과 하나, 야채 한 접시지만 자연이 인간에게 주는 위대한 치유를 단편적으로 보여주는 예이다.

나도 민들레동산 힐링센터가 그런 사회적 기여에 쓰여지길 바랐다.

실제로 농원을 계약하고 가보니 정말 이곳은 힐링 센터에 안성맞춤이라는 확신이 들었다. 산과 농원, 물 삼박자가 잘 조화되어 있었다.

토지의 앞쪽에 좋은 물이 흐르고 있었다. 함께 산을 올라갔다. 가보니 특이한 광경이 펼쳐졌다. 산에 돌들이 반짝반짝 빛을 내고 있었다. 사장님께 이 돌들이 왜 빛나냐고 물으니 "이게 바로 일제 시대때 금광을 캐던 자립니다."라고 설명하셨다.

그 말을 듣고 보니 곳곳에 금을 캐느라 다이너마이트 작업을 해 반짝이는 돌들이 파편과 같이 고르지 못한 상태로 산재해 있었다. 금돌 같았다. 이것을 잘 다듬어 평지로만 만들어도 좋은 장소가 되겠구나 싶었다.

그런데 더욱 신기한 건 공기였다.

분명 산의 고지대로 올라와서 숨이 찬데 몸은 한결 가뿐해 진 것이다. 사장님께 이유를 물으니 "남서쪽이고 햇빛을 많이 받아 나무가 잘 자라고 피톤치드가 많아서 그런 것 같습니다." 라고 대답해 주셨는데, 좀 더 알고 싶었다.

내가 지내는 민들레동산도 청정지역이다. 그런데도 이렇게까지 순식간에 가뿐해지는 경험을 한 적이 없는데, 뭔가 다른 이유가 있을 것 같았다. 그래서 며칠 뒤 그 분야의 컨설팅 전문가인 교수님 한 분과 산에 대해 잘 아시는 풍수를 연구하시는 학자 한 분을 모시고 다시 그곳을 찾았다.

산을 둘러보신 풍수지리학 교수님께서 빙그레 웃으시며 "대표님은 복이 참 많은 분입니다. 듣자하니 급하게 사신 토지라 들었는데, 지형도 좋고… 특히 저 앞에 메타세쿼이아 나무와 여기 돌들은 일부러도 못 만드는 조화입니다."라고 말씀하셨다.

"조화요?"

"네, 대표님, 이 앞에 저기 나무들이 전부 메타세쿼이아라는 나무입니다. 대표님 편백나무 좋은 건 다 아시지요? 그런데 이 나무가 편백나무와 비슷한 점이 많습니다. 특히 피톤치드를 많이 쏟아내는 나무인데 이 피톤치드가 물을 건너가지 않고 쌓이는 습성이 있습니다.

그런데 바로 저쪽에 물이 있습니다. 그럼 어떻게 되느냐, 낮에 햇빛을 많이 받으면 탄소동화작용으로 인해 피톤치드가 많이 발생하는데 물 때문에 이 지역에 꽉 쌓입니다. 그런데 바로 저 돌들이 그 피톤치드를 흡수하는 기능이 있습니다. 그러니 그 많은 피톤치드를 흡수했다가 저녁이 되면 돌이 그 피톤치드를 다시 뿜어냅니다. 결과적으로 이 지역에는 피톤치드가 밤낮으로 풍부하게 순환되는 것이지요."

동행했던 컨설팅 전문가도 산, 들, 물이 있으니 참 좋은 휴양지가 될 수 있다고 말씀해주니 정말 감사했다. 좋은 뜻을 가지고 일을 하니 하나님께서 일하셔서 좋은 곳으로 인도해 주셨구나 생각이 들었다.

민들레동산으로 돌아온 나는 직원들과 함께 농원도면을 펼쳐놓고 본격적인 기획 회의에 들어갔다. 우선 조각난 땅들의 주인들을 찾아 땅을 다시 사들이는 게 먼저였다.

나는 물론이요, 직원들까지 한 사람씩 맡아 도면을 들고 찾아가서 취지를 설명하고 땅을 팔아 주십사 부탁드렸다. 다행이 농원으로 가꾸던 땅이라 크게 용도가 없어 흔쾌히 팔아주셨다.

그런데 그 중 가운데 땅에 해당하는 한 주인만 연락이 되지 않았다. 서울분인데 가까스로 연락이 닿으니 이미 얘기를 들어 알고 있다며, 아주 높은 값을 불렀다. 도저히 그 금액을 주고 살 수 없을 정도로 고가를 부르니 무척 난감해졌다. 우선 그 금액만큼은 자금이 여의치 않다고 말씀드리고 우리가 드릴 수 있는 금액을 얘기하고 마음이 바뀌면 연락을 해달라고 부탁했다.

그리고 민들레동산에 돌아와 회의를 했는데, 그 땅을 사지 못하면 도로며, 보행자 통로를 반듯하게 내지 못한다는 결론이 나왔다. 하지만 길을 반듯하게 내자고 무리하기엔 금액이 너무나 컸다. 직원들도 실망이 큰지 분위기가 어두워졌다.

우리는 다함께 기도하면서 다시 한 번 그분을 설득하는 것으로 결론을 내고, 화제를 바꾸어 민들레동산 힐링센터를 어떻게 구성하고, 운영할지 아이디어를 내보자고 하고, 꼭 지켜졌으면 하는 취지를 얘기했다.

1. 내 어머니의 품 같은 쉼터가 될 것

2. 육신은 물론, 정서적인 부분의 치유도 이루어 질 수 있는
   공간과 콘텐츠.

3. 모든 연령층의 방문객을 만족 시킬 수 있는 다양한 시설

여러날에 걸쳐 아이디어가 회의가 이루어졌다. 그리고 최종적으로 자연캠핑장과 콘텐츠 시설을 만들 수 있는 건물이 있는 형태의 도면이 나왔다. 화장실, 샤워시설, 식사 개수대등 시설을 기본으로, 운동장, 족구장, 배구장 배드민턴장, 탁구장 등과 같은 운동시설을 추가하고, 바둑대회, 사생대회와 같은 콘텐츠, 지역의 문화를 체험할 수 있는 우리 소리 뽐내기 대회 등을 주최하고 시상할 수 있는 작은 극장도 구상하였다. 또한 정신적 힐링도 할 수 있도록 도서실과 예배실도 갖추자는 의견이 나왔다.

무엇보다 획기적인 아이디어는 겨울에는 비닐하우스를 운영해 기본적인 바람막이가 가능한 시설 속에 텐트를 치는 '눈 내리는 캠핑장' 이었다.

한 겨울 가족들이 텐트안에 옹기종기 모여 앉아, 따뜻한 차를 마시며 눈 내리는 모습을 구경하는 것을 생각하니 내 마음까지 푸근해지는 것 같았다. 이 좋은 시설과 즐거움을 모두 누릴 수 있도록 비용은 최소 비용으로 책정하자는 의견을 끝으로 회의를 마무리했다.

이튿날 새벽, 전날의 기획들이 좋았던 만큼 아직 구매하지 못한 그 땅이 간절해졌다. 하지만 금액이 너무 부담이 되니 기도가 나왔다.

'하나님은 제 마음을 아시지요?'

기도하는 가운데 이런 생각이 들었다.

'그래... 정말 좋은 뜻이라면 그 사람도 알지 않겠는가, 다시 한 번 부딪혀보자. 진심을 다해 설명한다면, 이 센터가 이 사회에 끼칠 좋은 영향을 잘 전달할 수 있다면 봉사에 동참하는 마음으로라도 생각을 바꿀 것이다.'

그렇게 마음만 먹었는데도 이미 이루어진 것처럼 마음이 벅찼다. 나는 한 걸음에 동산으로와 회의를 소집하고 다함께 기도하며 다시 한 번 설득해 보자고 이야기했다. 다행히 직원들도 그냥 포기하기에는 너무 아까우니 꼭 성사시켜 보겠다며 의지를 보였다. 이렇게 한 마음이니 일이 잘 될 것이라는 확신이 들었다.

그리고 마침내 적극적으로 우리의 취지를 설명한 끝에 합리적인 조건으로 계약이 성사되었다. 참으로 감사한 것이 주변에 먼저 땅을 파신 분들이 민들레동산 대표를 겪어보니 정말 좋은 취지로 일하는 사람이 맞다며 한 마디씩 거들어 주신 것이 큰 힘이 되었다.

이래저래 감사한 날이었다. 그렇게 부지가 확보되고 본격적으로 힐링센터 공사가 시작되었다. 자재를 구매하고, 도면이 수정될 때마다 간절한 기도와 벅찬 기대로 일을 했다.

어려운 가정들도 형편에 구애받지 않고 휴가를 계획하고, 부담 없이 푹 쉴 수 있는 공간이 될 수 있다면, 서로의 일상에 쫓기어 소홀했던 가족들이 가족애를 회복하고 그간의 서운한 마음을 풀어 더욱 다정해진 모습으로 돌아간다면, 그 모습을 배웅할 생각만으로도 지금 이렇게 가슴이 벅차다. 그렇게 된다면 우리에게 땅을 넘겨주신 사장님도 큰 보람을 느끼시라.

지금 힐링센터는 부분 완공되었다. 그럼에도 2014년 9월 13일에는 영호남 전국 예술축제를 주관하는 쪽에서 자연 속에서 하겠다고 요청이 와서 '민들에 동산 힐링센터'에서 영호남 전국 예술 축제를 하였다. 이 시기부터 자연스럽게 개관하게 되었다. 9월 25일부터는 본격적인 일반인대상 개관이 됐다.

'민들레동산 힐링센터'의 특징이 있다면 앞에는 낚시도 할 수 있는 냇물이 있고 농원 있고 뒤에 금광을 캐던 곳이라 돌이 반짝반짝 빛난다. 그곳의 물이 263미터에서 나오는 암반수다. 누구나 다 떠갈 수 있게 개발을 했다.

그리고 또 하나는 다람쥐천국이라고 할 정도로 환경에 다람쥐가 많다. 그래서 울타리를 아름답게 쳐서 그 안에 다람쥐 집, 초가집, 물길, 항아리로 꾸미고 그 안에서 다람쥐가 지내는 그 생태의 모습을 볼 수 있게 카메라를 설치해 영상장치를 만들었다.

다람쥐가 노는 모습이 영상 장치를 통해 생중계 되며, 이것을 힐링센터 내에 찻집에서 차를 마시며 볼 수 있게 했다. 다람쥐 천국이라는 표현이 어울릴 것 같다. 다람쥐들이 좋아하는 밤, 옥수수, 땅콩, 잣 등을 먹는 걸 생생하게 볼 수 있고, 다람쥐가 땅굴을 파서 화장실을 만드는 것, 먹이 쌓아 놓고 잠자는 것 등 공간들을 만들어 놓은 것을 볼 수 있다.

가족이 와서 큰돈 들이지 않고 즐기며 쉴 수 있다면 얼마나 좋을까? 요즘 TV에서 인기리에 방영중인 "아빠! 어디가? 프로가 생각난다. 어른들은 물론이고, 아이들이 얼마나 즐거워 할까…를 생각만해도 마음이 두근거린다. 아마 세계 최초의 다람쥐 공원이 될것이다. 그리고 힐링센터 안에는 크게 5가지 체험장이 있다.

1. 자연 학습장 - 황토나, 진흙 놀이를 할 수 있는 체험장
2. 다람쥐 체험장 - 위 내용과 같은 다람쥐 생태를 볼 수 있는 체험장
3. 힐링체험장 - 우거진 나무가 있고, 돌이 있고, 육송(자연으로부터 수 백년 자라온), 편백나 무 메타스퀘어나무 잣나무 감나무 밤나무 매실나무 등등 숲이 있으며, 경천 저수지가 바로 건너편에 있어 전망도 아름다운 건강 체험장
4. 미로 체험장 - 피부병에 좋은 메타스퀘어나무와 나무 사이에 빗살나무(참빛나무)를 심어서 같이 어우러지게한 체험장
5. 약수 체험장 - 지하 263미터에서 나오는 암반수와 산속 약수를 무상으로 공급하는 체험장

그리고 그 외 야외 예식장, 캠핑장, 민들레찻집, 민들레 국수 등의 메뉴가 있는 식당과 예수님의 탄생을 기념하는 마굿간 예배실, 족구등을 할 수 있는 체육시설, 샤워실, 캠핑장도 자신의 텐트를 가져와 칠 수 있게 되어 있고, 텐트가 없이 오는 사람을 위

해 미리 쳐 놓은 텐트를 사용할 수 있다. 뿐만 아니라 유아를 위
한 프로그램을 진행해 가족들이 남녀노소 상관없이 자연을 깊숙
이 느낄 수 있게 할 것이다.

나는 사랑은 순환할 때 더 커지는 물과 같다고 믿는다.

사랑은 모든 곳에 스밀 수 있는 물과 같고, 목마른 사람에게
생명을 주며, 대지와 세상을 살리는 가장 깨끗한 원천이다.

나 역시 그 원천의 힘을 충분히 경험했다.

나의 청년기 시절에는 그저 내 아버지를 돕고싶어 일을 했더
니, 사회적 성공이라는 뜻밖의 선물이 따라왔다.

누구도 돌보지 않는 누나가 딱해 도왔을 뿐인데, 천생배필 아
내와 결혼하는 계기가 되어 오늘까지 이토록 행복한 결혼생활을
하고 있다.

아내의 마음을 위해 쌍둥이를 입양했더니 이제는 쌍둥이들 없
이는 하루에 웃을 일이 절반으로 줄어들겠다 싶을 만큼 소중하
고 찬란한 보물이 되었다.

더군다나 매일 새벽 나를 따라나서 기도를 지원해주고, 이제는
자라며 내 뜻에 동참해 자신들이 민들레동산의 실장과, 팀장이
라며 홍보에도 열심이고, 봉사활동도 꼬박꼬박 챙기더니 스스로
포토샵을 배워 초대장도 만들며 적극 응원을 보태준다.

나는 바로 이런 힘들로 움직인다. 내가 첫 걸음을 떼면 몇 배의
사랑이 나를 밀어주고, 끌어주는 기적을 매일 경험하는 것이다.

그리고 이 기적은 이미 검증된 것이며, 특히 록펠러의 일화 중 내가 지금 설명한 사랑의 위력이 잘 드러난 이야기가 있다.

평소 나는 존경하는 사람으로 록펠러와 이순신 장군을 꼽는다.

이순신 장군으로부터는 출신과 환경에 영향받지 않는 불굴의 의지를 배웠다면, 록펠러를 통해서는 삶의 방향, 인생에 봉사와 사랑이 반드시 함께 해야 함을 확신하게 되었다.

아시다시피 록펠러는 매우 성공한 사업가이다.

주급 4달러의 인부로 일을 시작한 록펠러는 훗날 미국 석유 생산의 95% 독점 석유왕으로 군림한다. 그러나 그의 유명세는 그의 성공만으로 이루어진 것이 아니다. 그가 이룬 큰 성공만큼이나 엄청난 기부 때문이었다. 록펠러가 남긴 기부 일화는 무척 많다. 그러나 거대한 기부에 대한 일화보다 더 유명한 일화가 있으니 록펠러가 한 소녀의 치료비를 지원한 사연이다.

록펠러가 50대 중반 무렵, 한 병원에서 일 년도 못산다는 진단을 받는다. 한창 일을 하던 시기 세상의 모든 부를 거머쥔 그도 병 앞에서는 약자였다.

매주 교회와 병원을 오가며 치료에 전념하던 중 어느 날 병원 카운터에 매달려 울고 있는 남루한 여인을 보게 된다. 록펠러가 기사를 시켜 사연을 알아보니, 그녀의 딸이 중병을 앓는 중인데 병원비가 없어 병원에서 쫓겨날 위기에 처했다는 것이다. 그 애기를 들은 록펠러는 즉시 기사에게 수표를 주며 자신이 기부자인 것을 밝히지 말고 소녀의 병원비를 전액 지불하라고 했다. 그리고 록펠러 자신도 적극적인 치료를 위해 병원에 입원했다. 록펠러는 병원에서 종종 소녀와 마주치게 되었다. 소녀가 아직 어린아이라 치료가 빠르게 되었고, 하루가 다르게 호전되는 모습을 보였다. 그걸 보게 된 록펠러도 점점 기운을 얻었다.

얼마 후 결국 소녀도 록펠러도 건강한 모습으로 퇴원했고, 록펠러는 그렇게 나은 후 98세까지 장수를 했다. 그리고 이 이야기는 사랑의 실천이 자기치유가 된 사례로 그의 사후에도 많은 사람들에게 감동을 주고 있으며, 나 역시 이 이야기에서 큰 감동과 비전을 받았다.

'마중물'이라는 말이 있다.

예전에 수도가 없을 때 메마른 펌프에 물을 한 바가지 붓고 몇 번 펌프질을 하면 물이 쏟아지는 원리이다. 나는 봉사야말로 사랑의 마중물이라고 생각한다.

나는 기꺼이 이 사회의 마중물이 되어, 온 정과 사랑이 넘치는 서로가 서로에게 회복과 치유를 주는 그런 사회가 될 수 있기를 소망한다. 내가 단 한 바가지의 물의 역할이라도 할 수 있다면 벅차고 소중한 기회라고 생각한다.

나는 이제 봉사도 정확해야 한다고 생각한다.

'도왔다'로 끝나는 것이 아니라 그 도움이 적절했는지, 다른 형태의 도움이 필요하지 않은지 끊임없이 연구해야 한다고 생각한다. 그러려면 언제든 늘 어려운 분들의 생활 속에 가까이 있어야 한다. 마치 민들레처럼 말이다. 과거 우리 선조들에게 백 개의 명약보다 민들레가 유용했던 건 민초들이 머무는 낮은 자리에 쉼 없이 피는 꽃이었기 때문이다. 나는 그런 민들레와 같은 삶을 감히 결심한다. 낮은 자리에 겸손하게 임하는 민들레의 정신은 지난 37년 간의 직장생활을 통해 얻은 결론 '모든 답은 현장에 있다' 와도 상통한다.

내가 부행장직에서 물러나고 얼마 뒤 당시 사표를 받으셨던 행장님을 뵐 기회가 있었다.

그때 행장께서 내게 이런 말씀을 하셨다.

"나는 그때 유대표가 갑자기 그만 둔다고 하길래 의외라고 생각했는데, 정말 떠나는 마지막 날까지 내게 아무런 부탁도 없이 그냥 가서 좀 놀랐습니다. 사실 이 업계에서 이렇게 오래 일했는데 떠날 때 다음 지위나 자리를 부탁하지 않는 사람은 보지 못했습니다. 그런데 정말 오늘까지 아무것도 부탁하지 않으시군요. 여전히 내게 유대표는 의외입니다."

하지만 나에게는 이미 분명한 결심이 있었다.

나는 더 좋은 삶을 바랬다.

나만 좋은 것이 아닌 내 가족이 좋고, 내 지인들이 좋고, 내가 사는 이 세상이 좋아지는 삶. 다행히 하나님이 나에게 건강을 허락해주셨고, 이렇게 씩씩하게 동산을 일구고, 힐링센터를 세울 비전과 열정을 주셨으니, 나는 이대로 의외지만 그래서 좋은 봉사의 길을 가고 싶다.

그래서 이 마지막 장엔 비결이 아닌 결심을 담았다.

왜냐하면 꿈을 그리는 사람에게 마침표란 없기 때문이다. 꿈은 이루는 만큼 마음의 도화지를 크게 하는 놀라운 힘을 가지고 있기 때문이다.

내 꿈은 여전히 더 커진 마음에 가득 채워지는 중이다.

처음 내 마음에 그렸던 민들레 포럼과 민들레동산, 민들레동산 힐링센터가 비록 작은 규모지만 그런 활동들이 마중물이 되어 일으킬 사랑의 순환은 분명 내 마음에 다 담지 못할만큼 아주 큰 그림이 될 것이다. 나는 그런 장면을 목격하며 세상 곳곳에 더 많은 마중물과 사랑의 순환이 일어나기를 다시 꿈 꿀 것이다.

모든 개체가 순전히 영구적이려면 순환을 해야 한다.

물이 귀한 이유도 순환하며 마르지 않기 때문이다. 태양도 그러하고, 자연과 생태계도 그러하다. 그러므로 부도 영구적이려면 순환하는 것이 옳다. 여기서 부는 단순히 금전을 의미하지 않는다. 인간을 풍요롭게 하는 것이 단순히 금전만은 아니므로 부에는 충만한 사랑, 긍정적인 에너지도 함께 포함이 된다.

우리가 가정에서 충분한 사랑을 받았다면 사회로 나아가 그것을 실천해 온 세상에 사랑이 잘 돌도록 하는 것이 옳다. 그러므로 금전도, 사랑도 우리가 누린 만큼 베풀고 실천할 때, 더 영구해지고 더 풍요로워진다. 나는 그것을 굳게 믿으며 보다 많은 사랑을 함께 누리기 위해 오늘도 성실히 일할 것이며, 내일 역시 흙 묻은 두 손으로 민들레동산의 문을 활짝 열 것이다.

유희태 대표

전북 완주 출생
비봉초등학교 졸업
완주중학교 입학
익산중학교 졸업
전주제일고등학교 졸업(구:전주상고)
한국방송통신대학교 경영학과 졸업
우석대학교 행정학과 졸업
전북대학교 경영대학원 (석사)졸업
전주대학교 일반대학원 경영학(박사과정)
경희대학교 경영대학원/고려대학교 컴퓨터대학원/
한양대학교 경영대학원/원광대학교 경영대학원/
전남대학교 행정대학원 수료... 외

전)기업은행 부행장
민들레포럼 대표
민들레동산 대표
전주제일고등학교 총동문회 회장(구:전주상고)
우석대학교 총동문회 회장
한국방송통신대학교 전국 총동문회 부회장
전라북도 바둑협회 회장
한국국제기아대책기구 홍보대사
(사)한국입양홍보회 홍보대사
전주국제발효식품엑스포 대외협력추진단장
전주YMCA 부이사장겸 예술단 단장
전주JC특우회 회장
(사)일문구의사(一門九義士)선양사업회 회장
전주지방법원소녀자원보호협의회 위원
우석대학교 객원교수
나사렛대학교 객원교수

저서
마음에 꿈을 그려라 / 포용력 / 4월에는 민들레가 핀다 / 마음에 꿈을 크게 그려라

민들레동산힐링센터-전북 완주군 화산면 하용마안길 35-152
전화 (063)261-5152~3

망망한 바다 한가운데서 배 한 척이 침몰하게 되었습니다.
모두들 구명보트에 옮겨 탔지만 한 사람이 보이지 않았습니다.
절박한 표정으로 안절부절 못하던 성난 무리 앞에 급히 달려 나온 그 선원이
꼭 쥐고 있던 손바닥을 펴 보이며 말했습니다.
"모두들 나침반을 잊고 나왔기에 … "
분명, 나침반이 없었다면 그들은 끝없이 바다 위를 표류할 수밖에 없을 것입니다.

삶의 바다를 항해하는 모든 이들을 위하여 우리는 그 나침반의 역할을 하고 싶습니다.
우리를 구원하신 위대한 주 예수 그리스도를 널리 전하고 싶습니다.

"하나님은 모든 사람이 구원을 받으며 진리를 아는 데에 이르기를 원하시느니라"
(디모데전서 2장 4절)

마음에 꿈을 크게 그려라

지은이 | 유희태
발행인 | 김용호
발행처 | 나침반출판사

개정1판(총22판)발행 | 2014년 10월 20일

등 록 | 1980년 3월 18일 / 제 2-32호
주 소 | 157-861 서울 강서구 염창동 240-21
　　　　블루나인 비즈니스센터 B동 1607호
전 화 | 본　사(02)2279-6321
　　　　영업부(031)932-3205
팩 스 | 본　사(02)2275-6003
　　　　영업부(031)932-3207

홈페이지 | www.nabook.net
이 메 일 | nabook@korea.com
　　　　　nabook@nabook.net

ISBN　978-89-318-1485-9
책번호　가-9044

값은 뒷표지에 있습니다.